Wolfgang Körner

Der einzig wahre Opernführer

jetzt mit Operette und Musical – völlig neu inszeniert

Mit Illustrationen von Klaus Meinhardt

WUNDERLICH TASCHENBUCH

2. Auflage August 2000

Originalausgabe
Veröffentlicht im Rowohlt Taschenbuch Verlag GmbH,
Reinbek bei Hamburg, September 1999

Umschlaggestaltung Cordula Schmidt
(Illustration Klaus Meinhardt)

Innengestaltung Daniel Sauthoff
Satz ITC Giovanni Postscript auf QuarkXPress 3.32
Gesamtherstellung Clausen & Bosse, Leck
Printed in Germany
ISBN 3 499 26156 1

Erster Teil

Das unvergängliche Reich der Oper

«Die Oper muß die Zuhörer zwingen zu weinen, zu schauern, im Gesang zu sterben!»

(Vincenzo Bellini, Komponist)

«Ach, es graut mir vor allem Kostüm- und Schminke-wesen: wenn ich daran denke, daß diese Gestalten, wie Kundry, sollen nun gemummt werden, fallen mir gleich die ekelhaften Künstlerfeste ein, und nachdem ich das unsichtbare Orchester geschaffen habe, möchte ich auch das unsichtbare Theater erfinden.»
(Richard Wagner, nach einer Tagebuchaufzeichnung)

Zur Einstimmung: Fidelio ist keineswegs fidel!

Obgleich der gestreßte Mensch in unserer schnellebigen Zeit meistens nicht darauf versessen ist, zwei Stunden oder gar (bei Richard Wagner) vier lange Abende in einem dunklen Saal still auf einem mehr oder weniger gut gepolsterten Stuhl sitzen zu müssen, wird er das gelegentlich nicht vermeiden können.

Jeder kann unversehens in die Situation geraten – aus gesellschaftlichen Gründen oder auf Wunsch einer unverständigen Ehefrau –, die Freizeitkleidung mit dem Abendanzug vertauschen zu müssen und sich widerstrebend in eine Opernaufführung zu begeben. Da diese (von der Pause abgesehen) zum größten Teil darin besteht, daß verkleidete Zeitgenossen singen und den Lärm eines Orchesters zu übertönen versuchen, das sich hinterlistig in einem tiefen schwarzen Loch vor der Bühne versteckt, wird der Abend auch für den gutwilligsten Besucher einer solchen Veranstaltung meist zur Qual.

Entweder er versteht aus rein akustischen Gründen nicht,

was auf der Bühne gesprochen oder (leider) meist gesungen wird. Oder er versteht es zwar, kann die Vorgänge auf der Bühne aber dennoch nicht entschlüsseln, weil in erstklassigen Häusern – trotz Euro – viele Opern noch immer unbeirrbar auf italienisch über die Bühne gehen, sich seine Kenntnis dieser Sprache jedoch auf deren Grundwortschatz (Pizza, Espresso, Cappuccino sowie Mafia) beschränkt.

Dieses Buch will solche Qualen ein für allemal beenden. Es erklärt die Handlung jener musikdramatischen Werke des klassischen Repertoires, die trotz der Erfindung des Fernsehens laut Werkstatistik des Deutschen Bühnenvereins noch immer regelmäßig aufgeführt werden, und schreckt dabei (im Gegensatz zu vielen Liebhabern der Oper) auch vor Operetten und Musicals nicht zurück. Es will den Aufenthalt im Opernhaus oder in einer Musical-Halle für jeden zu einem Erfolgserlebnis machen. Und es will Mißverständnisse sowie unbegründete Hoffnungen beseitigen. In einer komischen Oper zum Beispiel gibt es oft wenig zu lachen. Komik bedeutet in diesem Falle lediglich, daß auf der Bühne niemand stirbt. Das ist immerhin etwas – in der gewöhnlichen, keinesfalls komischen Oper stirbt mindestens die Hauptperson, oft sogar die Hälfte der Mann- bzw. Frauenschaft.

Auch die Titel von Opern erwecken oft völlig falsche Vorstellungen. Wer bei «Fidelio» auf einen kreuzfidelen Abend hofft, erliegt einem Irrtum! Zudem sind viele Operntitel mit der Gefahr verbunden, daß man sie falsch ausspricht und sich blamiert. Es gilt unter Opernfreunden als ungebildet, beispielsweise A-I-DA schlicht und einfach zu AI-DA zu verkürzen oder aber aus OR-FEUS etwa OR-FE-US werden zu lassen. Obwohl letzteres immerhin auf Lateinkenntnisse hindeutet, also als Beweis humanistischer Bildung mißverstanden werden könnte.

Um solche ärgerlichen Irrtümer vermeiden zu helfen, die

mitunter schon vielversprechende persönliche oder geschäftliche Beziehungen vorzeitig beendeten, gibt dieser Opernführer erstmals auch phonetische Aussprache-Hinweise, die – besonders von den Angehörigen unserer neuen Eliten – genauso beachtet werden sollten wie die – gleichfalls erstmals in einem Werk dieser Art enthaltenen – Tips für Pausengespräche. Letztere sollen auch jenen wieder die Zunge lockern, denen die Vorgänge auf der Bühne die Sprache verschlagen haben.

Aida

(A-i-da)

Große und fast vier Stunden lange Oper in vier Akten von Giuseppe Verdi (= *Josef Grün*). Text von Antonio Ghizlanzoni. Obgleich auch in dieser Oper ein «Akt» nur die Bezeichnung für einen Teil des Werkes ist und nicht für das Bild eines nackten Körpers, kommt auch in «Aida» die Liebe nicht zu kurz. Das Ganze ist eine Dreiecksgeschichte mit sehr viel Eifersucht, die in der Pharaonenzeit spielt.

Aida, die Tochter des Königs von Äthiopien, ist an den Hof des Pharaos (= König von Ägypten) verschleppt worden. Dort geht es ihr eigentlich gut, aber weil der König von Äthiopien mit dem für Opernverhältnisse vergleichsweise einfachen Namen Amonasro der Ansicht ist, seine Tochter hätte abends pünktlich um zehn Uhr zu Hause zu sein, greifen seine Truppen Ägypten an.

Dort allerdings hat sich Aida inzwischen in den jungen Ägypter Radames verliebt, hinter dem wiederum die Pharaonentochter Amneris her ist. Ein ägyptischer Oberpriester, der sich vermutlich für beide Frauen interessiert, erklärt Radames zum geeigneten Feldherrn für die Verteidigung vor Äthiopien.

Radames ist dumm genug, darauf stolz zu sein, und Aida gerät in einen Loyalitätskonflikt, weil sie nicht weiß, ob sie ihrem Vater oder ihrem Geliebten den Sieg wünschen soll. Aber eine Dummheit kommt selten allein.

Bei einer Party am Ägypterhof erzählt Aida ausgerechnet der auch in Radames verliebten Amneris, wie scharf sie auf ihn ist, und im alten Ägypten führt so was noch nicht zu einem munteren Dreier, sondern geradewegs in die Katastrophe. Dabei sieht es zuvor gar nicht so übel aus.

Radames hat die Äthiopier besiegt und kommt als strahlender Held zurück. Das Orchester darf den Triumphmarsch spielen, und auf der Bühne geht endlich voll die Post ab.

Leider aber hat Radames auch Aidas Vater gefangen, den außer ihr kein Mensch in Ägypten zu kennen scheint. Erfreut über den Sieg, erklärt der Pharao Radames zu seinem Nachfolger und will ihm bei dieser Gelegenheit auch die eigene Tochter andrehen. Aber Radames ist von Amneris nun mal nicht so sehr angetan.

Nach der Siegesfeier werden alle Äthiopier freigelassen, die lediglich in den Krieg verwickelt waren und nicht in Liebesaffären. Nur Aida und ihr Vater müssen als Geiseln in Ägypten bleiben. Aida hat – natürlich – nichts dagegen, aber ihr Vater vermutet, ohne ihn liefe in Äthiopien nichts. Machthungrig, wie solche Leute nun einmal sind, fordert er am Ufer des Nils Aida auf, für ihn bei Radames zu spionieren.

Unverständlicherweise liebt die Pharaonentochter Amneris den Radames trotz allem noch immer. Anstatt sich einen anderen Mann zu suchen oder sich zumindest einen Schlitz in ihren Rock zu schnetzeln und Strapse anzuziehen, um Radames vielleicht doch noch rumzukriegen, fleht sie die Götter um Hilfe an, und das hat schon damals nichts geholfen. Radames ist nun einmal von Aida hingerissen. Er verrät ihr – völlig benebelt – wichtige Kriegsgeheimnisse der Ägypter.

Darauf hat Aidas Vater nur gewartet! Höhnisch erklärt er den Ägyptern, daß er ihre Tricks nunmehr kenne, und nutzt ihre Verärgerung zur Flucht – aber leider ohne seine Tochter.

Radames ist so entsetzt, daß er sich von seinen eigenen Soldaten gefangennehmen läßt, denen das offensichtlich Spaß macht. Beim Schauprozeß gegen ihn wegen Verrats von Staatsgeheimnissen versucht Amneris, ihren Traummann zu retten, doch der will lieber sterben als mit ihr ins Bett. Er wird im Keller eines Tempels lebendig begraben und hofft, in Ruhe über alles nachdenken zu können, aber die Frauen lassen ihn noch immer nicht in Frieden. Während oben im Tempel Amneris für seine Seele betet, hat sich die schon immer praktischere Aida zu ihm in die Gruft geschlichen und raubt ihm selbst dort noch den letzten Nerv.

Kurztext für sehr Nervöse: Mißglückte Dreiecksbeziehung am Hof der Pharaonen. (Zwei Tote.)

Tip für Pausengespräche: Verdi schrieb diese Oper im Auftrag für ein Honorar von 80 000 Franken zur Eröffnung des Suezkanals, wurde mit seiner Arbeit jedoch – im Gegensatz zu den Kanalbauern – nicht rechtzeitig fertig.

Besondere Hits: Triumphmarsch!

Ariadne auf Naxos

Oper in einem Akt von Richard Strauss, die mit Hilfe eines Vorspiels auf zweistündige Dauer verlängert wurde. An der höchst verworrenen Handlung, zu der zwei Opern collagiert wurden, änderten auch mehrere Umarbeitungen nichts. Völlig verstört torkelt die Oper zwischen Tragik und Komik hin und her. Das Ergebnis ist derart niederschmetternd, daß sogar Intendanten, die sonst vor nichts zurückschrecken, diese Oper nur sehr selten auf den Spielplan setzen.

Sofern man dennoch gedrängt wird, eine der seltenen Aufführungen zu besuchen, ist es immer besser, eine Erkältung vorzutäuschen und ins Bett zu gehen anstatt ins Opernhaus; «Ariadne auf Naxos» kann man nicht erklären – man kann sie nur vermeiden.

Kurztext für sehr Nervöse: Totales Durcheinander. Nicht hingehen!

Tip für Pausengespräche: Richard Strauss (Musik) und Hugo von Hofmannsthal (Text) schrieben diese Oper für den Regisseur Max Reinhardt, der zuvor ihre Oper «Der Rosenkavalier» in Dresden genial gedeutet hatte. «Ariadne auf Naxos» ist vermutlich die Strafe dafür.

Besondere Hits: Fehlanzeige. Weil Richard Stauss keine Noten wegzuwerfen vermochte, machte er aus der Musik, die er nach der ersten Umarbeitung der «Ariadne» nicht mehr gebrauchen konnte, eine Orchestersuite (op. 60), die man noch häufig zu Tanzpantomimen hören kann. Das hat den Vorteil, daß keiner zur Musik singt.

Der Bajazzo

Oper in zwei Akten mit Vorspiel von Ruggero Leoncavallo, der freundlicherweise auch seine Texte selber dichtete. Das Werk zeigt eineinhalb Stunden lang, wie es in Wandertheatergruppen zugeht – nämlich in etwa so wie heute bei der Film- und Fernsehproduktion.

Canio, der bedauernswerte Leiter einer solchen Gruppe, ist mit Nedda verheiratet. Bereits im ersten Akt will sich der Schauspieler Tonio an die Frau seines Chefs heranmachen, doch Nedda hat schlechte Laune und verprügelt ihn mit ihrer Peitsche. Er ist jedoch nicht Masochist genug, um das zu genießen, und kündigt an, sich zu rächen.

Wenig später kommt es zum außerehelichen Geschlechtsverkehr zwischen Nedda und dem jungen Bauern Silvio. Dabei beeindruckt sie ihn so, daß er sie zu überreden versucht, mit ihm zu fliehen. Tonio leidet noch immer an den Striemen von Neddas Peitsche und berichtet Canio, daß seine Frau mal wieder fremdgeht. Der Theaterchef stürzt sich wütend auf den jungen Bauern, doch Silvio kann mit Müh und Not entkommen.

Verständlicherweise will der Chef von Nedda wenigstens erfahren, welcher der Bauern sich für sie interessiert. Er zeigt ihr sein Messer, doch das beeindruckt sie nicht. Sie schweigt.

Im zweiten Akt spielen die Komödianten vor Publikum. Canio, der Chef mit dem Messer, hat die Rolle des Bajazzos übernommen. Nedda spielt die Colombine, die in dieser Rolle ihren Mann gleichfalls hintergeht. Noch immer versucht der eifersüchtige Theaterchef vergeblich, den Namen seines Nebenbuhlers herauszubekommen.

Die gespielte Eifersucht Bajazzos und die höchst reale Eifersucht seines Darstellers vermischen sich. Nedda weigert sich weiter, den Namen ihres Sexpartners zu verraten, doch Canio weiß, wie er sie zum Sprechen bringen kann. Er ersticht sie mit seinem Messer, und die Sterbende ruft Silvio zur Hilfe, damit ihn ihr Mann gleichfalls umbringen kann.

Kurztext für sehr Nervöse: Typische Schauspielerehe scheitert an zwar begründeter, jedoch immer unvernünftiger Eifersucht des Ehemannes. (Zwei Tote.)

Tip für Pausengespräche: Kritik an der irrigen Auffassung, ein Mensch könne einen anderen besitzen.

Besondere Hits: Neddas Arie «Wie die Vöglein schweben».

Hinweis: Da diese Oper kurz ist, wird sie gewöhnlich nur im Doppelpack angeboten – meistens mit «Cavalleria rusticana».

Der Barbier von Sevilla

Komische Oper in zwei Akten von Gioachino Antonio Rossini. Libretto (= Textbuch) von Cesare Sterbini nach Beaumarchais.

Da es im 17. Jahrhundert noch keine Krankenkassen gibt, denen Ärzte betrügerische Abrechnungen schicken könnten, ist es für sie noch ziemlich schwer, ein standesgemäßes Leben zu führen. Grund genug für den Arzt und Vormund Dr. Bartolo, auf sein reiches Mündel Rosina gut aufzupassen. Er beabsichtigt selber, sie zu heiraten, um ihr Vermögen in die Hände zu bekommen.

Ein Graf namens Almaviva ist so sehr von sich eingenommen, daß er nicht wegen seines Adels geliebt werden möchte, sondern wegen seiner schönen Augen. Er täuscht vor, nur ein armer Bürger namens Lindoro zu sein, doch da Rosina genug eigenes Geld hat, findet sie ihn trotzdem ganz nett. Aber der Graf hat ein weiteres Problem: Wie viele zu sehr von ihrer eigenen Wichtigkeit überzeugte Egozentriker ist Almaviva einigermaßen weltfremd. Sogar Figaro, sein Friseur, ist lebenserfahrener und muß ihm Tips geben, wie er an Rosina herankommen kann, die Dr. Bartolo bewacht wie der Wagner-Drache Fafner seinen Goldschatz.

Graf Almaviva versucht zuerst vergeblich, als Soldat verkleidet mit einem Einquartierungsschein in ihre Nähe zu gelangen, und besticht schließlich den Klavierlehrer der Schönen, um ihn bei deren Unterricht zu vertreten. Endlich mal eine Klavierstunde, die nicht nur die Nachbarn ärgert! Rosina ist von der Fingerfertigkeit des Grafen beeindruckt, doch Vormund Bartolo schöpft Verdacht und eilt sofort zum Notar, der ihn so schnell wie möglich mit seinem reichen Mündel verheiraten soll. Dies gelingt nur bedingt.

Zwar erscheint der Urkundsbeamte und protokolliert auch eine Eheschließung. Allerdings verheiratet er Rosina mit dem Grafen, der den Notar mit einer bei der Steuer abzugsfähigen Geldspende bestochen hat. Figaro sowie Rosinas ständiger Musiklehrer sind die Trauzeugen bei dieser Veranstaltung. Weil Graf Almaviva nicht ausschließen kann, daß er die Dienste des Arztes Dr. Bartolo irgendwann einmal in Anspruch nehmen muß, überläßt er ihm vorsorglich Rosinas Mitgift.

Unter diesen Umständen hätte Bartolo zwar auch schon früher ihrer Heirat zugestimmt, aber dennoch ist die Oper lehrreich. Sie klärt durchgängig das Publikum über die Bedeutung von finanziellen Zuwendungen für das menschliche Zusammenleben auf.

Kurztext für sehr Nervöse: Graf kann intelligente Bürgertochter nur nach Bestechung heiraten. (Kein Toter.)

Tip für Pausengespräche: Die Oper stützt sich auf das gleichnamige Schauspiel von Beaumarchais, der deswegen einigen Ärger mit seinen Fürsten hatte. Sie empfanden die Unterstellung, Adlige müßten sich als gewöhnliche Bürger ausgeben, um deren Töchter zu gewinnen, als ausgesprochen respektlos. In Mozarts Oper «Figaros Hochzeit» bekommt der Friseur seine verdiente Strafe. Er muß auch heiraten.

Besondere Hits: Auftrittsarie des Friseurs («Ich bin das Faktotum der schönen Welt») sowie Basilios Arie «Die Verleumdung ist ein Lüftchen».

La Bohème

Zweieinhalb Stunden lange Künstler- und Tuberkulose-Oper von Giacomo Puccini in vier Bildern mit einem Libretto nach Henry Murgers Roman «La vie de Bohème».

Anfang des 19. Jahrhunderts gab es in Frankreich weder BAföG noch Förderpreise für junge Künstler, und an so was wie unsere Künstlersozialkasse war nicht einmal zu denken. Obwohl man Weihnachten bekanntlich am meisten Geld benötigt, haben die freischaffenden Künstler Rudolf, Marcel und Colin selbst zur Zeit dieses Festes keine müde Mark in der Tasche und sind entsprechend frustriert.

Schaunard konnte wenigstens dem Papagei eines reichen Tierfreundes Gesangsunterricht erteilen und bringt ein paar Francs heim. Der Hauswirt möchte das Geld für rückständige Miete kassieren, aber die Freunde wollen das Geld lieber verbraten und eilen von der Bühne ins Café. Rudolf bleibt vorerst auf der Szene, damit ihn die Blumenstickerin Mimi um Feuer (nicht nur für ihre Zigarette) bitten kann. Prompt verknallen sich die beiden ineinander.

Inzwischen haben Marcel und Colin das Café erreicht und treffen dort ein Mädchen namens Musette. Die hat sich einen reichen alten Sugar-Daddy geangelt und könnte zufrieden sein, ist es aber nicht. Unvernünftig, wie sie nun einmal ist, leidet sie an der Tatsache, daß alte vermögende Männer selten so fröhlich und unbekümmert sind wie arme junge und sehnt sich nach dem lockeren Leben in einer Künstlerclique. Ihr ehemaliger Geliebter nutzt diese Verwirrung geschickt aus und schleppt sie sofort in seine ungeheizte Mansarde.

Als Weihnachten endlich vorbei ist, können alle wieder (halbwegs) klar denken. Rudolf trennt sich behutsam von Mimi, denn sie hustet ihm entschieden zuviel.

Auch Musette merkt, daß man von Liebe allein nicht leben kann. Sie verläßt Marcel und eilt davon – vermutlich in das nächste Feinschmeckerlokal.

Am Schluß der Oper kommt Mimi zu Rudolf zurück, weil sie ihn kurz vor ihrem Tode noch einmal sehen möchte. Sie sieht ihn und hustet. Er hat inzwischen begriffen, daß er sie trotz ihres Hustens liebt, doch sie stirbt trotzdem. Scheiß-Armut!

Kurztext für sehr Nervöse: Student löst Liebesbeziehung zu einer Kunstgewerblerin, weil sie ihm immer eins hustet. Sie stirbt aber trotzdem. (Eine Tote.)

Tip für Pausengespräche: Leoncavallo hat denselben Stoff

auch für eine Oper benutzt, aber die von Puccini ist besser, auch wenn der letzte Akt ziemlich durchhängt.

Besondere Hits: «Ich lieb nur dich allein», «Man nennt mich nur Mimi» sowie das Liebesduett Mimi / Rudolf im ersten Akt, bei dem Mimi (trotz Tbc!) sehr laut zu singen vermag.

Boris Godunow

Sehr lange, mindestens dreieinhalb Stunden währende Monumental-Oper von Modest Petrowitsch Mussorgsky mit einem Prolog und sage und schreibe (in der Originalfassung) neun Bildern, für deren Libretto der Komponist Texte von Alexander Puschkin und dem Historiker Karamsin ausschlachtete.

In dieser Oper, deren Hauptpersonen einander so sehr hassen, daß sie sich in keiner einzigen Szene begegnen, geht es (wie immer in der Politik) nur um Macht. Mütterchen Rußlands Volksseele kocht jede Menge Borschtsch-Suppe, und am Hofe des Zaren ist die Hölle los.

Im ersten Bild erlebt man, wie die Kirche Politik macht. Obwohl ein gewisser Boris so tut, als sei er nicht scharf darauf, Zar zu werden, wird er kurzerhand dazu ernannt. Im zweiten Bild jubelt ihm das dumme Volk vor dem Kreml zu. Boris läßt das nur widerstrebend über sich ergehen und hat kein gutes Gefühl dabei. Sehr zu Recht!

Grigorij, ein junger Mönch, findet heraus, daß er genauso alt ist wie der zuvor ermordete Zarewitsch Dimitrij. Er beschließt, sich als dieser auszugeben, um Zar zu werden. Die Polizei bekommt Wind davon und versucht, Grigorij in einer Kneipe an der Grenze zwischen Polen und Rußland einzufangen. Dabei erfährt der Opernfreund, wie das russische Volk so lebt. Ein Betrunkener sowie ein Soldat gröhlen. Grigorij aber

hat weniger Wodka getrunken als die Polizisten und kann durch ein Fenster entkommen.

Im fünften Bild kann man einmal mehr miterleben, daß Macht allein auch nicht glücklich macht. Die Tochter des Zaren hat ihren Bräutigam verloren, und ihr Kind ist noch schlimmer dran: Es muß russische Volkslieder ertragen, die ihm seine Amme pausenlos ins Ohr singt. Der neue Zar Boris leidet nur an seinem schlechten Gewissen. Er weiß, daß Grigorij auf dem Weg zum Kreml ist, und macht sich Sorgen, weil er beim Tod des rechtmäßigen Zarewitschs Dimitrij etwas nachgeholfen hat. Boris' Gewissensbisse steigern sich zu verzweifelten Wahnvorstellungen. Wenn der Opernsänger gut in Form ist, ist das fünfte Bild sehr eindrucksvoll.

Das sechste führt uns dann nach Polen. Marina, deren Familie Grigorij unterstützt, will unbedingt an seiner Seite auf den Zarenthron. Ein Jesuitenpriester unterstützt ihr ungesundes Machtstreben auch noch, und im siebten Bild macht Marina ihren Nachwuchszaren eifersüchtig, weil sie endlich geheiratet werden will.

Inzwischen ist der regierende Zar Boris völlig wahnsinnig geworden. Er fällt vom Thron und stirbt dabei. Der Zuschauer kann sich noch an diversen Prügeleien erfreuen, dann zieht Grigorij endlich in Moskau ein und wird vom Volke jubelnd als Zar Dimitrij gefeiert. Nur ein verwirrter Idiot stammelt etwas von kommendem Unheil. Der Zuschauer weiß schon mehr und denkt an die Oktoberrevolution.

Kurztext für sehr Nervöse: Mönch schleicht sich auf Zarenthron, und sein Vorgänger wird dabei wahnsinnig. (Zwei Tote.)

Tip für Pausengespräche: Erörterung des Umstandes, daß «Boris Godunow» ständig geändert werden mußte: Die Frauenrollen sind zu schwach, und ohne Frauen erträgt das Publikum bekanntlich nur Fußball.

Besondere Hits: Fehlanzeige; für Liebhaber gewaltiger Chöre ist allerdings die ganze Oper ein großartiger Hit.

Carmen

In dieser Oper, vier Akte sowie drei Stunden lang, geht es vor allem um verschiedene Auffassungen von Liebe zwischen Mann und Frau. Georges Bizet (= *Schorsch Bi-Zeh*) nutzte für dieses Werk die Handlung einer Novelle von Prosper Mérimée, was einmal mehr beweist, daß Opernkomponisten ohne Dichter so hilflos sind wie ein Fisch auf einem Fahrrad.

Im ersten Bild zeigt die Oper, wie sich anständige Frauen

nicht nur in Spanien verhalten sollten. Micaela sucht ihren José unter den Zollbeamten, aber der ist noch nicht auf der Bühne. Andere Männer versuchen, mit ihr zu flirten, doch sie will nichts von ihnen wissen und entfernt sich. Vorbildlich!

Sie ist kaum gegangen, da erscheint José, um die Wache abzulösen. Wenig später haben die Arbeiterinnen in einer nahegelegenen Zigarettenfabrik Pause. Auch Carmen kommt aus dem Gebäude, und der Zuschauer erlebt einen ersten Schock: Der Komponist hat sich diese Figur etwa so vorgestellt wie die bekannte Roma, deren Bild in vielen deutschen Schlafzimmern an der Wand hängt.

Weil so schöne Frauen selten auch noch gut singen können und Frauen, die gut singen können, selten auch noch schön

sind, ist die Carmen leider in den meisten Aufführungen ein Kompromiß: Entweder ist sie schön, oder sie kann singen. Auf Bühnen in der Provinz ist sie allerdings oft häßlich wie Augenpulver und hat trotzdem eine Stimme zum Steinerweichen.

Alle Männer sind hinter Carmen her, aber sie erklärt schon in ihrer Auftrittsarie, daß sie nur zu jenen Männern sexuelle Beziehungen aufnimmt, die ihr gefallen. In dieser Szene beachtet José sie als einziger der Männer nicht, und das kränkt sie.

Geschickt wie sie ist, stachelt sie daraufhin ihre Kolleginnen zu einem Streik an und läßt sich als Rädelsführerin verhaften, damit José sie ins Gefängnis transportieren muß. Auf dem Weg dorthin verwirrt sie ihn mit Hilfe ihrer tief ausgeschnittenen roten Bluse derartig, daß er sie laufenläßt und dafür mit Freiheitsentzug bestraft wird.

Der zweite Akt spielt in einer Kneipe, wo sich wie auf den Fluren der Arbeitsämter alle Gesellschaftsschichten treffen. Zu den Zöllnern, Schmugglern und Zigarettendreherinnen gesellt sich der Stierkämpfer Escamillo, um seine Arie «Auf in den Kampf, Torero» zu schmettern.

Als die Schmuggler aus der Kneipe zur Nachtschicht aufbrechen, bleibt Carmen zurück und wartet auf José. Erneut gelingt es ihr, ihn so durcheinanderzubringen, daß er den Zapfenstreich überhört. Sein Vorgesetzter kommt sogar persönlich ins Lokal, um ihn zur Kaserne zu begleiten, aber der nur noch von Hormonen gesteuerte Zöllner zieht seinen Degen und desertiert, um als Schmuggler mit Carmen zu leben.

Im dritten Akt hat José eingesehen, daß dieser Beruf viel größere Anforderungen an den Mann stellt als der eines Zollbeamten im mittleren Dienst. Micaela spürt José auf und will ihn nach Hause bringen, aber er lehnt das ab. Er ahnt wohl, daß Carmen inzwischen daran denkt, ihre Zigarette danach mit Escamillo zu rauchen. Als dieser die Szene betritt, können die Schmuggler nur mit Müh und Not einen Kampf zwischen den beiden Männern verhindern.

Erst als Micaela erneut erscheint und José mitteilt, seine Mutter liege im Sterben, vermag er sich von Carmen zu lösen – vermutlich weil er zu der einzig wahren Geliebten jedes Machos eilen möchte.

Im vierten Akt ist der Stierkämpfer endlich so sehr von Carmens Reizen beeindruckt wie der Zöllner im ersten. Um Escamillo zu größeren Anstrengungen beim Stierkampf anzuspornen, verspricht sie ihm eine Nacht mit ihr, falls er das Rindvieh in der Arena zügig schlachtet. Genau in diesem Moment kommt der Zollbeamte (das größere Rindvieh?) und macht ihr Vorwürfe. Naturgemäß mag sie ihn nach einer häßlichen Eifersuchtsszene noch weniger als zuvor. Da er Lieben mit Besitzen verwechselt, ersticht er Carmen, während die Zuschauer in der Arena jubeln, weil Escamillo den Stier gleichfalls abgestochen hat.

Kurztext für sehr Nervöse: Sinnliche Roma verwirrt Zollbeamten des mittleren Dienstes. (Eine Tote.)

Tip für Pausengespräche: Vergleich gewisser Erscheinungsformen von Liebe mit Rinderwahnsinn. (Mit Feministinnen über die Macht sinnlicher Frauen in der Männergesellschaft diskutieren!) Friedrich Nietzsche hielt «Carmen» für die beste aller Opern – nur um Richard Wagner zu ärgern.

Besondere Hits: Jede Menge! Die «Habanera» ist mit Recht ebenso weltberühmt wie die «Seguidilla».

Cavalleria rusticana

Obgleich der Titel dieses erfreulicherweise nur etwas über eine Stunde langen Melodramas von Pietro Mascagni an Kavallerie erinnert, hat es nichts mit Pferden zu tun. Es geht vielmehr um die einigermaßen seltsamen Vorstellungen von Ehre, wie sie bei Bauern auf Sizilien noch immer zu beobachten sind.

In dieser Oper singt der Held bereits, während der Vorhang noch geschlossen ist, also während der sogenannten «Ouvertüre». *Merkhilfe:* Eine Ouvertüre *(O-ver-türe;* **nicht** U-vertüre!) ist ebenso der Eingang in eine Oper wie eine Ofentüre in einen Ofen. Man kann aber auch an Konfitüre denken!

Wenn der Vorhang dann schließlich geöffnet wird, sieht der Zuschauer, wie es früher war, als die Menschen noch in die Kirche gingen. Es ist Ostern, und man wird deutlich darauf hingewiesen, wer für das Elend auf Sizilien letztlich verantwortlich ist, nämlich die Pfarrer mit ihren unpraktischen Vorstellungen von Moral. Danach entwickelt sich eine der in Opern grundsätzlich tragischen Dreiecksbeziehungen.

Turiddu liebt Lola, aber während er seinen Grundwehrdienst leistete, hat sie den Fuhrmann Alfio geheiratet. Nach Ende seiner Dienstzeit hat Turiddu eine neue Partnerschaft mit der schönen Santuzza aufgebaut, doch diese befriedigt ihn nicht gänzlich. Da Lola gleichfalls mit ihrem Ehemann Alfio nicht gerade glücklich ist, machen Lola und Turiddu den großen Fehler, eine abgestandene Beziehungssuppe wieder aufzuwärmen.

Santuzza ist verständlicherweise verärgert. Sie erzählt Lolas Ehemann, daß dessen Frau mit Turiddu schläft, doch der törichte Kutscher fängt daraufhin nicht etwa ein Verhältnis mit Santuzza an, wie es jeder klar denkende Mann täte, sondern er fordert Turiddu zum Zweikampf und ersticht ihn. Lola muß sich schon wieder einen neuen Liebhaber suchen.

Kurztext für sehr Nervöse: Eifersüchtiger Ehemann ersticht Liebhaber seiner Ehefrau. (Ein Toter.)

Tip für Pausengespräche: Am Libretto nach einer sizilianischen Volkssage wurde von sehr vielen Autoren herumgebastelt, aber es wurde dadurch auch nicht besser.

Besondere Hits: Fehlanzeige.

Hinweis: Da diese Oper kurz ist, wird sie gewöhnlich nur im Doppelpack angeboten – meistens mit dem «Bajazzo».

La Cenerentola

Komische Oper in zwei Akten von Gioachino Rossini (Libretto: Jacopo Ferretti), die gewöhnlich zweieinhalb Stunden dauert und deren Handlung dem Märchen *Aschenbrödel* entspricht.

Kurztext für sehr Nervöse: Prinz auf Brautschau zieht klugerweise bescheidene und pflegeleichte Dienstmagd deren verwöhnten und anspruchsvollen Stiefschwestern vor. (Keine Toten.)

Tip für Pausengespräche: Klärung der Frage, welche der drei weiblichen Hauptfiguren dieser Oper durch ihr Verhalten am meisten an die Begleiterin des Opernbesuchers erinnert.

Besondere Hits: Keine.

Così fan tutte

Wirklich komische Oper in zwei Akten (ca. zweieinhalb Stunden) von Wolfgang Amadeus Mozart mit einem Libretto von Lorenzo da Ponte.

Der lebenserfahrene Don Alfonso wettet mit zwei Offizieren, daß deren Verlobte ebensowenig treu wären wie andere Frauen auch. Die beiden Offiziere verkleiden sich als reiche Ausländer und werden als solche jeweils der Verlobten des anderen vorgestellt.

Wie zu erwarten war, lassen sich die beiden Frauen mit den beiden «Albaniern» ein, aber kurz bevor sie diese heiraten können, geben sich die Fremden als ihre Verlobten zu erkennen, jagen die untreuen Verlobten aber nicht zum Teufel, sondern versöhnen sich wieder mit ihnen. Wenn das für die damalige Zeit nicht komisch ist – was dann?

Kurztext für sehr Nervöse: Zwei kurzsichtige und schwer hörige junge Frauen werden in die Irre geführt. Sie versprechen sich Liebe und Glück – es handelt sich aber nur um einen Test ihrer Treue. (Trotzdem keine Toten.)

Tip für Pausengespräche: Fehlanzeige.

Besondere Hits: Fehlanzeige.

Don Giovanni
(Don Schowanni)

Heiteres (?) Drama in zwei Akten, zehn Bildern und drei Stunden von Wolfgang Amadeus Mozart (Libretto: Lorenzo da Ponte), das die Geschichte jenes Playboys erzählt, der in Deutschland unter dem Namen Don Juan bekannter ist.

Am Anfang der Oper hat sich der sexistische Frauenkonsument maskiert in ein Haus geschlichen, um Anna zu benutzen, die mit Ottavio verlobt ist. Giovannis Diener Leporello soll Schmiere stehen, ist aber viel zu sehr mit der Buchführung über die Abenteuer seines Herrn beschäftigt, um vernünftig aufpassen zu können. (Noch heute nennt man Faltblätter gelegentlich «Leporellos».)

Zu Giovannis Kummer schläft Anna nicht mit fremden Männern. Schon gar nicht, wenn diese auch noch maskiert sind. Sie schreit laut um Hilfe, ihr Vater erscheint und wird von Giovanni erstochen. Ottavio schwört Rache, aber der Mörder kann entkommen.

Während der Zuschauer noch überlegt, ob es Giovanni wenigstens geschafft hat, Anna kurz in den Ausschnitt zu fassen, ist der Lüstling schon vor seinem Haus angelangt und trifft auf Elvira, bei der er sich nach den Aufregungen etwas entspannen möchte. Als er merkt, daß es sich um seine Ehefrau handelt, erschrickt er und sucht sofort das Weite. Leporello übt sich bei ihr in ungeschickten Public Relations: Er verliest Giovannis Referenzenliste, und die gekränkte Frau schwört gleichfalls Rache.

Danach kommt ein Hochzeitszug auf die Bühne. Ein gewisser Masetto hat seine Zerlina gerade geheiratet, und Don Giovanni steht schon wieder unter derartigem Druck, daß er dem Ehemann die Arbeit in der Hochzeitsnacht abnehmen möchte. Zerlina ist nicht abgeneigt, aber Elvira tritt dazwischen und vermasselt beiden alles. Mit List und Tücke verfrachtet Leporello die ganze Hochzeitsgesellschaft in ein Schloß. Dort versöhnt sich Zerlina zwar mit ihrem eifersüchtigen Bräutigam, doch Leporello kann ihn ablenken. Als Giovanni der Braut wieder an die Wäsche will, schreit sie unerwartet laut um Hilfe, und Giovanni flüchtet überstürzt.

Am Anfang des zweiten Aktes muß Giovanni seinen Diener mit einer Gratifikation beruhigen, aber der Don ist schon wieder an einer anderen Frau interessiert. Diesmal hat Elviras Kammerzofe nicht nur seine Aufmerksamkeit erregt. Um leichter an sie heranzukommen, tauscht er mit Leporello die Kleidung und will sich der Zofe nähern, doch trotz der schlechten Beleuchtungsverhältnisse im 17. Jahrhundert mißlingt das.

Inzwischen sind sich alle Beteiligten einig, daß es Giovanni war, der Annas Vater umgebracht hat. Masetto und dessen Freunde wollen ihn zur Rechenschaft ziehen, doch der reiche Müßiggänger wird spielend mit ihnen fertig. Danach hat Giovanni, wohl weil alle Frauen anderweitig beschäftigt sind, nichts Besseres zu tun, als auf dem Friedhof vor der Statue des von ihm erstochenen Vaters der schönen Anna herumzulungern. Übermütig lädt er diese Skulptur zum Abendessen ein und wundert sich nicht einmal, als das Denkmal aus Stein die Einladung annimmt.

Im nächsten Bild bedrängt Ottavio Anna mit seinem Wunsch, möglichst schnell zu heiraten, doch sie zögert. Entweder hat sie der Tod ihres Vaters traumatisiert, oder ihre Begegnung mit Giovanni läßt sie an der Notwendigkeit einer Ehe zweifeln.

Leider erfährt der Zuschauer nicht, ob die beiden nun heiraten oder nicht. Im letzten Bild ist Giovanni wieder mit Elvira beschäftigt, doch dann erscheint die Statue vom Friedhof, hält ihm eine Moralpredigt und läßt ihn zur Hölle fahren.

Kurztext für sehr Nervöse: Bindungsunwilliger Edelmann beschläft jede, die er kriegen kann, und kommt um, da er den Fehler macht, auch mal einen Mann zum Essen einzuladen. (Zwei Tote.)

Tip für Pausengespräche: Vermutlich komponierte Mozart diese Oper zur eigenen Psychotherapie. Der Komponist war kein Kind von Traurigkeit. Er liebte fröhlich in der Gegend herum und fürchtete sich sogar als Erwachsener noch vor seinem strengen Vater. Da sieht man es mal wieder: Die Wunder der Wunderkinder sind oft lediglich das Resultat elterlicher Prügel!

Besondere Hits: «Dies hier ist das Verzeichnis», «Reich mir die Hand, mein Leben».

Die Dreigroschenoper

ist keine Oper, sondern ein zweieinhalb bis drei Stunden langes Schauspiel von Bertolt Brecht nach einer englischen Vorlage mit Songs von Kurt Weill zu Texten nach Francois Villon.

Kurztext für sehr Nervöse: Ein Großkrimineller namens Macheath (*etwa: Meckiz*) gerät zwischen zwei Frauen und wird um ein Haar Opfer seiner eigenen sexuellen Schwerhörigkeit. (Keine Toten.)

Tip für Pausengespräche: Vergleich der Verhältnisse im alten London mit jenen in Deutschland nach dessen Wiedervereinigung.

Besondere Hits: Das Lied Macky Messers «Und der Haifisch, der hat Zähne».

Elektra

Die Hauptperson dieser knapp zwei Stunden langen Oper von Richard Strauss (Libretto: Hugo von Hofmansthal) ist nicht, wie ihr Name eigentlich vermuten läßt, die Erfinderin des «Elektrischen Stuhls», sondern eine sehr nachtragende Griechin aus einer Tragödie von Sophokles.

Ihre Mutter Klytämnestra (*Klü-tem-nes-tra*) hat gemeinsam mit ihrem Geliebten Ägisth Elektras Vater in der Badewanne ertränkt.

Im Gegensatz zu ihrer Schwester Chrysothemis (*etwa: Chry-san-the-me*), die sehr dafür ist, diese Sache auf sich beruhen zu lassen, damit sie endlich heiraten kann, denkt Elektra nur an Rache. Total heruntergekommen und verschlampt, lebt sie in einem Ziegenstall und wartet darauf, daß ihr Bruder Orest von einer Reise zurückkommt und den Mord rächt.

Als er endlich eintrifft und Elektras Mutter sowie deren Liebhaber umbringt, tanzt die Tochter einen Freudentanz, bei dem sie sich so verausgabt, daß sie tot zusammenbricht.

Kurztext für sehr Nervöse: Griechische Königstochter sorgt für Lynchjustiz. (Vier Tote.)

Tip für Pausengespräche: Weshalb braucht unsere Jugend Partydrogen, um in der Techno-Disco bis zum eigenen Tod zu tanzen? – Elektra schaffte es doch auch ohne Ecstasy!

Besondere Hits: Fehlanzeige.

Die Entführung aus dem Serail

(Se-rail; nicht Se-ra-il)

Singspiel von Wolfgang Amadeus Mozart (Libretto: Christian F. Bretzner) in drei Akten und ca. zweieinhalb Stunden, in dem es um Menschenraub geht.

Konstanze, die Geliebte des Spaniers Belmonte, wurde zusammen mit ihrer Zofe Blondchen von Seeräubern gefangen und in die Türkei verkauft, wo die beiden im Frauenhaus des Selim Bassa gefangen gehalten werden. Der Bassa (=Pascha) ist nur an Konstanze interessiert und hat die Blondine dem Aufseher Osmin geschenkt, der erfahren muß, wie aufsässig Frauen aus dem Westen sind.

Belmontes Diener Pedrillo wurde gleichfalls an den Pascha verkauft, hat aber durch Gartenarbeit das Vertrauen des Großgrundbesitzers gewonnen. Er kann sich vergleichsweise frei bewegen und ist Belmonte behilflich, als er die beiden Frauen aus Bassa Selims Harem zu entführen versucht. Dieser Versuch scheitert zwar an der Aufmerksamkeit Osmins, aber Bassa Selim läßt freiwillig alle ziehen, nachdem er erfahren hat, daß Belmonte der Sohn seines Todfeindes ist. Daß Konstanze dessen Schwiegertochter wird, ist ihm Rache genug.

Kurztext für sehr Nervöse: Zwei Frauen aus dem Abendland geraten in ein morgenländisches Frauenhaus und nerven den Pascha derart, daß er sie wieder nach Hause schickt. (Keine Toten.)

Tip für Pausengespräche: Im Gegensatz zu der im neidischen «christlichen» Abendland verbreiteten Meinung über den Harem war dieser eine frauenfreundliche Einrichtung. Infolge der häufigen Kriege jener Zeiten waren bei den Osmanen Männer ziemlich knapp. Damit trotzdem jede Frau heiraten konnte, wurde der Harem erfunden. Es ging ihnen in einem solchen wesentlich besser als ihren unverheirateten oder verwitweten Geschlechtsgenossinnen im Abendland.

Besondere Hits: «In Mohrenland gefangen war», «Hah, wie will ich triumphieren».

Eugen Onegin

(O-nje-gin)

Lyrische Szenen in drei Akten und zweieinhalb Stunden von Peter Tschaikowski nach einem unvollendeten Roman von Alexander Puschkin.

Der Russe Lenski ist mit Olga verlobt, und anstatt allein zu ihr zu fahren, nimmt er seinen Freund Eugen mit. Wie meistens ist das auch diesmal ein Fehler. Olga hat eine jüngere Schwester namens Tatjana, die sich schon am Anfang der Oper merkwürdig benimmt.

Man vermutet, sie sei etwas debil, aber sie ist lediglich in Eugen verliebt. So sehr, daß ihr sogar fast unmöglich ist zu schreiben. Weil ihre Hände vor Liebe zu stark zittern, braucht sie eine ganze Nacht für einen Liebesbrief an ihn. Der bleibt fürs erste ohne positive Antwort.

Eugen ist etwas verklemmt und hält sich für viel zu verlottert für ein unerfahrenes junges Mädel. Doch er irrt sich. Sie liebt ihn gerade wegen seiner Erfahrungen und ist sehr beleidigt, als er ihr Angebot ablehnt.

Im zweiten Akt findet eine Party statt. Lenski tanzt mit seiner Olga und Eugen endlich mal mit Tatjana. Der Zuschauer hofft schon auf ein glückliches Ende, aber dazu kommt es (typisch für Opern!) auch diesmal nicht.

Einige alte Weiber reden dummes Zeug, und deshalb tanzt Eugen das nächste Mal mit Olga. Als sich das wiederholt, wird Lenski so eifersüchtig, daß er seinen Freund zu einem Duell fordert und prompt von ihm erschossen wird.

Der dritte Akt handelt sechsundzwanzig Jahre später. Tatjana ist längst mit einem vernünftigeren Mann verheiratet, der (sogar nach so vielen Jahren noch!) regelmäßig mit ihr schläft. Eugen hingegen hat weniger Chancen beim anderen Geschlecht.

Er will sich an Tatjana heranmachen, aber sie ist nachtragend und rächt sich. Diesmal weist sie ihn zurück, und am Schluß der Oper steht Eugen völlig verzweifelt auf der Bühne, weil keine mehr mit ihm zusammen frühstücken will.

Kurztext für sehr Nervöse: Russischer Neurotiker verpfuscht vielversprechende Liebesbeziehung. (Ein Toter.)

Tip für Pausengespräche: Alexander Puschkin, der Autor des Romans, kam wie Lenski später durch ein Duell ums Leben. (Nicht mal aus seinen eigenen Romanen vermag der Mensch etwas zu lernen!)

Besondere Hits: «Ein jeder kennt die Lieb auf Erden».

Der Evangelimann

Musikalisches Schauspiel in zwei Aufzügen von Wilhelm Kienzl nach einem Bericht des Polizeibeamten Leopold Florian Meißner.

Mathias liebt Martha, und sie liebt ihn auch, aber leider ist Mathias' Bruder Johannes gleichfalls an der Frau interessiert und verrät ihrem Vormund, daß Mathias nur ein armer Klosterschreiber ist.

Obwohl der Bürokrat versichert, Martha heiraten zu wollen, wird er aus dem Amt gejagt. Als dann im Kloster Feuer ausbricht, verurteilt man ihn wegen Brandstiftung zu 30 Jahren Strafhaft.

Nach der Haftentlassung sieht er nicht nur ganz schön alt aus, sondern er erfährt auch noch, daß sich Martha zwischenzeitlich umgebracht hat. Als ob das alles noch nicht genug wäre, gesteht Johannes, daß er seinerzeit den Brand gelegt hat, um Mathias aus Marthas Nähe zu entfernen. Mathias ist so weit unten, daß er seinem Bruder die falsche Anschuldigung verzeiht, damit der in Frieden sterben kann.

Kurztext für sehr Nervöse: Eifersucht verursacht Justizirrtum. (Zwei Tote.)

Tip für Pausengespräche: Ein «Evangelimann» ist ein christlicher Bettler, der gegen Almosen Stücke aus der Bibel vorträgt. (Wäre das nichts für Sozialhilfeempfänger?)

Besondere Hits: Der Masochisten-Choral «Selig sind, die Verfolgung leiden».

Fallstaff

Lyrische Komödie in drei Akten von Giuseppe Verdi von nahezu drei Stunden Dauer nach zwei Dramen von William Shakespeare, die Arrigo Boito auf Libretto-Niveau herunterholte.

John Falstaff, ein bedauernswert übergewichtiger Engländer, will trotz seiner Fettsucht ein bißchen Liebe. Nach schlechten Erfahrungen klug geworden, schreibt er einen Liebesbrief gleich in zwei Exemplaren und schickt ihn an zwei verschiedene Frauen, die vereinbaren, den armen Adipositas-Kranken zu verspotten.

Weil ein anderer Brite namens Fenton weniger dick ist, darf er im ersten Akt ein Liebesduett mit einer gewissen Nanette singen, die er am Schluß der Oper, nachdem Fallstaff (u. a. in einem Wäschekorb!) genug gequält worden ist, auch heiratet.

Kurztext für sehr Nervöse: Werbeoper für Schlankheitskuren. (Kein Toter.)

Tip für Pausengespräche: Wie großartig die Musik dieses letzten Meisterwerks Verdis ist, begreift man, wenn man es mit der Oper *«Die lustigen Weiber von Windsor»* vergleicht, für die Otto Nicolai aus Königsberg dieselben Shakespeare-Dramen mißbrauchte.

Besondere Hits: Das Finale «Alles um uns ist Narrheit».

Fidelio

(Betonung auf der zweiten Silbe!)

Diese zwei Akte, vier Bilder sowie zweieinhalb Stunden lange Oper Ludwig van Beethovens mit Texten nach einem französischen Schauspiel blieb seine einzige.

Gouverneur Pizarro hält wenig von übertriebener Rechtsstaatlichkeit und hat seinen politischen Gegner Florestan ohne Gerichtsverhandlung in einem Gefängnis verschwinden lassen.

Florestans Frau verkleidet sich als Mann und läßt sich unter dem falschen Namen Fidelio beim Gefängniswärter Rocco als dessen Gehilfe einstellen, um Zugang zu den Häftlingen zu finden.

Marcelline, die Tochter des Wärters, ist entweder kurzsichtig oder aber lesbisch. Sie verliebt sich in Fidelio, und ihrem Vater ist sein neuer Mitarbeiter auch sympathisch.

Als der dafür zuständige Minister der Zentralregierung die

Gefängnisse besichtigen will, bekommt der Gouverneur Furcht. Er will Florestan umbringen lassen.

Rocco hat jedoch das typische Berufsethos eines Knastwärters: Jemanden einsperren und fast verhungern lassen hält er für gerechten Strafvollzug, den Mord an einem Häftling jedoch nicht. Er ist höchstens bereit, für Florestan das Grab zu schaufeln. Den Mord soll der Chef gefälligst selbst erledigen.

Dann kann Fidelio (also die verkleidete Leonore) Rocco dazu überreden, die Gefangenen mal an die frische Luft zu schicken, damit wir sie sehen. Da Florestan jedoch Einzelhaft mit Kontaktsperre ertragen muß, wird er nicht zum Rundgang aus der Zelle gelassen. Leonore ist froh, daß sie Rocco helfen darf, das Grab für ihren Mann zu schaufeln, denn auf diese Weise kommt sie wenigstens mal in seine Nähe.

Im zweiten Akt kann sich der Zuschauer davon überzeugen, daß es Florestan insgesamt gutgeht. Er hat zwar einen Hungerstreik angefangen, aber vorerst noch so viel Kraft, daß er eine Arie zu singen vermag, in der er sich vor allem über die Lichtverhältnisse und Langeweile beklagt. Danach bricht er zusammen. Leonore muß seinen Hungerstreik mit einem Stück Brot brechen und Rocco das Grab persönlich ausheben.

Dann naht Pizarro und will Florestan endlich umbringen, aber Leonore springt dazwischen und bedroht den Gouverneur mit einem kleinen Dolch. (Eine .45 Smith & Wesson wäre zweifelsfrei eindrucksvoller.) Da naht endlich der Minister. Der Gouverneur muß von seinem Vorhaben Abstand nehmen, und Leonore kann mit Florestan das Duett «O namenslose Freude» singen. Danach nimmt sie ihm die Ketten ab, und Pizarro wird verhaftet. Leider erfährt der Zuschauer nicht, was aus ihm wird. (Vermutlich wird er pro forma verurteilt, danach begnadigt und tritt drei Jahre später als Minister erneut ins Rampenlicht der Politik.)

Kurztext für sehr Nervöse: Reziproke Transvestitenschau in durchgängig zu schwach beleuchtetem Gefängnis. (Keine Toten.)

Tip für Pausengespräche: Ludwig van Beethoven hat nach «Fidelio» noch an weiteren Opern gearbeitet, sie jedoch nie mehr zur Aufführungsreife gebracht. (Vermutlich wollte der begnadete Komponist seine geniale Musik nicht durch den Mummenschanz auf Opernbühnen verhunzen lassen.)

Besondere Hits: Die ganze Oper ist ein Hit! Die Leonore-Ouvertüre ist so großartig, daß sie die meisten Operndirigenten in den Konzertsaal abschieben. Ludwig van Beethoven muß so was geahnt haben und schrieb vorsorglich mehrere Ouvertüren zur Auswahl. In den meisten Inszenierungen wird jene in E-dur gespielt.

Der fliegende Holländer

Romantische Oper in drei Akten, die in knapp drei Stunden über die Bühne gehen sollte. Richard Wagner komponierte die Musik (und schrieb klugerweise auch selbst den Text) im Jahre 1848, als er noch nicht voll auf die nordische Sagenwelt abgefahren war. Doch die Handlung spielt immerhin schon in Norwegen, wo sich die Wikinger herumgetrieben haben.

Kapitän Daland hat sich mit seinem Segelschiff verschwommen und wählt eine zur Lösung von Navigationsproblemen kaum geeignete Methode. Er geht in seine Schlafkoje, und der größte Teil der Mannschaft folgt seinem Beispiel. Nur der Steuermann muß noch ein Seemannslied singen, bevor auch er schlafen gehen kann.

Als die ganze Mannschaft endlich laut schnarcht, naht ein zweites, wesentlich prächtigeres Schiff. Ein schwarz gekleideter Marine-Django aus Holland steht auf dem Deck und singt, was Sache ist: Vor langer Zeit hat er mal die Ehe gebrochen sowie Gott gelästert, und seither traut er sich nur alle sieben Jahre an Land, um herauszufinden, ob es inzwischen eine Frau gibt, die es mit ihm aushält. Diesmal plant er einen letzten Versuch.

Durch die laute Arie ist Kapitän Daland wieder wach geworden. Er kommt müde aus der Koje. Der Holländer hat so wenig Selbstwertgefühl, daß er Daland sofort erzählt, wie reich er ist, was seine Wirkung auf den einfältigen Norweger nicht verfehlt. Er verspricht dem Fremden Senta, seine Tochter, zur Gemahlin, und das Lied des Steuermanns wird zum zweitenmal geschmettert, diesmal vom ganzen Chor.

Der zweite Akt führt uns in das Holzhaus des Norwegers. Dort müssen die Frauen sogar singen, während sie am Spinnrad sitzen.

Senta, Dalands Tochter, hat ein Bild des geheimnisvollen Marine-Djangos aufgetrieben und schwärmt von ihm. Ihr Verlobter, ein zuverlässiger Norweger namens Erik, hört das nicht gern und versucht, ihr den Fremden mieszumachen. Doch das bewirkt (wie meist) das Gegenteil.

Als Sentas Vater mit dem Holländer erscheint, ist sie derart von seinen schwarzen Designerklamotten begeistert, daß sie ihm sofort Treue bis zum Tode schwört, was immer eine riskante Sache ist.

Anfang des dritten Aktes fordern die Norweger die Holländer auf, endlich auch mal ein Faß aufzumachen, doch letztere wissen, wieviel Alkohol Skandinavier vertragen können, und ziehen sich lieber zurück auf ihr Schiff. Der Kapitän bleibt jedoch an Land, um seine zukünftige Ehefrau ein wenig zu überwachen.

Erik erscheint, um seiner ehemaligen Verlobten ein paar durchaus verständliche Vorwürfe zu machen, doch der seltsame Holländer hält es bereits für Untreue, daß sie Erik überhaupt zuhört. Beleidigt folgt der Holländer seiner Mannschaft an Bord seines Schiffes, das schnell den verschlafenen norwegischen Hafen verläßt, dabei jedoch keineswegs fliegt.

Senta nimmt der Verlust ihrer beiden Verlobten derart mit, daß sie sich bei einem Bad im kühlen Nordmeer etwas erfrischen möchte. Da sie noch immer nur Männer im Kopf hat, vergißt sie, daß sie wie die meisten Küstenbewohner nicht schwimmen kann, und ertrinkt.

Kurztext für sehr Nervöse: Mißlungene Brautschau eines sehr depressiven holländischen Kapitäns. (Eine Tote.)

Tip für Pausengespräche: Im «Fliegenden Holländer» stellt Richard Wagner noch einzelne Gesangsnummern hintereinander, doch man merkt schon, daß ihn diese Form langweilt. Die zahlreichen Chorstücke deuten an, worauf er hinauswill: Später komponierte er seine Opern durch.

Besondere Hits: Die gesungene Ballade «Traft ihr das Schiff im Meere an».

Fra Diavolo

(Di-a-vo-lo; Betonung auf zweiter Silbe!)

Komische Oper von Daniel-François Auber (*O-beer*), drei Akte und zweieinhalb Stunden lang(-weilend), mit Text des Dramatikers Eugène Scribe.

Im ersten Akt hat der Offizier Lorenzo in einer Kneipe gerade bekanntgegeben, daß zehntausend Piaster Belohnung auf den Kopf eines sehr erfolgreichen Räubers namens Fra Diavolo ausgesetzt sind, da kommen auch schon zwei der Opfer seiner Bande ins Lokal: Lord Kookburn (*Kuck-barn; nicht Cock-börn!)* und seine Frau Pamella, die gerade von den Banditen überfallen und beraubt worden sind.

Pamella ist nur über den Verlust ihrer Wertsachen betrübt,

aber seine Lordschaft sind zusätzlich eifersüchtig, weil der Marquis *(etwa: Ma-ki; Kleinadeliger)* von San Marco, gleichfalls Passagier in der überfallenen Kutsche, mit Lady Pam zu flirten versuchte.

Kaum spricht man vom Teufel, schon ist er da! Seine Lordschaft schimpfen noch, da betritt besagter Marquis das Lokal. Er hört der Gastwirtstochter Zerline zu, die Interessantes über den Räuber Fra Diavolo zu berichten weiß – und stiehlt der Lady Pamella geschickt ein Schmuckstück von der Bluse, das beim Raub offenbar übersehen wurde.

Als der Zuschauer gerade zu vermuten anfängt, daß der Marquis und Fra Diavolo identisch sein könnten, kommt der Offizier Lorenzo mit erfreulichen Nachrichten in die Gaststätte. Er hat mit seinen Leuten den größten Teil der Räuberbande getötet. Nur Fra Diavolo sei nicht erwischt worden. Da der Offizier die Wertsachen der Kookburns zurückbringt, bekommt er zur Belohnung 10000 Piaster, die ihm sehr gelegen kommen. Zerline ist (klugerweise) nur an reichen Männern interessiert, und er möchte sie heiraten.

Im zweiten Akt erfährt man, daß sich Zerlines Zimmer neben dem der englischen Gäste befindet. Zerline ist froh, daß Lorenzo endlich mal Geld hat. Sie singt gerade die Arie «Welches Glück, ich atme freier», da naht der Marquis mit zwei Räubern. Sie wollen offenbar die Wertsachen seiner Lordschaft wieder in ihren Besitz bringen, werden aber dabei gestört. Damit sie nicht entdeckt werden, verstecken sie sich in einer Nische und müssen zusehen, als sich Zerline auszieht, doch lediglich, um allein ins Bett zu gehen.

Sie ist kaum eingeschlafen, und die Räuber versuchen wieder, den Besitz der Engländer zu sozialisieren, da kommt Lorenzo (wohl auf dem Weg zu Zerline) dazwischen. Der Marquis kann den geordneten Rückzug seiner Leute decken, gerät dabei aber in eine unangenehme Situation. Um von den

Wertsachen abzulenken, gibt er vor, er sei wegen der Frauen um diese Zeit noch unterwegs, und Lorenzo fordert ihn zum Duell.

Warnung! Verwechslungsgefahr! Bei einem «Duell» kämpfen zwei mit Waffen gegeneinander, bei einem «Duett» dürfen sie nur die Stimme benutzen. Wenn drei Personen singen, heißt das «Terzett». Es gibt aber kein Terzell! Die Opernwelt ist hier inkonsequent.

Der dritte Akt dieser Oper spielt im Gebirge. Der Marquis erscheint zum Duell endlich in seiner Berufskleidung als Räuber, doch sein Gegner ist unpünktlich.

Da sich Lorenzo mehr um seine Großfahndung nach dem Räuber gekümmert hat als um Zerline, hat diese sich entschlossen, den Bauern Francesco zu heiraten. Mit Müh und Not schafft es Lorenzo, zwei Räuber zu erwischen, die ihren Chef – den Marquis – in eine Falle locken müssen. Er wird in den meisten Aufführungen verhaftet; es gibt jedoch auch Inszenierungen, die ihn entkommen lassen.

Zur Belohnung für seine vorbildliche Polizeiarbeit bekommt Lorenzo diesmal aber keine Belohnung, sondern er wird mit Zerline verheiratet, was angesichts ihrer Geldgier wohl als Strafe betrachtet werden muß.

Kurztext für sehr Nervöse: Ein Mann ist als Adeliger sowie als Räuber gleichermaßen erfolgreich, landet aber dennoch durch List und Tücke zweier Mitarbeiter im Knast. (Jede Menge Tote.)

Tip für Pausengespräche: Auber war Hofkapellmeister Napoleons. Der deutsche Gesamtkunstwerker Richard Wagner hat den Komponisten nicht nur gekannt, sondern sogar geschätzt. (Preisfrage: Weshalb?)

Besondere Hits: Fehlanzeige.

Der Freischütz

Romatische Oper in drei Akten und fünf Bildern von Carl Maria von Weber (Libretto: Johann F. Kind), die fast drei Stunden dauert und an der vor allem sehr grüne Grüne ihre Freude haben werden.

Bereits am Anfang des ersten Aktes ballern Jäger und Bauern auf Schießscheiben. Ein junger Schütze namens Max hat dabei keine besonders ruhige Hand. Ein schlichter Bauer wird zum Schützenkönig gekürt. Schon das genügt, Max erheblich zu verärgern, aber er hat noch einen zusätzlichen Grund, besorgt zu sein.

Er will nämlich Nachfolger des Erbförsters werden sowie dessen Tochter Agathe heiraten, also zwei Fliegen mit einer Klappe schlagen, was damals nicht so leicht war wie heutzutage. In dieser Oper geht es noch gerecht zu! Erbförsterplanstellen sowie -töchter werden noch nicht nach dem Parteibuch vergeben, sondern ein Bewerber muß durch Probeschüsse beweisen, daß er für Job sowie Ehe geeignet ist.

Verständlicherweise hat Max so große Furcht vor dieser Prüfung, daß er sich nicht nur durch Einnahme einiger Valium-Tabletten darauf vorbereitet, wie es jeder vernünftige Mensch täte. Er bittet den erfolgreicheren Jäger Kaspar um Rat, der als praktizierender Esoteriker gute Beziehungen zum Teufel hat. In dieser Oper heißt er Samiel *(Sa-mi-el)* und arbeitet wie ein moderner Strukturvertrieb: Wenn Kaspar andere Vertreter für Samiel anheuert, darf er weitere drei Jahre für ihn tätig sein.

Kaspar gibt Max den todsicheren Tip, daß man in einer Wolfsschlucht besondere «Freikugeln» herstellen kann, die ihr Ziel niemals verfehlen. Max glaubt nicht an solchen Hokuspokus, doch Kaspar leiht ihm seine Flinte, mit der sogar Max einen der sehr hoch und unter Naturschutz fliegenden Adler zu erlegen vermag. Das überzeugt auch ihn von der Wirksamkeit Schwarzer Magie.

Im zweiten Bild lernt der Zuschauer Agathe kennen, und er fragt sich, ob sie Max' Bemühungen überhaupt wert ist. Sie neigt zu Depressionen, und schon wenn ein Bild von der Wand fällt, wird sie so nervös, daß ihre Freundin Ännchen sie kaum zu beruhigen vermag.

Auch Agathe hat vermutlich Angst vor dem Probeschuß,

denn sie muß schließlich wissen, was Max schafft oder besser meist nicht schafft. Er kommt sie besuchen und belügt sie. Da er einen halbwegs glaubhaften Grund dafür braucht, sich um diese Zeit noch in die Wolfsschlucht zu entfernen, behauptet er, einen Hirsch erlegt zu haben, dessen Leiche er bergen müsse. Natürlich glaubt sie das nicht. Als ob ihr Max einen Hirsch treffen könnte, wenn der sich bewegt!

Gegen Ende des zweiten Aktes öffnet sich endlich der Vorhang, um den Blick auf die Wolfsschlucht freizugeben, auf die der Zuschauer den ganzen bisherigen Opernabend lang gewartet hat.

Diese Wolfsschlucht ist der Schrecken sämtlicher Regisseure und Bühnenbildner, denn wie sie diese Szene auch immer anlegen, sie machen es falsch. Eine typische No-Win-Situation! Wenn sie die berühmte Wildsau einplanen, lacht ein Teil der Zuschauer, was nicht im Sinn dieser nicht komischen Oper ist. Erscheint diese Wildsau aber nicht, wird sie von einem Teil der Zuschauer vermißt, was letztere verärgert. Nur wenige Opernregisseure sind so gerissen, daß sie die Wolfsschlucht so schlecht beleuchten, daß man nie genau weiß, ob die Wildsau nun da ist oder nicht.

Max kommt in diese düstere Wolfsschlucht, und die Werbeabteilungen des Guten sowie des Bösen kämpfen um die Seele des schlechten Schützen. Der liebe Gott holt Max' Mutter aus dem Seniorenheim und läßt sie Warnungen absondern. Samiel erweckt in Max die aberwitzige Vorstellung, Agathe könne sich umbringen, falls er schon wieder danebenschießen sollte, und das gibt den Ausschlag: Unter ziemlich starker Lärm- und Rauchentwicklung werden die teuflischen High-Tech-Patronen hergestellt, und das Schicksal nimmt weiter seinen Lauf.

Am Anfang des dritten Aktes ist Agathe einmal ausnahmsweise gut drauf, doch das ändert sich sofort, als ihre Brautjungfern erscheinen, um das Lied «Wir winden dir den Jungfernkranz» zu singen. Auch der Zuschauer bekommt (spätestens) angesichts dieser Szene Depressionen: Weil jedes Mitglied eines Opernchores (sowie der Gewerkschaft ÖTV) möglichst bis zum Lebensende singen möchte und auch darf, sind die Brautjungfern meist um die sechzig Jahre alt.

Hochgradig nervös, wie er nun einmal ist, hat Max bereits

sechs seiner Wunderpatronen verbraucht, und Kaspar triumphiert. Im Gegensatz zu Max weiß der Alt-Esoteriker, daß Samiel die siebte Kugel hinlenken kann, wo immer er will.

Fürst Ottokar, ein Landesherr, der sich solche Probeschüsse nie entgehen läßt, erscheint auf der Bühne, und die Jäger bemühen sich, ihn mit einem Chorgesang zu erfreuen. Dann geht alles sehr schnell. Max soll zum Beweis seines Könnens eine Taube schießen, aber sie fliegt wie zu erwarten in eine andere Richtung und trifft um ein Haar Agathe, die ohnmächtig wird, als sie begreift, was ihr Freier schon wieder mit der Flinte anrichtet. Da sieht Kaspar endlich ein, daß manchen Schützen auch mit schwarzer Magie nicht zu helfen ist. Er springt in die Wolfsschlucht!

Kurztext für sehr Nervöse: Nervöser junger Jäger verschießt sein Pulver entweder zu früh oder er trifft daneben. (Ein Toter.)

Tip für Pausengespräche: Hat Carl Maria von Weber einen großen Teil der Einfälle Siegmund Freuds vorweggenommen? Ist das ein Hinweis auf Impotenz und die Wolfsschlucht ein Symbol für die Vagina?

Besondere Hits: «Durch die Wälder, durch die Auen», «Wir winden dir den Jungfernkranz» sowie, last but not least, jede Menge Jägerchöre.

Der Golem

Musikdrama von Eugen d'Albert (*etwa: Dal-beer),* in drei Akten und drei Stunden (Libretto: Ferdinand Lion), das äußerst selten aufgeführt wird, da die schlichte Geschichte nicht hinreichend verwirrend für das verwöhnte Opernpublikum ist.

Ein frommer Rabbiner spielt in Prag Gottvater und belebt

ein Monster, das sich prompt in die Rabbiner-Tochter Lea verliebt. Lea ist nicht abgeneigt, stirbt jedoch, als ihr Vater sie endlich mit dem kräftigen Golem verheiratet.

Kurztext für Nervöse: Frankenstein im Judengetto mit Musik.

Tip für Pausengespräche: Die Story der Oper folgt Romanen von Gustav Meyrink sowie Mary Shelley. Gedenkminute für Marty Feldmann, der die Mel-Brooks-Verfilmung des Stoffes unvergeßlich macht.

Besondere Hits: Fehlanzeige.

Götterdämmerung

ist ein Teil von Richard Wagners «Ring des Nibelungen» und wird folglich unter dem Buchstaben R näher untersucht.

Hamlet

(Ham-let ist Däne! Nicht Häm-let!)

Oper von Ambroise Thomas, dem es gelang, mit Hilfe von Musik sogar William Shakespeares Meisterwerk ungenießbar zu machen.

Im Schloß Helsingör heiratet Claudius die verwitwete Königin von Dänemark, deren Sohn Hamlet diese Ehe nur zwei Monate nach dem Tode seines Vaters für geschmacklos hält.

Hamlet möchte am liebsten das Land verlassen, schafft es aber nicht, weil er an Ophelia hängt. Diese junge Frau, Tochter des Kämmerers, ist entschieden zu empfindsam, doch auch Hamlet hätte bei jedem Neurotiker-Kongreß gute Chancen, zum Chef gewählt zu werden. Hypersensibel, wie solche Leute oft sind, ahnt er nicht nur, daß man seinen Vater umgebracht hat, sondern er leidet zusätzlich unter Halluzinationen. Er nimmt an, daß ihn der Geist seines toten Vaters heimsucht und zur Rache auffordert.

Ophelia hält es für klüger, sich im Leben auf die Liebe zu konzentrieren, doch Hamlet versucht eine Art Gruppentherapie, die auch diesmal schiefgeht. Als er im Schloß von einer Truppe reisender sowie schlecht bezahlter Schauspieler den Mord an einem König aufführen läßt, sind seine Mutter und deren Zweit-Ehemann zu cool, um Betroffenheit zu zeigen.

Hamlet erfährt lediglich, daß Ophelias Vater beim Meuchelmord geholfen hat. Hamlets Mutter versucht, ihn durch Sex abzulenken. Sie schickt ihm Ophelia ins Bett, doch der schizoide Prinz weist Ophelia zurück, und sie geht gekränkt ins Wasser, um dort zu ertrinken. An ihrem Sarg sieht es einen Augenblick lang so aus, als wolle Hamlet endlich den Unsinn beenden und sich ebenfalls umbringen, doch auch dazu ist er zu feige. Statt dessen bemüht er mal wieder den Geist seines verstorbenen Vaters, der ihm die Kraft gibt, die Mörder seines Vaters zu töten und sich selbst auf den Thron zu schwingen.

Kurztext für sehr Nervöse: Oper, wie sie keiner mag. (Unzählige Tote.)

Tip für Pausengespräche: Erörterung der Kühnheit des Komponisten, Teile aus Shakespeares Rolls Royce zu einer Art Citroen 2 CV zusammenzuschrauben und mit Musik zu verhunzen.

Besondere Hits: Der Schlußvorhang.

Hanneles Himmelfahrt

ist ein zu Tränen rührendes Werk eines gewissen Paul Graener, das einen vor Sozialpathos nur so triefenden Theatertext von Gerhard Hauptmann dazu benutzt, dem Zuschauer zu erklären, daß Armut eine schlimme Sache ist.

Hanne muß nicht nur für ihren Stiefvater betteln gehen, sondern sich auch noch von ihm verprügeln lassen, da ihre Mutter schon tot ist. Zu allem Übel ist Hanne auch noch krank, und während sie (die ganze Oper lang) den Geist aufgibt, spendiert ihr die Drogenfabrik in ihrem Gehirn wenigstens noch ein paar beglückende Visionen.

Kurztext für sehr Nervöse: Ein Fall für das Jugendamt.

Tip für Pausengespräche: Kritik an der Faulheit der Armen. Wenn Hanne gewollt hätte, hätte sie schon irgendeine Arbeit finden können. Solche Bettelei schwächt – schon vor der Globalisierung – den Standort Deutschland!

Besondere Hits: Der Hummer nach der Oper, am besten mit einem guten Chablis. Wir wollen von der Oper erhoben, erbaut und etwas gebildet werden. Aber bitte nicht so!

Herzog Blaubarts Burg

Oper in einem Akt von Béla Bartók, Libretto von Béla Balász, die knapp eine Stunde dauert, höchst selten aufgeführt wird und nur ungarisch gesungen ein Meisterwerk ist. Deshalb hier nur:

Kurztext für sehr Nervöse: Psychisch gestörter Herzog auf dem Sado-Trip bringt nach zahlreichen Frauen auch eine Judith in sein Schloß und dort um.

Tip für Pausengespräche: Die Forderung nach lebenslänglicher Sicherheitsverwahrung von Triebtätern. Was denn sonst?

Besondere Hits: Diese einzige Oper des Komponisten ist ein musikalisches Meisterwerk.

Die Hochzeit des Figaro

(Fi-ga-ro; Betonung auf erster Silbe!)

Komische Oper von Wolfgang Amadeus Mozart mit einem Libretto von Lorenzo da Ponte nach einer Komödie von Beaumarchais, vier Akte und drei Stunden lang. Der Zuschauer (der auch hier am besten nur zuhört) trifft alte Bekannte wieder, da Mozarts «Figaro» etwa dort anfängt, wo Rossinis «Barbier» (siehe Seite 14) aufhört. Trotzdem wurde Mozarts Fortsetzung dreißig Jahre vor dem «Barbier» uraufgeführt, was einmal mehr beweist, wie wenig Ordnung im Reich der Oper herrscht.

In Mozarts «Figaro» ist Graf Almaviva mit Rosina verheiratet, aber dennoch hinter Susanna her, obwohl die mit Figaro verlobt ist.

Figaro arbeitet nicht mehr als freischaffender Haardesigner, sondern hat sich vom Grafen als Kammerdiener anstellen lassen. Damit die Gesellschaftsschichten nicht zu sehr durcheinandergeraten, ist Susanna die Kammerdienerin der Gräfin.

Wenn wir jetzt noch akzeptieren (was bleibt uns anderes übrig?), daß Antonio sowohl der Gärtner des Grafen als auch Susannas Onkel ist und darüber hinaus auch eine Tochter hat, die Barberina heißt und hinter der Graf Almaviva ebenfalls her ist, obgleich sie den Pagen Cherubino liebt, ist alles völlig klar.

Natürlich leben auch Dr. Bartolo und seine Haushälterin Marcellina noch, und um die Verhältnisse wenigstens etwas komplizierter erscheinen zu lassen, stellt sich heraus, daß Figaro auch noch ihr Sohn ist.

Kurztext für sehr Nervöse: Graf hat starkes Interesse an weiblichem Personal. Happy-End nach jeder Menge Verkleidung und Verwirrung. (Keine Toten.)

Spezialtip für die Aufführung: Augen zu, Ohren weit auf und dann die Musik genießen.

Besondere Hits: «Will der Herr Graf im Tanzen sich üben» sowie «Süße Rache».

Hoffmanns Erzählungen

In jeder Hinsicht phantastische Oper in drei Akten mit Vor- und Nachspiel von Jacques *(etwa: Dschack)* Offenbach, der nicht nur, wie bei Opernkomponisten branchenüblich, die Ergebnisse des Autorenschweißes musikalisch aufbereitet, sondern noch einen Schritt weiter geht: In dieser Oper ist sogar der Autor E.T.A. Hoffmann die Hauptperson.

Im Vorspiel sucht Stella, eine ehemalige Geliebte, den Dichter heim, da sie ihren derzeitigen Lover, einen gewissen Lindorf, für zu langweilig hält. Sehr verständlich! Lindorf hat aber immerhin die Idee, Hoffmann betrunken zu machen, damit er hinsichtlich Stella handlungsunfähig wird und nur von drei seiner Beziehungen berichten kann.

Im ersten Akt erzählt er von Olympia, einer Vorläuferin der in Sexshops erhältlichen aufblasbaren Gummipartnerin, die aber nicht ganz ausgereift ist: Sie kann noch sprechen und sogar singen. Trotzdem verliebt sich Hoffmann in sie, doch bevor die beiden heiraten können, geht die Puppe kaputt.

Im zweiten Akt fasziniert den Dichter die Hure Giulietta, deren Zuhälter eine Macke hat. Er ist nicht auf Geld scharf, sondern er sammelt Schatten und Spiegelbilder. Hoffmann bezahlt bereitwillig mit seinem Spiegelbild, auch wenn er sich danach beim Rasieren noch häufiger schneiden dürfte, aber Julchen verweigert dennoch körperlichen Kontakt.

Im dritten Akt hat Hoffmann besonderes Glück. Er entgeht Antonia, einer Sängerin, die nichts daraus gelernt hat, daß sich ihre Mutter zu Tode gesungen hat. Obwohl Antonias Vater ihr danach jeglichen Gesang verboten hat, trällert Antonia trotzdem, wo immer sie kann. Als sie ihr unfähiger Hausarzt dazu auffordert, singt sie sogar besonders laut und stirbt daran.

Wie zu erwarten hat der beneidenswerte Hoffmann auch im Nachspiel so viel Glück, daß ihm die Nacht mit Stella erspart bleibt: Er fällt betrunken vom Stuhl.

Kurztext für sehr Nervöse: Dichter hat unverschämt großes Glück in der Liebe. (Zwei Tote.)

Tip für Pausengespräche: Offenbach und Bizet ist es zu verdanken, daß der Schmalz der italienischen Oper auf französischen Opernbühnen nur sehr wenige Fettflecke hinterlassen konnte.

Besondere Hits: Die «Barcarole» im zweiten Akt. (Danach kann man sich aus dem Opernhaus schleichen. Türen *leise* schließen!)

Die Hugenotten

Mit fünf Akten und mehr als drei Stunden eine nun wirklich entschieden zu lange Oper von Giacomo Meyerbeer: Zustände wie in Nord-Irland, nur umgekehrt, weil in der Oper die Katholiken den Protestanten keine Ruhe lassen.

Kurztext für sehr Nervöse: Warnung! Diese Oper unbedingt vermeiden! (Sehr viele Tote. Es sollen sogar schon Zuschauer an Langeweile gestorben sein.)

Der Liebestrank

Obgleich diese zwei Akte und etwa zweieinhalb Stunden lange Oper von Gaetano Donizetti (Libretto: Felice Romani) zu den wenigen gehört, aus denen man etwas lernen kann, nennt man sie unbegreiflicherweise eine «komische» Oper.

Nemorino, ein junger, äußerst schüchterner Landwirt, liebt die gleichfalls junge, aber zusätzlich auch noch reiche Pächterin Adina, die von ihm nichts wissen will. Auch die Bemühungen des Offiziers Belcore weist sie erst einmal entschieden zurück, da sie keine Uniformen mag, was den Zuschauer sofort für diese intelligente Frau einnimmt.

In dieser Situation taucht der Heilpraktiker und Vulgärpsychologe Dulcamara auf, der seine Berufe noch als Wandergewerbe ausübt, was heute (zum Schutz der Landbevölkerung vor Psychologie) verboten ist.

Dulcamara erkennt sofort, an welchem Übel Nemorino leidet, kann ihm aber nur über einen Umweg helfen. Da Siegmund Freud die Psychoanalyse noch nicht erfunden hat, kann Dulcamara seinen guten Rat nicht direkt verkaufen. Er muß eine Flasche Wein zum «Liebestrank» erklären, der die Hemmungen des nur scheinbar so kalten Bauern löst und sein Selbstwertgefühl stärkt.

Nach dem Genuß dieses Gesöffs beginnt Nemorino mit anderen Dorfschönen zu flirten, beachtet Adina nicht, und schon fährt sie voll auf ihn ab. Nur um ihn eifersüchtig zu machen, verspricht sie, den Offizier Belcore zu heiraten, was die Oper erheblich verlängert.

Am Anfang des zweiten Aktes wird schon die Hochzeit gefeiert, obwohl noch niemand geheiratet hat. Der Heilpraktiker beweist seine Lebensklugheit, indem er eine Arie singt, die das Verhältnis zwischen den Geschlechtern auf den kürzesten Nenner bringt: «Holdes Kind, willst du mich haben; du bist schön, und ich bin reich!»

Nach diesem Lied ist der Alkoholspiegel des jungen Bauern schon etwas gesunken. Er begreift, daß Adina drauf und dran ist, Belcore zu ehelichen, und läßt sich aus schierer Verzweiflung als Berufssoldat anwerben. Doch dann – Nemorino hat seinen Vertrag schon unterschrieben – stirbt ein Verwandter und setzt ihn zum Alleinerben ein.

Verständlicherweise sind jetzt die jungen Frauen noch mehr hinter ihm her, doch Adina tändelt nicht nur, sondern handelt: Sie kauft den jungen Bauern von der Armee los. Er umarmt sie, und sie wird ihn heiraten.

Der Offizier kann sein Glück kaum fassen: Seine Hochzeit ist schon eingeläutet, aber die unerwartete Erbschaft eines anderen hat ihn im letzten Augenblick vor der Ehe bewahrt!

Am Schluß der Oper macht Dulcamara glänzende Geschäfte, und die werden Psychologen auch in Zukunft machen, bevor die Menschen begreifen, daß Probleme mit der Liebe schlicht nicht existieren: Wenn zwei Menschen einander lieben, gibt es kein Problem. Wenn sie einander nicht lieben, gibt es auch kein Problem. Wenn aber ein Mensch einen anderen liebt, der ihn nicht liebt, gibt es schon gar kein Problem, denn zu jedem Tango gehören nun einmal (mindestens) zwei. Alles andere ist Oper!

Kurztext für sehr Nervöse: Wanderpsychologe befreit jungen Bauern von Neurose. (Kein Toter.)

Tip für Pausengespräche: Bewunderung des Librettos, dessen Autor schon vor einhundertsiebzig Jahren mehr von der Seele des Menschen verstand als die meisten Psychiater heutzutage.

Besondere Hits: «Holdes Kind, ich hab Dukaten» sowie «Wohl drang aus ihrem Herzen».

Lohengrin

(Betonung auf erster Silbe)

Drei Akte und vier Stunden lange Oper, mit der Richard Wagner (nach «Tannhäuser», siehe dort) zum zweitenmal richtig zulangt. Sänger und Musiker hangeln sich nicht mehr mühevoll von Arie zu Arie sowie von einem Chorgesang zum nächsten, sondern das ganze Werk besteht aus Musik: sozusagen eine Mega-Sinfonie mit Gesang und *action*.

Da ein Krieg mit Ungarn bevorsteht, ist König Heinrich unterwegs, um Soldaten einzusammeln. In Brabant (heute die Gegend um Antwerpen) findet Heinrich ein ziemlich großes Durcheinander vor.

Der für die Gegend früher zuständige Herzog ist tot. Seine Tochter Elsa hat vorsichtshalber den rechtmäßigen Thronfolger, ihren Bruder, in Sicherheit gebracht. Ein gewisser Telramund regiert stellvertretend, möchte aber auf Dauer die Macht. Von seiner ehrgeizigen Frau Ortrud aufgestachelt, behauptet er, Elsa hätte ihren Bruder umgebracht und wolle selber Herzogin werden. Elsa möchte diesen Stellvertreter nicht länger regieren lassen. Sie fordert ihn zum Zweikampf auf. Da sie keinen Mann kennt, der für sie zu den Waffen greifen würde, verlegt sie sich aufs Beten, das damals offensichtlich noch helfen konnte.

Als die Kämpfer in den Ring gerufen werden und Telramund schon auf eine Art Säumnisurteil hofft, weil für Elsa niemand erscheint, naht unerwartet ein Ritter in einem Kahn, der, wohl aus Gründen des Umweltschutzes, von einem Schwan gezogen wird. (Dieser Schwan stellt jeden Regisseur vor ähnliche Probleme wie die Wildsau im «Freischütz».)

Der Ritter kämpft für Elsa gegen Telramund und besiegt ihn, läßt ihn aber am Leben, was immer ein Fehler ist. Elsa sucht noch nach einer Erklärung für die unbegründete Milde

des fremden Ritters, da wird sie mit einer weiteren Macke des Helden konfrontiert: Sie soll ihn niemals nach seinem Namen fragen und nach seiner Anschrift schon gar nicht. Will er damit schon jetzt einer späteren Unterhaltsklage vorbeugen? Elsa stellt solche Überlegungen fürs erste zurück, denn sie ist dankbar, daß ihr der Fremde überhaupt geholfen hat.

Für Telramund wäre die Angelegenheit mit seiner Niederlage eigentlich erledigt, doch seine Frau Ortrud ist nicht nur machthungrig und eigensinnig, sondern auch hinterlistig. In Lumpen gekleidet, schleicht sie sich bei ihrer Erzfeindin Elsa ein. König Heinrich will den Ritter zum Herzog von Brabant ernennen, doch der Fremde gibt sich mit dem Titel «Beschützer von Brabant» zufrieden. Solche falsche Bescheidenheit ermutigt Ortrud und ihren Ehemann, Elsas Beschützer der Zauberei zu bezichtigen. Er soll endlich seinen Namen und seine Anschrift bekanntgeben. Der Fremde verweist auf den Datenschutz und verweigert jegliche Angaben zur Person. Ach! Ach, wenn Frauen doch nicht so schrecklich neugierig wären! Obwohl sie damit zufrieden sein könnte, daß ihr Ritter sie geheiratet hat und ihre verworrenen Verhältnisse ordnet, was doch zweifelsfrei erhebliche Zuneigung beweist, fängt auch Elsa an, nach seinem Namen zu fragen. Schließlich wird es ihm zuviel. «Ich heiße nicht Rumpelstilzchen, sondern Lohengrin!» ruft er wütend und schlägt vor Zorn Telramund tot. Dann naht erneut der Kahn, in dem sich Lohengrin aus Brabant entfernt. Da sich der Schwan inzwischen in Elsas Bruder verwandelt hat, muß diesmal eine Taube dazu herhalten, das Fremdenverkehrsmittel von der Bühne zu ziehen.

Kurztext für sehr Nervöse: Datenschutz kollidiert mit weiblichem Informationsbedürfnis. (Ein Toter.)

Tip für Pausengespräche: Wie Wagners Kollege Franz Liszt ganz richtig (und viel zu optimistisch) sagte: «Mit ‹Lohengrin› nimmt die alte Opernwelt ein Ende.»

Besondere Hits: Der ganze Richard Wagner ist einer.

Lucia di Lammermoor

(etwa: Lämmer-mur)

Drei Akte und zweieinhalb Stunden lange Oper von Gaetano Donizetti nach einem Roman von Walter Scott.

Nach einem Regierungswechsel in Schottland fürchtet Lord Henry um Macht und Einfluß. Er möchte seine Schwester Lucia mit Lord Arthur (*etwa: Azer*) verheiraten, der beste Beziehungen zum neuen Machthaber hat. Leider aber liebt Lucia nicht nur Edgar, den größten Feind ihres Bruders, sondern hat ihm darüber hinaus ewige Treue geschworen. (Immer ein Fehler!)

Seine brüderliche Lordschaft versucht dieses Ehehindernis zu beseitigen. Er fälscht Dokumente, die Edgars Untreue beweisen sollen, und Lucia ist dumm genug, darauf hereinzufallen. Sie resigniert und ist so frustriert, daß sie zur Ehe mit Lord Arthur bereit ist.

Doch leider erfährt Edgar von diesen Plänen. Er hält ihre Ehe mit seiner Lordschaft (sehr zu Recht!) für Untreue, und bringt Lucia während der Trauung mit derart verächtlichen Blicken zur Verzweiflung, daß sie ihren Ehemann bereits in der Hochzeitsnacht umbringt, wahnsinnig wird und stirbt. Danach entschließt sich Edgar zum Selbstmord. Ordentlich wie er nun einmal ist, geht er zu diesem Zweck auf den Friedhof.

Kurztext für sehr Nervöse: Wirtschaftlich denkender Bruder will für seine Schwester nur das Beste, doch deren weltfremde Vorstellungen von Liebe und Treue führen zur Katastrophe. (Drei Tote.)

Tip für Pausengespräche: Lob der Psychopharmaka! Verdanken wir es nicht letztlich den modernen Beruhigungsmitteln, daß die meisten Frauen ihre Ehemänner nicht schon in der Hochzeitsnacht umbringen?

Besondere Hits: Die Koloraturarien der Lucia, besonders ihre «Wahnsinnsarie» im Schlußakt.

Die lustigen Weiber von Windsor

Komisch-phantastische Oper in drei Akten von Otto Nicolai nach Shakespeares gleichnamiger Komödie, die denselben Stoff mit Musik behandelt wie Giuseppe Verdis «Fallstaff».

Kurztext für sehr Nervöse: Werbeoper für Schlankheitskuren. (Kein Toter.)

Tip für Pausengespräche: Vergleich der Musik Otto Nicolais mit der Giuseppe Verdis.

Besondere Hits: Höchstens das Trinklied «Als Büblein klein», denn es beweist, daß sehr dicke Männer gewöhnlich über eine sehr tiefe Stimme verfügen.

Die Macht des Schicksals

Vier Akte, neun Bilder und drei Stunden lange Oper von Giuseppe Verdi mit einem Libretto nach einer spanischen Tragödie.

Leonore, die Tochter eines Kleinadeligen, liebt den Mestizen Alvaro. Ihr Vater, der Marchese, ist jedoch ein Rassist. Er kann sich einen Mischling in der Familie sowenig vorstellen wie Richard Wagner einen jüdischen Dirigenten in Bayreuth.

Als Leonore mit ihrem Alvaro flüchten will, löst sich aus dessen Pistole ein Schuß und tötet unbeabsichtigt ihren Vater. (Wahrscheinlich hat Samiel aus dem «Freischütz» den Finger am Abzug.)

Während der Flucht wird das Liebespaar getrennt. Leonore hält ihren Alvaro für tot und wird Einsiedlerin. Ihr Liebhaber aber lebt nicht nur, sondern freundet sich ausgerechnet mit ihrem Bruder an, der den Tod des versehentlich erschossenen Rassisten rächen will. Als Carlos, Leonores Bruder, erkennt, daß sein Freund dieser Mischling ist, hinter dem er schon sechs Bilder lang her ist, kommt es um ein Haar zum Kampf zwischen den beiden, doch der wird auf die beiden letzten Bilder verschoben, damit er vor Leonores Einsiedlerhütte stattfinden kann.

Alvaro erschlägt Carlos. Der damit verbundene Lärm lockt Leonore aus ihrer Hütte. Jetzt könnte sie endlich glücklich sein, aber ihr Bruder schafft es noch, sie mit letzter Kraft zu erstechen.

Kurztext für sehr Nervöse: Rassistischer Vater verhindert Mischehe. (Drei Tote.)

Tip für Pausengespräche: Stolz auf die Tatsache, daß wir Deutschen den Rassismus keinesfalls erfunden haben.

Besondere Hits: Fehlanzeige.

Madame Butterfly
(etwa: Batter-flei)

Giacomo Puccini nennt diese seine drei Akte und zwei Stunden lange Oper auf Grundlage eines amerikanischen Schauspiels ausdrücklich «Tragödie». Damit hat er zweifelsfrei recht.

Der amerikanische Marineoffizier F. B. Linkerton benimmt sich in Japan, wie sich amerikanische Soldaten im Ausland nun einmal aufführen, sofern das Gastland es zuläßt.

Er macht die fünfzehnjährige Cho-Cho-San (*etwa: Schu-Schu-San*) zu seiner Geliebten und heiratet sie, ohne die Ehe nach japanischem Recht sonderlich ernst zu nehmen. Danach geht er zurück in die «Heimat der Tapferen» (Amerika!), als sei nichts gewesen.

Der zweite und dritte Akt spielen drei Jahre später. Cho-Cho-San hat ein Kind von Linkerton und wartet auf ihn, doch er überweist nur die Miete für das Haus und läßt sich nicht blicken. Ein reicher Japaner möchte die Frau trotz ihres Kindes heiraten, aber sie weist ihn ab. Sie glaubt an die Ehe und hofft, daß ihr Linkerton zurückkommt. Das geschieht auch!

Er kommt zurück, wird jedoch leider von seiner amerikanischen Ehefrau begleitet, die der Japanerin zu allem Übel auch noch das Kind wegnehmen will. Da hat Cho-Cho-San endlich genug von der Völkerverständigung und bringt sich um.

Kurztext für sehr Nervöse: Amerikanischer Pionier benimmt sich schon im Jahr 1900 in Nagasaki so wie seine Landsleute etwa siebzig Jahre später in Vietnam und Thailand. (Eine Tote.)

Tip für Pausengespräche: Vergleich dieser Oper mit dem Musical «Miss Saigon» (siehe Seite 250.)

Besondere Hits: Leitmotiv und Arien der Butterfly.

Hinweis: Deutsche Touristinnen, die der Romantik halber in Las Vegas heiraten, können den *Butterfly-Effekt* vermeiden, wenn sie ihre Ehe bei einem deutschen Standesamt registrieren lassen.

Manon Lescaut
(etwa: Ma-non Les-ko)

Oper («Lyrisches Drama»!) von Giacomo Puccini in vier Akten, deren Aufführung drei Stunden dauert. Am Libretto nach einem Schauerroman des Abbé Prévost fummelten derart viele Autoren herum, daß keiner die Verantwortung dafür übernehmen mochte. Der «Einzig wahre Opernführer» auch nicht! Deshalb hier nur:

Kurztext: Junge Frau wird auf dem Weg ins Kloster entführt, danach aber jahrelang von ihrem Geliebten getrennt, bevor sie endlich in dessen Armen stirbt, weil er (wie viele, die sich auf Liebe spezialisiert haben) für seine Frau nicht einmal das Trinkwasser heranschaffen kann. (Eine Tote.)

Tip für Pausengespräche: Erörterung der Frage, ob gefühlsstarke Frauen wie Manon nicht tatsächlich in einem Kloster besser aufgehoben wären.

Warnung: Wer im Programmheft liest, daß Manon in New Orleans stirbt und bis zum Schluß im Saal bleibt, weil er auf Jazzmusik hofft, der hofft vergebens.

Besondere Hits: Fehlanzeige! Auch wenn manche behaupten, Manon stürbe beim Duett im Schlußbild mindestens so eindrucksvoll wie Richard Wagners Isolde.

Margarethe

Oper in fünf Akten von Charles Gounod (Libretto: Jules Barbier und Michel Carré) nach dem Drama «Faust» von Johann W. Goethe.

Kurztext für sehr Nervöse: Deutscher Privatgelehrter bewältigt Midlife-crisis mit Hilfe des Teufels. (Eine Tote.)

Tip für Pausengespräche: Erörterung der Ursachen dafür, daß auch Goethes «Faust» durch Musik keinesfalls besser wird, weil er ihrer schlichtweg nicht bedarf.

Besondere Hits: Fehlanzeige! Die Musik ist unerträglich.

Die Meistersinger von Nürnberg

Musikdramatische Dichtung in drei Aufzügen und vier Bildern von Richard Wagner, deren Aufführung etwa fünf Stunden lang dauert.

In einer Kirche (!) erblickt der als Ritter und Sänger im Wandergewerbe tätige Walther von Stolzing ein sehr attraktives Mädel und erkundigt sich umsichtig, ob die Schöne bereits in festen Händen sei. Fehlanzeige. Ganz im Gegenteil!

Um die schöne Eva endlich unter die Haube zu bekommen, hat sich ihr Vater, der Goldschmied Veit Pogner, eine raffinierte Werbemaßnahme ausgedacht. Ähnlich wie im «Freischütz» wird ein Wettbewerb veranstaltet, dessen Sieger Eva heiraten darf.

Da Wagners Kunstwerk aber, im Gegensatz zum «Freischütz», nicht im Milieu der Jäger angesiedelt ist, sondern in der Musikszene, wird beim Wettbewerb nicht geschossen, sondern gesungen.

Walther will sich am Wettbewerb beteiligen. Ein Lehrling des Schusters und Gesangsamateurs Hans Sachs erzählt ihm, wie es bei diesem Wettbewerb zugeht: ähnlich wie beim «Literarischen Quartett», nur daß in Nürnberg der Chefkritiker Beckmesser heißt und zudem selbst hinter Eva her ist. Unter diesen Umständen will Walther auf seine Teilnahme am Wettbewerb verzichten. Während eines Anfalls von (immer unbegründetem) Glauben an Gerechtigkeit stellt er sich dann aber dennoch dieser Jury. Wie zu erwarten war, wird sein erster Probegesang, besonders von Beckmesser, in Grund und Boden kritisiert.

Am Anfang des zweiten Bildes fertigt Hans Sachs, der Walthers Gesang für ganz passabel hält, in seinem Brotberuf als Schuster ein Paar (hoffentlich viel zu enge) Schuhe für Beckmesser an. Eva kommt in das Schusteratelier und gesteht dem Schuster, daß sie Walther von Stolzenfels liebt. Sie plant sogar, mit ihm gemeinsam aus Nürnberg zu fliehen, obgleich sie noch nicht einmal eine einzige Nacht mit dem Ritter und Sänger verbracht hat. Der lebenserfahrene Schuster redet ihr diesen Blödsinn aus und wird uns danach noch sympathischer: Als Beckmesser kommt, um seine Schuhe anzuprobieren und Eva ein Ständchen zu singen, macht Hans Sachs mit seinem Schusterhammer so viel Krach, daß der Kritiker nicht dagegen ankommt. Danach läßt der Schuster den fahrenden Ritter und Sänger sicherheitshalber in seiner Werkstatt schlafen und hilft ihm bei der Herstellung einiger Arien für die nächste Runde des Wettbewerbs.

Im vierten Bild findet endlich der Gesangswettbewerb statt. Zuerst singt Beckmesser, dessen Gesang etwa die Qualität der Romane unserer Literaturkritiker hat und beim Publikum wenig Beifall findet. Vom Gesang des verliebten Walther von Stolzing dagegen sind alle so begeistert, daß sie ihn zum Meistersinger ernennen wollen. Doch der fahrende Sänger durchschaut die Machenschaften bei solchen Wettbewerben inzwischen. Er hält den Titel Meistersinger für eine Beleidigung und will nur den Preis, nämlich Eva. Die bekommt er auch.

Hans Sachs muß sich selber den Lorbeerkranz des Meisters aufsetzen lassen, obwohl Lorbeer eigentlich in die Suppe gehört.

Kurztext für sehr Nervöse: Goldschmieds Töchterlein wird zum Preis eines Gesangswettbewerbs, den dank guter Beziehungen ein Außenseiter gewinnt. (Keine Toten.)

Tip für Pausengespräche: Das Verhältnis zwischen Komponisten und Musikern zu Musikkritikern.

Besondere Hits: Fehlanzeige! Beim späten Wagner ist (meist) alles aus einem Guß.

Mignon
(etwa: Mig-nong)

Drei Akte von Ambroise *(etwa: Ambroas)* Thomas, der nicht davor zurückschreckte, Motive aus J. W. Goethes Roman «Wilhelm Meisters Lehrjahre» für eine ca. zweieinhalb Stunden lange Oper zu verwerten.

Wilhelm, ein reicher und junger Nichtsnutz aus Wien, erlebt, wie ein Roma die zu seiner Entertainertruppe gehörende Mignon zum Tanzen zwingen will. Er kauft ihm die Frau ab und nimmt sie mit. Er besteht jedoch darauf, daß Mignon immer Männerkleidung anzieht, wenn sie ihn begleitet, um seine Chancen bei anderen Frauen nicht zu gefährden.

Einige Zeit später lernt er den Schauspieler Laertes kennen, der mit der Schauspielerin Philine, dem jungen Baron Friedrich sowie dem Harfenspieler Lothario durch die Welt reist, obwohl letzterer im Kopfe etwas verwirrt ist. (Wahrscheinlich Morbus Alzheimer.)

Wilhelm Meister ist an der nymphomanen Philine interessiert und besucht sie im Schloß von Friedrichs Onkel. Da dauernd die noch immer in Männerkleidung gezwängte Mignon in seiner Nähe ist, hält ihn Philine jedoch für schwul und zieht sich zurück.

Kann man es ihr verübeln? Als Mignon mal wieder ein Kleid und Schuhe mit Stöckelabsätzen anzieht, um nicht ganz zu verlernen, wie man sich darin bewegt, wird Wilhelm so zornig, daß er sich von ihr trennt.

Notgedrungen freundet sich Mignon mit Lothario an, dessen Geistesverwirrung offenbar ansteckend ist: Obwohl Philine nach wie vor Frauenkleider trägt, nimmt Mignon an, die Schauspielerin hätte ein Verhältnis mit Wilhelm begonnen!

Eifersüchtig wie sie auf einmal ist, stiftet Mignon Lothario an, ein Schloß anzuzünden, als Philine in dessen Theater auftritt. Danach läuft sie genau in dieses brennende Gebäude, um einen Blumenstrauß zu retten.

Wilhelm rennt ihr hinterher, rettet sie aus den Flammen – und als er sie in ihren angesengten Jeans in den Armen hält, begreift er endlich, daß diese Frau die einzig wahre für ihn ist.

Lothario ist geschockt. Er kann plötzlich wieder klar denken, und ihm fällt ein, daß er kein Schauspieler ist, sondern ein Graf. Er erkennt sogar in Mignon seine Tochter, aber zu spät! Wilhelm wird sie heiraten. (Daß er ihr sofort einen

Anzug aus schwarzem Lackleder kauft, verheimlichen die meisten Opernregisseure.)

Kurztext für sehr Nervöse: Hochintelligente Tänzerin erfüllt abartige Bedürfnisse eines Fetischisten, der deshalb für sie durchs Feuer geht. (Keine Toten.)

Tip für Pausengespräche: Die Sehnsucht vieler Männer unserer Zeit nach einer Frau, die **nicht** wie ihr jüngerer Bruder ständig in Jeans, Sweatshirt und Doc-Martens-Stiefeln herumläuft.

Besondere Hits: Fehlanzeige!

Nabucco

(Na-buk-ko; nicht Nabutscho!)

Oper in vier Akten von Giuseppe Verdi, die ca. 3 Stunden dauert und noch immer oft aufgeführt wird, obgleich auch ein großartig gelungenes Chorwerk für eine ganze, lange Oper entschieden zu wenig ist. Deshalb hier nur:

Kurztext für sehr Nervöse: Krieg zwischen Babylon und Jerusalem, bei dem Fenena, Tochter des Königs von Babylon, ähnliche Erfahrungen machen muß wie «Aida», die Tochter des Königs von Abessinien. (Zwei Tote.)

Tip für Pausengespräche: Erörterung der Charakterstärke von Völkern im Nahen Osten, deren Eigensinn dem Rest der Welt jetzt schon länger als dreitausend Jahre auf die Nerven geht.

Besondere Hits: Der «Gefangenenchor» ist ein solcher Hit, daß man hier, im Gegensatz zu vielen Opern ohne Hits, zur Abwechslung mal von einem Hit ohne Oper sprechen könnte.

Das Nachtlager von Granada

Romantische Oper in zwei Akten (knapp zwei Stunden) von Konradin Kreuzer mit einem Libretto nach einem Schauspiel von Friedrich Kind, dem die Welt auch den Text zur Oper «Der Freischütz» verdankt.

Im «Nachtlager» befindet sich die spanische Hirtin Gabriele in der operntypischen Situation der Frau zwischen zwei Männern. Sie liebt den Hirten Gomez, soll aber einen anderen heiraten. Ihr Oheim hat beschlossen, sie mit dem Hirten Vasco zu verehelichen, dessen Neigung zur Gewalttätigkeit sie abstößt.

Gomez hat so viel Urvertrauen in die Obrigkeit, daß er den Prinzregenten um Hilfe in seiner Personenstandsangelegenheit bitten will. Als er hört, daß dieser Fürst in der Nähe jagen soll, verläßt er sofort die Bühne, um ihn zu suchen.

Kaum ist er gegangen, begegnet Gabriele einem fremden Jäger. Sie nervt ihn mit ihrer Liebesgeschichte, die ihn kaum interessieren dürfte, aber er verspricht, beim Fürsten ein gutes Wort für sie einzulegen. Gabriele will sich dafür schon im voraus bedanken, doch er ist müde und will nur schlafen.

Obgleich die Hirten das Quintett «Hinweg – Verwegener, kannst du dich erfrechen» singen, bittet er um ein Nachtlager, daß sie ihm gewähren. Allerdings muß er sich vorher noch ein Lied anhören, mit dem ihm Gabriele die Zeit verkürzen will.

Am Anfang des zweiten Aktes kommt Gomez von der vergeblichen Suche nach dem Prinzregenten zurück. Er hat seinen Frust gerade durch Absingen des Liedes «Wem mag das Roß wohl gehören?» abreagiert, da nahen Jäger und fragen, wo einer ihrer Kollegen geblieben ist, den sie vermissen. Gomez deutet auf ein maurisches Schloß, in das sich die

Bühne schnell verwandelt, sofern die Technik im Opernhaus etwas taugt.

Im Schloß begleiten die Hirten den müden Jäger zum Nachtlager. Er will wirklich nur schlafen, aber er muß sich schon wieder Gesang anhören. Er erträgt auch das, bettet sich danach zur Ruhe, aber kaum ist er eingeschlafen, da wird er schon wieder geweckt. Diesmal von Gabriele die … nein, nicht schon wieder für ihn singen, sondern ihn nur warnen will.

Sie berichtet, daß ihn die Hirten, angestachelt von Vasco, ermorden und berauben wollen. Der Jäger hat die Tragweite dieser Information gerade begriffen, da wird die Tür des Schlafgemachs aufgebrochen. Es kommt zum Kampf zwischen dem Jäger und Vasco, bei dem der Hirte unterliegt. Danach bläst der inzwischen nicht nur vom Schlafentzug, sondern zusätzlich vom Kampf (und vor allem vom Gesang) erschöpfte Jäger ins Horn, und seine Jagdgefährten, Gomez und jede Menge Landbevölkerung stürzen ins Schlafzimmer.

Inzwischen weiß jeder, daß der Jäger in Wahrheit der Prinzregent ist. Damit ihn Gabriele endlich in Ruhe läßt, gibt er ihr Gomez zum Ehemann und verschwindet dann so schnell wie möglich, als sich alle zu einer Gruppe formieren und schon wieder für ihn singen wollen.

Kurztext für sehr Nervöse: Unerfahrener Nachwuchsherrscher mischt sich versehentlich unter sein Volk und kommt dabei fast ums Leben. (Ein Toter – Vasco dürfte kaum mit Haft davonkommen.)

Tip für Pausengespräche: Vergleich der Handlung dieser Oper mit der Operette «Die Försterchristl».

Besondere Hits: Fehlanzeige.

Tragische Oper in zwei Akten und zweieinhalb Stunden von Vincenzo Bellini, die dem Zuschauer und -hörer vermittelt, was in Gallien zur Zeit der Besetzung durch die Römer los war. Das Libretto ist aber trotzdem nicht von Asterix und Obelix, sondern von Felice Romani, bei dem auch der junge Verdi Operndrehbücher bestellte.

Schon die Ouvertüre klingt düster. Nachdem sich der Vorhang geöffnet hat, erlebt der Zuschauer einen alten Mann, der zornig auf die Römer ist. Er heißt Orovist, und die Gallier haben ihn zum Häuptling gewählt, obwohl er unaufmerksam ist.

Er bemerkt nicht einmal, daß seine Tochter Norma zwar tagsüber vorschriftsmäßig als Oberpriesterin im Tempel der Gallier arbeitet, nachts jedoch zu Sever ins Bett kriecht, dem verhaßten Statthalter der Römer. Sie hat sogar schon zwei Kinder von ihm.

Sever leidet unter einer sexuellen Zwangsneurose. Er ist nur zum Verkehr mit Priesterinnen fähig. Auch Normas Vorgängerin, Adalgisa, gehörte dieser Berufsgruppe an. Sever hatte sich Norma nur zugewandt, als Adalgisa von ihren Eltern aus seiner Nähe entfernt wurde. Alles wäre in Ordnung, träte nicht ein Ereignis ein, das jede Frau fürchtet: Normas Vorgängerin kommt zurück!

Sever erinnert sich an Adalgisas überlegene Liebeskunst, und er will sie entführen, damit ihm ihre Eltern nicht ein zweites Mal dazwischenfunken können.

Aber Norma ist nicht umsonst Hellseherin! Sie ahnt, was auf sie zukommt, und versucht, ihr Problem durch Gebete und Opfer aus der Welt zu schaffen. Das mißlingt. Adalgisa schläft nicht nur erneut mit dem Römer, sondern am Morgen danach fällt ihr nichts Besseres ein, als das bettwarm ihrer Nachfolgerin auch noch zu berichten.

Anfangs sieht es aus, als hätte Norma Mitleid mit ihrer offensichtlich geistig schlecht bestrahlten Vorgängerin. Sever gesellt sich zu seinen beiden Geliebten. Sie singen alle drei sehr schön zusammen, doch Norma denkt nicht daran, ihren Römer aufzugeben.

Damit Adalgisa weniger Kraft auf die Liebe wenden kann, schiebt ihr Norma zuerst die beiden Kinder zu. Dann geht sie in die Politik. Es gelingt ihr, die Gallier zum Aufstand gegen die Römer zu bewegen. Sever wird ergriffen und zum Scheiterhaufen geführt, und dort kann Norma endlich triumphieren. Als die Flammen schon lodern, gesteht sie den verblüfften Galliern, daß sie jahrelang mit einem Römer geschlafen hat und gefälligst auch mit ihm verbrannt werden möchte.

Die Gallier erfüllen ihr diesen Wunsch gern, und fast alle sind zufrieden. Nur Adalgisa überlegt angestrengt, woran es nur liegen mag, daß sie plötzlich keinen Liebhaber mehr hat, aber dafür zwei fremde Kinder am Hals.

Kurztext für sehr Nervöse: Mißglückte Dreiecksbeziehung in Gallien. (Zwei Tote.)

Tip für Pausengespräche: Stilles Gedenken an Maria Felicita Malibran (1808–1836), die beste Norma aller Zeiten. Sie war so großartig, daß sie sich zu Tode gesungen hat.

Besondere Hits: Bellinis Arien aus «Norma» sind so ziemlich das Schönste, was es an Opernarien gibt. Am besten mit Maria Callas, obwohl diese Sängerin nur an Schlaftabletten gestorben ist.

Othello

Vier Akte und drei Stunden lange Oper von Giuseppe Verdi mit einem Libretto nach dem gleichnamigen Drama von William Shakespeare, in dem eine Frau vor allem aus zwei Grün-

den umgebracht wird: Sie hat häufig Schnupfen und paßt nicht auf ihr Taschentuch auf.

Am Anfang hat Othello, Admiral der Flotte von Venedig, erneut einen Angriff der Türken abgewehrt und ist gut drauf.

Daß er statt des intelligenten Jago, der eigentlich zur Beförderung dran gewesen wäre, Cassio zum Hauptmann ernannt hat, kümmert ihn nicht im geringsten.

Verständlicherweise sinnt Jago auf Rache. Er macht Cassio so betrunken, daß er einem der eigenen Leute ans Leder will, und Othello schmeißt den Alkoholiker sofort raus. Nach dieser fristlosen Entlassung fühlt sich der Feldherr so großartig, daß er ein inniges Liebesduett mit seiner Frau Desdemona singen kann, obwohl sie wieder einmal stark verschnupft ist.

Am Anfang des zweiten Aktes rät Jago Cassio, sich bei Desdemona um seine Wiedereinstellung zu bemühen, und Cassio folgt diesem Rat. Dann beginnt die Tragödie.

Othello hat Migräne. Desdemona reicht ihm ihr Taschentuch, damit er seine heißen Schläfen kühlen kann. Da er sich vor Ansteckung fürchtet, wirft der Feldherr das Taschentuch weit weg. Desdemona bückt sich aber nicht, um es sofort wieder aufzuheben, wie es jede vernünftige Frau täte. So kann Jago es in seinen Besitz bringen und Othello berichten, daß er es in Cassios Händen gesehen hätte.

Othello glaubt das nicht. Umsichtig wie Jago nun einmal ist, spielt er dieses Taschentuch in Cassios Hände, um es ihm vor Othellos Augen wieder abzuverlangen. Schon das macht Othello traurig, denn dieses Taschentuch war die erste Liebesgabe für seine Frau.

Als der Feldherr wenig später auch noch erfährt, daß ihn die Venezianer nicht weiterbeschäftigen wollen, regt ihn das zusätzlich auf, und daß ausgerechnet Cassio sein Nachfolger werden soll, gibt ihm den Rest. Er stößt fürchterliche Drohungen aus und erleidet vor Wut einen Kreislaufkollaps, aber im vierten Akt ist er wiederhergestellt. Er küßt die schlafende Desdemona wach, rät ihr «zum Himmel zu flehen, wenn geheime Schuld ihr Gewissen drücke», doch Desdemona bestreitet, ihr Taschentuch verloren zu haben, und Othello erwürgt sie.

Als Jagos Frau und Cassio erscheinen, um die Sache mit dem Tuch zu erklären, ist es zu spät. Desdemona tut keinen Schnaufer mehr, und Othello bringt sich an ihrer Seite um – vermutlich um ihr im nächsten Leben den Gebrauch von Zellstofftüchern zu empfehlen.

Kurztext für sehr Nervöse: Schlampige Frau paßt nicht auf ihre Sachen auf und kommt dadurch ums Leben. (Zwei Tote.)

Tip für Pausengespräche: Shakespeare schrieb seine Tragödie «Der Mohr von Venedig», viele Jahre nachdem ein Statthalter der damals von Venedig beherrschten Insel Zypern seine Frau umgebracht haben soll. Dieser Statthalter hieß Moro, aber das bedeutet keinesfalls, daß die Venezianer Farbige mit der Aufgabe eines Statthalters betrauten.

Sparmöglichkeit für Regisseure: Keine schwarze Schminke kaufen!

Besondere Hits: Bestenfalls das Liebesduett aus dem 1. Akt.

Parsifal

Richard Wagner hat dieses Werk «Bühnenweihfestspiel» genannt, da er dem Publikum schon durch den Titel andeuten wollte, daß es sich um keine der üblichen Opern handelt.

Dieser Hinweis ist völlig berechtigt, denn «Parsifal» dauert fünf Stunden. Wer sich dadurch täuschen läßt, daß das Werk nur aus drei Akten besteht, ist selbst daran schuld.

Am Anfang lernt der Zuschauer sofort eine der Hauptfiguren kennen: Amfortas. Er hat von seinem Vater den Auftrag übernommen, den «Gral» zu bewachen, den man sich wohl am besten wie einen besonders wertvollen Pokal vorstellt.

Amfortas ist sehr krank, und seine Krankheit ist sehr aktuell.

Wagner sagte: «Amfortas siecht an einer unheilbaren Speerwunde, die er in einem geheimnisvollen Liebesabenteuer empfangen hat.» Wenn das kein Hinweis auf AIDS ist, was dann?

Mit den Ärzten ist Amfortas schon lange fertig. Kundry, eine Heilpraktikerin, bringt gesunde Kräuter, doch die weist der Kranke zurück. Amfortas glaubt zu wissen, was ihn heilen könnte: Nur wenn ein total verblödeter Knabe die durch einen Speer entstandene Wunde mit seinem eigenen Speer berührt, wird er wieder gesund.

Kaum hat Amfortas das lang und breit gesungen, kommt Parsifal, der mit Pfeil und Bogen auf einen Schwan (den von Lohengrin?) geschossen hat. Ein alter Mann stellt Parsifal einfache Quizfragen, und auf keine weiß der Knabe auch nur halbwegs richtig zu antworten.

Nicht nur die Heilpraktikerin ist plötzlich hellwach, sondern auch die Freunde des kranken Amfortas reißen verblüfft die Augen auf. Als Parsifal dann auch noch zu erkennen gibt, daß er noch nie etwas vom Gral gehört hat, stellen die Freunde ihn vor eine weitere Probe. Sie laden ihn zu einer Feier ein, bei der dieser Pokal ausgestellt wird, und warten auf seine Reaktion. Fehlanzeige! Sogar das berühmteste aller Trinkgefäße (vermutlich Tiffany) beeindruckt den jungen Gast nicht im geringsten. Er ist wirklich der Dummkopf, auf den Amfortas schon so lange wartet! Doch leider hat der kranke Ritter einen Feind, der nur auf den Tod des Gralshüters sinnt, da er den Pokal in seinen Besitz bringen möchte: Klingsor!

Verständlicherweise will Klingsor Parsifal aus der Gegend entfernen, doch das geht schief. Kräftig wie viele Schwachköpfe leider sind, wird Parsifal mit Klingsors Rittern ohne große Mühe fertig, und danach läßt er sich weder von den Reizen der ziemlich attraktiven Heilpraktikerin noch von den für jeden normalen Mann verlockenden Angeboten schöner Blumenmädchen in seiner Triebstruktur irritieren. Er sieht noch in Ruhe zu, wie während eines Erdbebens Klingsors Wohnturm einstürzt, dann läßt er sich von Kundry die Füße waschen und eilt zum kranken Alten.

Als Amfortas den Knaben erblickt, geht es ihm schon besser. Und dann macht Parsifal die Sache mit seiner Lanze so gut, daß ihm die Ritter zur Belohnung ganz langsam und ausführlich erklären, was es mit dem Gral auf sich hat, auf den er künftig aufpassen soll, wenn der Alte mal gerade keine Zeit für ihn hat. Kundry aber sieht endlich widerstrebend ein, daß alle Bemühungen einer Frau um Parsifal vergeblich sind. Sie stirbt unter dem Eindruck dieser Erkenntnis.

Kurztext für sehr Nervöse: Schmerzende Wunde eines kranken alten Mannes wird von jungem Dummkopf mit heiliger Lanze kuriert. (Zwei Tote)

Tip für Pausengespräche: Freude über die Haltbarkeit uralter Mythen. Bereits vor achthundert Jahren schrieb Wolfram von Eschenbach diese Sage auf – und noch immer zeigen schwitzende, kräftige junge Männer nach einem Sieg im Stadion jubelnd und triumphierend den Gral! (Die Annahme, es handele sich dabei um ihr Trinkgefäß für Dopingmittel, ist unzutreffend: Solche Mittel werden heutzutage meist injiziert.)

Besondere Hits: Keine. Bei allem Respekt vor Richard Wagner: in diesem Alterswerk sprudelt die Musik nicht mehr so verschwenderisch wie früher, doch gekonnte Technik gleicht auch bei ihm nachlassende Kraft aus.

Peer Gynt
(etwa: Günt)

Nahezu drei Stunden lange Oper in drei Akten plus Vorspiel von Werner Egk, für deren Text der Komponist ein Drama von Henrik Ibsen ausgeschlachtet hat.

Bereits im Vorspiel erfährt der Zuschauer, mit welchem schwerwiegenden Problem der Held kämpft: Er ist Norweger und fühlt sich in seiner Heimat nicht wohl. Trotz der Ansicht vieler Norweger, ihre Heimat sei bei Regen besonders reizvoll, langweilt er sich und ist bemüht, wenigstens etwas Abwechslung in sein Leben zu bringen. Er will nur noch tun, wozu er jeweils Lust hat.

Sofort nach dem Vorspiel poltert er ungebeten in eine Hochzeitsfeier, entführt aber nicht Solveig, die wilde Männer wie ihn mag, sondern Ingrid – die Braut, mit der er früher einmal befreundet war. Danach bändelt er sofort mit einer Rothaarigen an, die mit ihrem Vater «tief drunten» wohnt – wahrscheinlich in einem Keller.

Er ist von ihr so fasziniert, daß er sie (wohl wieder auf der Suche nach Abwechslung) heiraten möchte, aber die Kellerbewohner lehnen ihn strikt ab, da er sich nicht ihren Sitten anpassen will. Er will sich nicht einmal ein Auge entfernen lassen, weil er danach keine Frau mehr in Stereo sehen könnte.

Notgedrungen baut er sich eine der beliebten norwegischen Blockhütten. Solveig spürt ihn auf und zieht bei ihm ein. Wie üblich beginnt das mit der Zeit (für Peer nach einer Woche!) langweilig zu werden, doch da kommt die Rothaarige und setzt ihm das inzwischen geborene gemeinsame Kind auf den Schoß. Sie sieht ein, daß ein Mann wie er sich mit nur einer Frau langweilt, und erklärt sich bereit, ihn mit Solveig zu teilen. Doch zwei Frauen und ein Kind sind Peer zuviel.

Er will im nächsten Supermarkt Zigaretten holen, verirrt sich aber auf dem Weg dorthin und landet in Amerika. Dort gaunert er sich (vermutlich durch Poker oder Warentermingeschäfte) ein Vermögen zusammen. Er möchte ein Schiff voll Gold nach Europa schmuggeln, aber drei Amerikaner sind noch cleverer und nehmen es ihm samt Ladung ab. Jedenfalls so lange, bis das Schiff explodiert.

Enttäuscht von der schlechten Beschaffenheit des Menschen im allgemeinen und der Amerikaner im besonderen will er in einer amerikanischen Hafenkneipe seinen Kummer im Whisky ertränken und erschrickt: Die Rothaarige hat offensichtlich eine *Green Card* bekommen und arbeitet in der Kneipe als Domina, die Männer dressiert. Das gibt ihm den Rest. Jetzt möchte er nur noch zurück nach Hause.

Im dritten Akt wird er wieder mit den Verhältnissen in Norwegen konfrontiert. Drei Puritaner wollen ihn für ihre Sekte gewinnen, und ein aufdringlicher Pathologe hätte gerne Peers Körper für die Anatomie. Er schafft es, diesen beiden Gefahren auszuweichen, aber der dritten und größten entgeht er nicht: Solveig hat die ganze Zeit auf ihn gewartet, singt für ihn ein Wiegenlied und triumphiert, als er seinen Kopf müde an ihre Brust legt und dort einschläft.

Kurztext für Nervöse: Norweger flieht vor drei liebenden Frauen bis nach Amerika, aber eine erwischt ihn letztlich doch. (Keine Toten.)

Tip für Pausengespräche: Suche nach den Gründen dafür, daß eindeutig asoziale Egoisten wie Peer Gynt manche Frauen besonders faszinieren.

Besondere Hits: Solveigs Wiegenlied im neunten Bild.

Pique Dame

(etwa: Piek Dame)

Oper in drei Akten und drei sehr langen Stunden von Peter Tschaikowski, für die der jüngere Bruder des Komponisten das Libretto schrieb, wobei er Alexander Puschkins Novelle als Vorlage benutzte. Das Werk erscheint eindeutig schwächer als Tschaikowskis «Eugen Onegin». Deshalb hier nur:

Kurztext für sehr Nervöse: Alte und verschrumpelte Gräfin weiß, welche Spielkarten gewinnen. Junger Offizier ist so scharf auf Geld, daß er eine junge Geliebte durch die Alte ersetzt, die vor Freude darüber stirbt. Am Schluß gewinnt er zwar am Spieltisch, wird aber wahnsinnig und bringt sich um. (Zwei Tote.)

Spezialtip: Diese Oper unbedingt vermeiden, wenn man nicht auch noch im Musiktheater an die Zustände in Rußland erinnert werden möchte.

Porgy and Bess

Sentimental-brutale Südstaaten-Oper in drei Akten und drei Stunden von George Gershwin (*etwa: Schorsch Gerschwin*), für die der amerikanische Autor Du Bose Heyward und Ira Gershwin das Libretto schrieben. Der Einfallsreichtum der Musik, die Spirituals und die raffinierte Instrumentation dieses Werkes sind in den meisten deutschen Aufführungen nur mit sehr, sehr dunkler Sonnenbrille zu genießen: Weiße OpernsängerInnen werden zu AfroamerikanerInnen geschminkt. Scheußlich! Fast so scheußlich wie die deutschen Porgy-Texte von Ralph Benatzky! Deshalb hier nur:

Kurztext für sehr Nervöse: Junge Farbige wechselt Liebhaber: Kokainsüchtiger farbiger Totschläger wird durch gelähmten farbigen Bettler ersetzt, der ihn umbringen muß, bevor er ihr nach New York folgen kann, um sie dort zu suchen. (Zwei Tote.)

Spezialtip: Entweder nach New York fliegen oder CD kaufen!

Rienzi

(Ri-en-zi; Betonung auf zweiter Silbe!)

Große, tragische, fünf Akte und viereinhalb Stunden lange Oper von Richard Wagner, mit der er den Spontinis und Meyerbeers mal zeigen wollte, was eine richtig echte deutsche Oper ist.

Sie spielt im 14. Jahrhundert in Rom, wo Adelsfamilien so um die Macht kämpfen wie heutzutage die politischen Parteien. Bereits im ersten Akt will die Orsini-Clique (eine Adelsfamilie) die Schwester des Notars Rienzi aus dessen Haus entführen, was im letzten Moment verhindert wird. Der Notar bringt die junge Frau bei Adriano Collona unter, der sie liebt, und dann will er endlich Ordnung schaffen im Römischen Reich. Diese Bestrebungen fallen auf fruchtbaren Boden.

Das Volk hat es satt, daß sich die herrschenden Familien nicht einmal auf eine überfällige Steuerreform einigen können. Daß immer mehr Germanen nach Rom umziehen, weil dort das Wetter besser ist als bei ihnen zu Hause, geht den Römern zusätzlich auf die Nerven.

Unter diesen Umständen schafft es Rienzi schnell, sich zum Schützer des Volkes ausrufen zu lassen, wobei er den Titel «Kaiser» klugerweise ablehnt. Er will nur schlicht «Tribun» genannt werden, was dem Volk nicht schwerfällt. Danach sorgt Rienzi für neue Gesetze sowie für Recht und

Ordnung und schafft es sogar, den Zuzug von Germanen zu begrenzen.

Dabei redet er ständig vom Frieden, aber im zweiten Akt wird allen klar, daß er lediglich die Herrschaft des Adels durch seine eigene ersetzen will. Die alten Machthaber sind entsprechend verärgert. Bei einem Staatsempfang in der römischen Reichskanzlei wollen sie ihn umbringen. Fürst Orsini spielt Stauffenberg und will Rienzi durch einen Dolchstoß aus der Welt schaffen. Ein solcher Versuch ist bei Diktatoren immer ehrenwert, doch er mißlingt leider häufig. Umsichtig wie Diktatoren meistens sind, wenn es um ihr eigenes Leben geht, trägt Rienzi unter seiner Toga (= *eine Art Nachthemd)* einen Panzer, an dem der Dolchstoß abgleitet.

Nach diesem Attentatsversuch gibt es Unruhen in Rom, doch damit wird der Diktator anfangs fertig. Als bei kriegerischen Auseinandersetzungen Rienzis eigener Vater umkommt, wendet sich zwar auch sein Bruder von ihm ab, aber das regt ihn nicht sonderlich auf. Wer kann sich schon auf Familienangehörige verlassen?

Die Römer heben Rienzi noch einmal auf den Triumphwagen, doch dann geht es für ihn plötzlich nur noch bergab. Das immer wankelmütige Volk liebt ihn immer weniger. Auch die Kirche wendet sich von ihm ab, sobald erkennbar wird, daß sein Stern sinkt. Da helfen auch Rienzis demagogische Reden nichts mehr. Am Schluß brennt das Capitol *(Kein Kino, sondern die römische Reichskanzlei!)*, und Rienzi kommt mit seiner Schwester in den Flammen um: Beide sind nicht feige genug, sich selbst zu töten.

Kurztext für sehr Nervöse: Größenwahnsinniger Notar reißt sich Rom unter den Nagel und seine Schwester mit in den Tod. (Jede Menge Tote.)

Tip für Pausengespräche: Suche nach den Gründen dafür, daß Adolf Hitler, der diese Oper sehr liebte, offensichtlich nur die ersten drei Akte zur Kenntnis nahm und aus den restlichen beiden nichts lernen wollte.

Besondere Hits: Die gelungene Ouvertüre sowie Rienzis «Gebet».

Rigoletto

(Ri-go-let-to; nicht Riegel-otto)

Oper in drei Akten sowie drei Stunden von Giuseppe Verdi mit einem Libretto nach einer Tragödie von Victor Hugo (*etwa: Ügo*), die man vor allem Vätern schöner Töchter nicht dringend genug ans Herz legen kann: Es führt nur ins Unglück, wenn man seine Tochter davon abhalten will, mit ihrem Geliebten zu schlafen.

Als erstes lernt man in der Oper den Herzog von Mantua kennen, der an Frauen sehr interessiert sowie vergleichsweise ehrlich ist. Er verehrt die Gräfin Ceprano, doch als er in der Kirche eine schöne junge Unbekannte sieht, singt er eine Ballade, in der er stolz erklärt, mal mit dieser und mal mit jener zu schlafen.

Bei diesem Herzog ist Rigoletto als Hofnarr angestellt. Er ist zwar durch seinen Buckel körperlich ähnlich behindert wie der Glöckner von Notre-Dame, aber dessenungeachtet kein Kind von Traurigkeit. Bereits im ersten Akt verspottet er alle Ehemänner, deren Frauen der Herzog gnädiglich beschlafen hat, und nimmt dabei wie jeder leichtsinnige Satiriker auf niemanden Rücksicht. Er macht sich über den alten Grafen Monterone lustig, dessen Tochter auch vom Herzog beglückt wird, und der gekränkte Greis ärgert sich so über Rigolettos Lästermaul, daß er ihn verflucht.

Auf dem Heimweg begegnet der Narr dann einem Mafioso, der ihm seine Dienste anbietet, doch die benötigt Rigoletto

jetzt noch nicht. Er verabschiedet sich freundlich von ihm, eilt nach Hause, und dann reißt es die männlichen Zuschauer fast vom Sessel: Der alte Narr lebt mit einer höchst attraktiven Frau zusammen, die er vorsichtshalber vor dem Herzog versteckt, obwohl er nicht mit ihr verheiratet ist. Gilda ist lediglich seine Tochter, die er nur in die Kirche gehen läßt, damit sie ihm niemand wegnimmt. Als ob solche väterliche Eifersucht jemals etwas genutzt hätte!

Kaum ist Rigoletto aus dem Haus, um etwas zu essen zu besorgen, schleicht sich der Herzog an Gilda heran. Um sie nicht zu irritieren, gibt er sich als Student aus, aber sie knutscht – ausgehungert wie sie ist – dennoch sofort mit ihm herum, was die Regie aber meistens nur andeutet. Als er sich von ihr verabschiedet, steigt sie sogar auf eine Mauer, damit er länger sehen kann, wie verzückt sie ihm nachblickt. Dabei sehen Adelige Gilda zum erstenmal. Sie halten die junge Frau für Rigolettos Geliebte, und der Narr ist dumm genug, ihnen auch noch dabei zu helfen, sie zu entführen.

Es dauert eine Weile, bis Rigoletto die Zusammenhänge durchschaut. Er eilt sofort zum Herzog, macht ihm Vorwürfe, aber diesmal wird zur Abwechslung mal er verspottet. Um Gilda zu signalisieren, daß er in der Nähe ist, singt er besonders laut, doch seine Tochter ist mittlerweile noch mehr in den Herzog verliebt. Sie ist nur etwas verärgert, weil er sich als Student ausgegeben hat.

Im nächsten Akt sucht Rigoletto mit Gilda den Mafioso auf, den wir schon kennen. Dort ist der Herzog gerade mit dessen Schwester beschäftigt, doch der Mafioso ist toleranter als der Hofnarr und gönnt ihr das Vergnügen mit einem Mann, den er nicht kennt. Seine Geschäfte sind ihm wichtiger. Als ihm Rigoletto Geld dafür verspricht, ist er sofort bereit, Gildas unbekannten Liebhaber umzubringen.

Bedauerlicherweise erfährt jedoch die Schwester des Mafioso von dem geplanten Mord. Aus tiefempfundener Liebe bittet sie ihren Vater, anstelle ihres Liebhabers einen anderen zu töten. Doch Gildas Liebe ist noch größer. Nur um die andere zu übertreffen, beschließt sie, sich persönlich für den Geliebten umbringen zu lassen. Sie zieht zu diesem Zweck Männerkleidung an, und da der Mafioso kurzsichtig ist, kommt sie tatsächlich ums Leben.

Am nächsten Morgen sucht Rigoletto den Mafioso auf, um

den Leichnam des vielseitigen Liebhabers abzuholen. Er bekommt auch einen, doch als er ihn neugierig auspackt, findet er seine Tochter. Sie ist zwar tot, wird aber noch einmal sehr lebendig, um ihm zu sagen, daß es immer Unglück bringt, wenn sich Eltern in die Liebesbeziehungen ihrer Töchter einmischen. Sie sollten ihnen besser die Pille verschreiben lassen.

Kurztext für sehr Nervöse: Eifersüchtiger Vater will schöne Tochter nicht mit anderen teilen. (Eine Tote.)

Tip für Pausengespräche: Die Freiheit der Kunst! In Victor Hugos Drama war der sexgierige Mann noch Franz I. von Frankreich, aus dem auf Wunsch der Zensurbehörde in der Oper ein «Herzog von Mantua» wurde.

Besondere Hits: Arie des Herzogs aus dem dritten Akt: «O wie so trügerisch sind Weiberherzen» behauptet sich noch immer in den Rundfunkprogrammen für Senioren.

DER RING DES NIBELUNGEN

von Richard Wagner ist nicht schlicht und einfach eine Oper, sondern ein «Bühnenfestspiel», zu dem der clevere und geschäftstüchtige «Tricky-Ricki» vier Opern bündelte. Da aber aller guten Dinge bekanntlich nur drei sind, erklärte der listige Meister von Bayreuth, es handle sich keineswegs um vier Abende, sondern lediglich um drei plus einen Vorabend.

An diesen Abenden aber ist auf der Bühne wirklich mal richtig was los, denn im Gegensatz zu anderen Komponisten, die sich mit wenigen Hauptpersonen zufriedengeben, sieht beim späten Richard Wagner die Personenliste so ähnlich aus wie das Telefonbuch einer kleinen Stadt.

Im «Ring» werden vierunddreißig Personen beim Namen genannt, und da viele von ihnen Götter sind, die sich die

Schuhe keinesfalls allein putzen, herrscht in diesen Opern ein Gedränge wie in Warenhäusern beim Schlußverkauf.

Im Gegensatz zur Ansicht von Musikwissenschaftlern, Wagner hätte mit dem Bau seines Festspielhauses ein besonderes Zeichen setzen wollen, verdankt es die Welt gänzlich anderen Motiven. Richard Wagner wußte, daß so viele Personen auf einer normalen Bühne keinen Platz finden würden, und da seine Musik von allen die lauteste ist, sorgte er für ein Spezialdach im Festspielhaus, das sogar acht Hörner, drei Trompeten, zweiunddreißig Geigen, achtzehn Ambosse sowie eine Luftschutzsirene und der Lärm von zwölf Preßlufthämmern nicht einstürzen lassen.

Verständlicherweise wollte der Komponist dieses Festpielhaus nie mehr aus den Augen lassen. Er ließ sich in der Nähe eine sehr geräumige Villa errichten, die er «Haus Wahnsinn» nennen wollte. Leider dachte jedoch der Malergeselle, der diesen Namen auf das Türschild schreiben sollte, ständig an seine Freundin Frieda. Er hatte bereits traumverloren und glücklich lächelnd *Wahnfried* gepinselt, als Wagners Frau Cosima seinen Irrtum erkannte und ihn hinauswarf, bevor er das noch fehlende a malen konnte. König Ludwig von Bayern, der dem Komponisten dauernd Geld schickte und später deswegen vom Philosophen Friedrich Nietzsche im Starnberger See ertränkt wurde, hatte gerade einen Krieg gegen Preußen verloren und konnte kein Geld für ein neues Türschild erübrigen. Deshalb blieb es bei Wahnfried.

Der Opernfreund, der Wagners Opern am besten in Bayreuth hört, muß wissen, was ihn dort erwartet. Er sollte sich aber keine falschen Hoffnungen auf Karten für das Festspielhaus machen. Sie sind schwieriger zu bekommen als eine Einladung zum Frühstück mit dem Präsidenten der USA.

Bevor wir uns kühn und wie der Meister zu allem entschlossen diesem Opern-Quartett nähern, bedarf es einiger unerläß-

licher Hintergrundinformationen. Richard Wagner hat für das Werk die «Edda» (= Altes Testament der Germanen) und jede Menge nordischer Sagen als Vorlage benutzt. Da deren Figuren heutzutage nicht mehr so bekannt sind, werden sie von den meisten ständig verwechselt, was das Vergnügen am «Ring» gefährdet. Da muß zuerst Klarheit geschaffen werden: Personen im «Ring» sind entweder Götter, Nibelungen, Riesen oder Menschen.

Götter sind bei Wagner nicht mehr, was sie früher mal waren, sondern ziemlich heruntergekommen. Sie sind nicht allmächtig und müssen Verträge und Regeln beachten, was heute meist nicht mal mehr Menschen für erforderlich halten.

Nibelungen sind geldgierige Proletarier, die für alle anderen die Schmutzarbeit erledigen sollen und keine Lust mehr dazu haben. Sie arbeiten bei Wagner gewöhnlich «unter Tage», d. h. im Bergbau.

Menschen sind im «Ring» meistens Helden, weil viele von ihnen einen Gott zum Vater oder Großvater haben. Sogar Wotan hat ein Sexualleben wie der amerikanische Politiker William Clinton. Seine unehelichen Töchter ergreifen den Beruf einer «*Walküre*», während jener weibliche Nachwuchs, den Urmutter Erda anderen Männern verdankt, es vorzieht, als «*Norne*» tätig zu werden.

Riesen zeichnen sich durch besondere Kraft und Geldgier aus.

Daneben gibt es noch *Naturgeister* und *Musiker*, die uns nicht zu interessieren brauchen, weil die Naturgeister sehr selten auf der Bühne herumgeistern und man die Musiker bei Wagner nur hört.

Das Rheingold

Oper in einem Akt mit vier Szenen von Richard Wagner, deren Aufführung gewöhnlich zweieinhalb Stunden dauert. Bei diesem für den Vorabend, also den ersten Abend, geschaffenen Werk sollen sich die Trommelfelle des Besuchers vor allem an die besondere Akustik im Festspielhaus gewöhnen.

Am Anfang der Oper spielen drei Rheintöchter (= *Naturgeister!*) mit so schönen Nazi-Namen wie Woglinde und Floßhilde auf dem Grunde des Flusses Wasserball, obwohl sie auf eine Art Fort Knox, den Goldschatz ihres Vaters, aufpassen sollen.

Alberich, der Chef im unterirdischen Reich der Nibelungen gesellt sich zu ihnen. Die Rheintöchter wollen nur mit ihm flirten, aber er hat gewichtigere Absichten. Er möchte erfahren, wie er in den Besitz der Krügerrands gelangen kann. Wie die meisten jungen Frauen können auch die Rheintöchter den Mund nicht halten.

Alberich erfährt, daß ein Fluch auf dem Edelmetall lastet. Wer es besitzt, kann sich nicht nur einen Siegelring daraus anfertigen lassen, der ihn automatisch zum Beherrscher der ganzen Welt macht, sondern zusätzlich auch noch einen Tarnhelm, mit dessen Hilfe man jede gewünschte Gestalt annehmen kann. Der Besitzer des Goldes muß zwar der Liebe entsagen, doch das ist für Alberich kein Problem. Er geht mit Recht davon aus, daß er sich mit Gold und Macht bei Bedarf alle Liebe der Welt kaufen kann, und bringt den Schatz in seinen Besitz. Als erstes läßt er sich den Ring herstellen, mit dem man die Welt beherrschen kann.

Wenn bloß die Götter nicht gebaut hätten! Da es in ihre bisherige Unterkunft ständig hereinregnete, dauernd der Wasserhahn tropfte und die Heizung nicht funktionierte, hat Wotan den größten aller Fehler gemacht. Er hat die beiden Riesen

Fafner und Fasolt – zwei Brüder, die als Bauunternehmer tätig sind – beauftragt, ihm ein neues Walhall (= *freistehendes Eigenheim*) zu errichten!

Wer auch nur einmal gebaut hat, weiß, was passiert ist: Das Walhall wurde nicht pünktlich fertig, und der Kostenvoranschlag wird so gewaltig überschritten, daß sogar Wotan das Geld ausgeht. Die Göttin Freya soll die Rechnung mit sexuellen Dienstleistungen abarbeiten, doch als die Bauunternehmer sie abholen wollen, zögert der Götterchef.

Er weiß, daß mehrere Götter die Kraft ewiger Jugend aus Freyas goldenen Äpfeln saugen, und er sucht verzweifelt nach einem Ausweg. Den weist ihm Feuergott Loge, der (vermutlich aus dem Internet) erfahren hat, daß Alberich das Rheingold gehoben hat. Auch den Bauunternehmern ist Gold wichtiger als Liebe. Sie wollen es als Zahlungsmittel akzeptieren, und betrachten Freya bis auf weiteres nur als Pfand. Mit List und Tücke nehmen die Götter Alberich das Gold und sogar den Super-Siegelring ab, den er sich inzwischen hat anfertigen lassen, und werden von ihm gewaltig verflucht. Den Göttern imponieren solche Drohungen wenig, und die beiden sehr groß gewachsenen Bauunternehmer bekommen im Austausch gegen Freya endlich das Gold. Obwohl dessen Kurswert inzwischen gesunken ist, will jeder die größere Hälfte. Sogar den Siegelring muß Wotan abliefern, und danach erschlägt Fafner sofort seinen Bruder und kassiert alles. Endlich können die Götter in einem schuldenfreien Haus wohnen, aber Wotan hat nicht lange Ruhe.

Die Urmutter Erda kommt ihn besuchen und warnt vor dem Fluch. Wotan überlegt, ob er mal wieder mit ihr übernachten sollte, damit sie ihm mehr erzählt, doch da schließt sich langsam der Vorhang, und man hört nur noch klagend in der Tiefe die Rheintöchter jammern. Wer ihren Vater auch nur halbwegs kennt, kann sich vorstellen, warum.

Kurztext für sehr Nervöse: Zum Risiko bereiter Unternehmer findet Gold und verarbeitet es, wird jedoch um das Ergebnis seines Fleißes von Göttern betrogen, die sich bei einem Bauprojekt gewaltig übernommen haben.

Tip für Pausengespräche: Die Magie des Goldes! Obgleich es seit der Abschaffung des «Goldstandards» als internationales Zahlungsmittel keine Rolle mehr spielt, wird es von manchen noch immer als Kapitalanlage geschätzt.

Besondere Hits: Einzug der Götter in Walhall.

Die Walküre

Oper in drei Akten von Richard Wagner, deren Aufführung viereinhalb Stunden erfordert. Man versteht die Handlung dieses für den ersten Abend nach dem Vorspiel (d. h. den zweiten Abend des Festspiels) bestimmten Werkes am besten, wenn man daran denkt, daß Götter in kurzer Zeit sehr viel vollbringen können.

Zwischen «Rheingold»-Ende und «Walküre»-Anfang war Wotan nicht untätig. Er hat von der verschrumpelten Urmutter Erda erfahren, daß die Welt untergehen würde, wenn sich Alberich jemals wieder mit dem mächtigen Super-Siegelring schmücken könnte, und da sich Erda gewöhnlich jedes Wort einzeln aus dem Munde ziehen läßt, hatte Wotan Zeit, mit ihr ein Kind mehr herzustellen. Diese Tochter bekam den Namen Brünnhilde und wurde, wie ihre Schwestern, schnellstmöglich Walküre. Die mit dem Superring verbundenen Gefahren beunruhigen Wotan erheblich. Da er jedoch den beiden riesigen Bauunternehmern versprochen hat, nicht einmal in ihre Nähe zu kommen, darf er den Ring nicht selbst zurückerobern. Wenigstens bei Richard Wagner müssen auch Götter noch ihre Verträge einhalten!

Sein Vertrag verbietet ihm jedoch nicht, jemand anderen auf den noch lebenden Riesen zu hetzen und ihm den Siegelring sowie die Tarnkappe abnehmen zu lassen. Wotan weiß selbstverständlich, daß man sich sogar als Gott auf niemanden verlassen kann. Er schreitet wieder zu jenen Taten, die ihm ohnehin immer die liebsten sind: Er befruchtet einige Frauen gewöhnlicher Menschen und zeugt dabei unter anderem das Geschwisterpaar Siegmund und Sieglinde.

Wenn sich der Vorhang zum ersten Akt der «Walküre» öffnet, ist Sieglinde schon erwachsen und mit einem gewissen Hunding verheiratet, mit dem sie sich nicht versteht. Kein Wunder! Hunding ist derartig auf naturnahe Lebensweise fixiert, daß sogar in seinem Wohnzimmer eine riesige Esche wächst, um die das Haus herumgebaut werden mußte.

In genau dieses Wohnzimmer stürzt eines Abends ein Fremder. Hunding ist verärgert, weil er nach germanischem Brauch jedem Touristen eine Nacht Unterkunft gewähren muß, doch Sieglinde hält den späten Besucher für ausgesprochen attraktiv. Sie mischt ein paar Schlaftabletten in den Früchtetee ihres Mannes und weist den Fremden auf ein Schwert hin, das im Stamm der Esche steckt.

Kaum hat sie erklärt, daß dieses Schwert demjenigen gehört, der kräftig genug ist, es aus dem Baumstamm zu ziehen, da hält es der Gast schon in der Hand, und sie sucht sofort intimen Kontakt mit ihm. An seiner körperlichen Kraft erkennt sie ihren Bruder Siegmund, und den zog sie schon immer anderen Männern vor. Auch diesmal gehen die beiden engumschlungen in den Wald und feiern auf nassem Gras ihre geschwisterliche Liebe.

Im zweiten Akt ruft Wotan Brünnhilde, die sich in einen Kampf einmischen soll, der jetzt zwischen Siegmund und Hunding zu erwarten ist. Damals betrachteten es skandinavische Ehemänner noch nicht als Kompliment, wenn ein Frem-

der an ihrer Gattin interessiert war. Wotan möchte, daß sein Sohn im Kampf mit Hunding die Oberhand behält, doch Fricka, Wotans Ehefrau, ist sehr dagegen.

Wie viele saft- und kraftlose alte Matronen hat sie sich in die Rolle einer Hüterin der Moral hineingesteigert. Sie tobt empört durch Walhall, weil Siegmund nicht nur das Gastrecht sehr weit auslegte und mit einer Ehefrau in den Wald ging, sondern auch die geschwisterliche Liebe arg übertrieb.

Dafür soll er nach Frickas Ansicht sterben, und jeder männliche Zuschauer ist entsetzt: Sogar Wotan ist derart vaginalgesteuert, daß er sich ihren Wünschen fügt!

Die vernünftige Brünnhilde versucht indessen, Siegmund zu schützen. Wotan muß sogar persönlich an Hundings Seite tätig werden. Er zerbricht das Schwert seines Sohnes, damit Hunding den Wehrlosen töten kann. Brünnhilde bringt Sieglinde und die Trümmer des Schwertes in Sicherheit, dann hat der Zuschauer auch den zweiten Akt der Oper hinter sich.

Im dritten Akt passiert, Wotan sei gedankt, nicht mehr besonders viel. Brünnhilde bringt Sieglinde zu den anderen Walküren ins Frauenhaus und verlangt, daß sie aufgenommen wird. Die Walküren sind aber aus Erfahrung vorsichtig geworden und bestehen zuvor auf einem Schwangerschaftstest. Dessen Ergebnis ist eindeutig: Sieglinde erwartet infolge des Geschlechtsverkehrs mit ihrem Bruder ein Kind, und Walküren mögen kein Säuglingsgeschrei. Notgedrungen muß Brünnhilde die Schwangere und die Bruchstücke des Schwertes in jenem Wald verstecken, wo auch Fafner auf sein Gold und den Siegelring aufpaßt. Dort hat Wotan bekanntlich nichts zu suchen, aber bei den Walküren geht er ein und aus, wie es ihm gefällt. So bekommt auch Brünnhilde für ihre guten Taten die verdiente Strafe.

Sie erhält bis auf weiteres Berufsverbot, und zusätzlich wird sie auch noch in Dornröschen verwandelt: Wotan versetzt sie in einen sehr tiefen Dauerschlaf, aus dem sie erst wieder erwachen soll, wenn jemand sie findet und heiraten möchte. Damit nicht schon der Nächstbeste sie wecken kann, muß Feuergott Loge noch einige seiner gefürchteten Flammenwerfer um Brünnhildes Schlafplatz herum aufbauen. Ihr künftiger Freier soll mindestens über so viel Geld verfügen, daß er sich Brandsalbe leisten kann.

Kurztext für sehr Nervöse: Frustrierter Chefgott der Germanen zeugt mit Menschen Halbgötter, steht jedoch derartig unter dem Pantoffel seiner Ehefrau, daß er nicht einmal seinen Sohn zu schützen vermag, wenn dieser dem Beispiel seines Vaters folgt und auch einmal mit einer anderweitig verheirateten Frau ein Kind zeugt. (Ein Toter, eine Scheintote.)

Tip für Pausengespräche: Die begrenzten Möglichkeiten der nordischen Götter. Kein Wunder, daß sie bei nächster Gelegenheit durch einen allmächtigen Gott ersetzt wurden!

Besondere Hits: Walkürenritt – Sogar Coppola fand ihn so gut, daß er einen Hubschrauberangriff im Film «Apocalypse Now» davon begleiten ließ.

Siegfried

Oper in drei Akten mit einer Dauer von viereinhalb Stunden, die von Wagner für den zweiten Abend der Festspiele vorgesehen war, d. h., sie wird am dritten aufgeführt.

Auch hier ist zuerst nachzutragen, was sich ereignete, während sich die Besucher Bayreuths über die in der Festspielzeit unverschämt überhöhten Preise des dortigen Beherbergungsgewerbes sowie der Gastronomie geärgert haben.

Sieglinde hat im Wald das während seines Kampfes gegen Hunding zerbrochene Schwert ihres Bruders Siegmund gefunden und einen Sohn zur Welt gebracht. Obwohl die Geburt nicht in einem Krankenhaus erfolgte, ist dabei etwas schiefgegangen. Sieglinde konnte das Kind und die Bruchstücke des Schwertes gerade noch einem Schmied namens Mime anvertrauen, dann starb sie.

Als der erste Akt anfängt, heißt der Sohn des Geschwisterpaares Siegfried. Er ist bereits so groß und kräftig, daß sein Pflegevater Mime ihn fürchtet, zumal der Knabe auch nicht sorgfältig mit Gerätschaften umgeht. Jedes Schwert, das der

Schmied seinem Pflegesohn anvertraut, zerbricht dieser sofort. Die Reparatur des ihm von Sieglinde übergebenen zerbrochenen Schwertes ist Mime bislang nicht gelungen – wahrscheinlich weil es keine Ersatzteile mehr dafür gibt.

Als der ungeschickte Siegfried wieder einmal mit einer total verbogenen und verbeulten Waffe vom Waldspaziergang zurückkommt, ist dem Knaben endlich klargeworden, daß irgend etwas nicht mit ihm stimmt. Er fragt den Schmied, wer er eigentlich sei.

Mime will das lieber für sich behalten, doch sein Pflegesohn würgt ihn ein bißchen, und der Schmied berichtet von Sieglinde und den Bruchstücken des zwar großen, jedoch völlig veralteten Schwertes.

Wie bei vielen solchen jungen Helden hat auch bei Siegfried die Entwicklung des Gehirns mit der seiner Muskulatur nicht Schritt halten können. Er muß in den Wald eilen, um dort in Ruhe jene schlichten Informationen zu durchdenken, die er aus dem Schmied herauswürgen konnte. Er ist kaum weg, da erscheint Wotan, berichtet vom Goldschatz im Walde und bringt auch eine Reparaturanleitung für Siegmunds zerbrochenes Schwert mit. Als sich der Göttervater wieder nach Walhall zurückgezogen hat, gelingt es Siegfried nach seiner Rückkehr im Handumdrehen, das riesige Gerät wieder instand zu setzen. Diesmal zertrümmert er lediglich den Amboß in der Schmiede damit, doch der alte Schmied hat die Nase voll von diesem völlig mißratenen Pflegesohn.

Er erzählt vom Gold im Walde, das noch immer vom Riesen Fafner bewacht wird, der sich inzwischen mit Hilfe seines Tarnhelms in einen riesigen Drachen verwandelt hat. Auf diesen Drachen hetzt der Schmied Siegfried. Er soll ihm das Gold abnehmen und in der Schmiede abliefern, danach will Mime den Knaben vergiften, was jeder verstehen kann, der einmal mit einem jungen Helden in Siegfrieds Alter unter einem

Dach leben mußte. Doch auch Alberich hat seine Besitzansprüche nicht aufgegeben.

Im zweiten Akt taucht er bei Fafner auf. Er berichtet, daß Siegfried mit seinem riesigen Schwert im Anmarsch sei, und bietet dem Drachen ein Geschäft an: Wenn ihm Fafner den Siegelring überließe, würde er ihm dafür das Leben retten. Zweifellos ein sehr gutes Angebot, doch der Drache geht nicht darauf ein. Jetzt ist ihm nicht mehr zu helfen. Siegfried erscheint und besiegt ihn nach kurzem Kampf. Er bringt den Ring sowie den Tarnhelm an sich und läßt das Gold erst einmal liegen. Dann taucht er seine Hände in das Blut des Drachens, was nicht folgenlos bleibt.

Danach kann Siegfried die Sprache der Vögel verstehen und sogar die geheimsten Gedanken der Menschen lesen. Er durchschaut die verständlichen Absichten seines Pflegevaters und bringt auch Mime kurzerhand um, als der ihm das Gift anbietet.

Endlich darf er sich jener Aufgabe widmen, die jedem jungen Helden, nach einer wilden Rauferei, die zweitliebste ist: Er kann sich einer Frau zuwenden und eilt zu Brünnhilde, von deren Existenz ihm ein geschwätziger Vogel was ins Ohr gezwitschert hat.

Bei Beginn des dritten Aktes ist Wotan wieder einmal ausgesprochen neugierig. Er möchte von der allwissenden Erda erfahren, was die Zukunft bringen wird, doch Erda will nicht schon wieder geschwängert werden und schweigt eisern. Das kränkt Wotan, und wenn der Regisseur sein Handwerk versteht, merkt der Zuschauer, daß der Götterchef mit der Welt jetzt ziemlich fertig ist. Er bereitet sich auf deren Untergang vor und hofft optimistisch, daß danach alles besser wird.

Als Siegfried zu Brünnhilde will, wird Wotan eifersüchtig. Er versucht, den Helden auf dem Weg zu ihr zu stoppen, doch das mißlingt. Beim Kampf mit ihm zerbricht Siegfried den inzwischen morsch gewordenen Speer (!), mit dem der Alte bisher seine Herrschaft sicherte. Dann geht Siegfried für Brünnhilde durchs Feuer, küßt sie wach und öffnet ihr die Bluse. Vermutlich will er an ihre goldenen Äpfel, doch über deren genaue Beschaffenheit verrät der Komponist und Autor leider nichts.

Kurztext für sehr Nervöse: Junger Aufsteiger kann dank seines besonders kräftigen Schwertes alte Männer sowie Drachen aus dem Wege räumen, was Wotan sehr zutreffend als den Anfang des Endes seiner Macht erkennt. (Zwei Tote.)

Tip für Pausengespräche: der Scharfsinn, mit dem der Meister von Bayreuth bereits vor 1876 die sexuellen Untertöne uralter Mythen und Sagen erkannte und aufzubereiten verstand.

Besondere Hits: Waldweben.

Götterdämmerung

Oper in drei Akten plus Vorspiel von Richard Wagner, die zwischen viereinhalb und fünf Stunden dauert und den «Ring» abschließt.

Bereits das Vorspiel läßt wenig Gutes hoffen: Wotan ist sehr depressiv und wartet noch immer auf das Ende der Welt. Auch die Weltesche hat dem Waldsterben nicht widerstanden. Wotan hat sie fällen und ihr Holz um die Götterburg aufschichten lassen, um sie notfalls abfackeln zu können. Aber noch ist es nicht soweit.

Siegfried hat sich in Brünnhildes Armen entspannt und wird von der postkoitalen Unruhe erfaßt, die viele junge Helden sofort nach dem Geschlechtsverkehr das Weite suchen läßt. Unter dem Vorwand, er müsse Heldentaten vollbringen, will er sich so schnell wie möglich entfernen. Brünnhilde durchschaut ihn offenbar. Sie leiht ihm zwar ihr Pferd, aber sie verlangt ein Pfand. Siegfried muß ihr den Siegelring überlassen, bevor sie ihn gehen läßt, und dann bekommt der Held jene Abenteuer, die er verdient.

Auch Alberich, der von Wotan um das Gold und den Ring betrogene Nibelung, hat in der Zwischenzeit zur Übervölkerung der Welt beigetragen. Seine Söhne, Gunther und Hagen, sowie eine Tochter Gutrune wohnen in der Gibichungenhalle. Ausgerechnet dort bittet Siegfried um Unterkunft sowie Verpflegung, die ihm gewährt werden. Leider nicht ohne Hintergedanken.

Gutrune reicht ihm ein Getränk, das so zuverlässig wirkt wie Whisky mit K.-o.-Tropfen in einem Nachtklub auf der Reeperbahn. Siegfried vergißt Brünnhilde und begehrt Gutrune. Da Gunther an Brünnhilde interessiert ist, wird ein Partnertausch in die Wege geleitet, bei dem einiges schiefläuft.

Die Heirat von Siegfried und Gutrune geht noch schnell über die Bühne. Da jedoch Gunther offenbar Schwierigkeiten mit fremden Frauen hat, muß Siegfried mit Hilfe seiner Tarnkappe Gunthers Gestalt annehmen, um sie rumzukriegen. Das mißlingt jedoch.

Brünnhilde ist noch auf Siegfried in dessen normaler Gestalt fixiert. Sie hat sich standhaft geweigert, seinen Ring den Rheintöchtern zurückzugeben, und weist Siegfried in Gunthers Gestalt so entschieden zurück, daß er sie vergewaltigen und ihr seinen Ring stehlen muß. Danach feiert er mit Hagen eine fröhliche Party am Rheinufer, während der er – wiederum durch Drogen – sein Gedächtnis zurückgewinnt. Das nutzt ihm aber nicht mehr viel.

Er kann noch eine Weile von seinen Heldentaten und seiner Liebe zu Brünnhilde schwadronieren, dann bringt ihn Hagen um und liefert die Leiche bei seiner Witwe ab. Dabei kommt es erneut zum Streit um den Siegelring.

Da Gunther schon Brünnhilde nicht bekommen hat, will er

wenigstens das Schmuckstück und wird prompt von Hagen erschlagen. Brünnhilde kann das Juwel an sich bringen und reitet damit in die Flammen eines Scheiterhaufens, auf dem gerade Siegfrieds Leiche verbrannt wird.

Endlich können die Rheintöchter aus dem Strom steigen. Sie müssen zwar lange in der Asche herumstochern, und Hagen will sie daran hindern, doch es gelingt ihnen, den Ring zu finden. Als sie ihn wieder zurück in den Rhein bringen, nehmen sie den finsteren Hagen mit, damit sie sich in Zukunft dort unten etwas weniger langweilen.

Endlich ist der Anfangszustand wiederhergestellt, und der Himmel leuchtet rot auf. Richard Wagner behauptet zwar, die Flammen des Scheiterhaufens hätten, wie von Wotan beabsichtigt, das Walhall der Götter in Brand gesetzt, doch der «Einzig wahre Opernführer» weiß es besser: Irgend jemand hat auf einen roten Knopf gedrückt, und die Welt geht unter. Ob bereits am nächsten Tage eine neue und bessere geschaffen wird, wie die Optimistin Brünnhilde behauptet, bleibt abzuwarten. Vielleicht hat auch die Walküre nur etwas Falsches oder zuviel getrunken.

Kurztext für sehr Nervöse: Junger Aufsteiger wird übermütig und steigt, trotz guter technischer Ausrüstung, infolge minderer Intelligenz wieder ab. (Vier Tote.)

Tip für Pausengespräche: Das große Vertrauen Richard Wagners in sein Publikum. Er traute ihm zu, sich noch am vierten Festspielabend an musikalische Leitmotive sowie Harmonien bzw. Disharmonien erinnern zu können, die es an den drei Abenden zuvor hört.

Besondere Hits: Siegfrieds Tod und Trauermarsch.

Ritter Blaubart

Märchenspiel von Emil Nikolaus Reznicek in drei Aufzügen, das in zweieinhalb Stunden über die Bühne gegangen sein sollte und dessen Handlung mit «Herzog Blaubarts Burg» von Béla Bartók (vgl. S. 48) weitgehend identisch ist. Deshalb hier nur:

Kurztext für sehr Nervöse: Unbedingt vermeiden! Die Musik von Béla Bartók ist entschieden besser.

Der Rosenkavalier

Oper in drei Akten von Richard Strauss mit Text des Autors Hugo von Hofmannsthal, die vier Stunden dauert und beweist, wie höchst vergnüglich eine Oper sein kann, wenn ein Dichter zu verhindern versteht, daß der Komponist den Handlungsaufbau zerstört.

Endlich einmal eine Oper, die dort beginnt, wo sich vernünftige Menschen am liebsten aufhalten: im Bett! Dort schmust der siebzehnjährige Octavian mit der schon sehr oft gelifteten Fürstin Werdenberg herum. Ein Page bringt das Frühstück, doch als das von der Nacht erschöpfte Paar darüber herfallen will, wird es gestört.

Baron Ochs möchte die Fürstin besuchen, und weil diese ihre Liebesabenteuer nicht von neidischen Journalisten breitgetreten sehen will, schlüpft Octavian in das Kleid einer Kammerzofe. Hier glaubt man endlich einmal, daß so ein Rollentausch nicht sofort durchschaut wird, denn Octavian ist noch sehr jung.

Baron Ochs will eine jugendliche Schönheit namens Sophie heiraten. Er sucht einen jungen Mann, der seiner Auserwählten eine Rose zustellt, was seinerzeit – wahrscheinlich auf

Anregung des Blumenhandels – bei einer Brautwerbung unerläßlich war.

Die Fürstin ist bereit, «ihren Vetter» Octavian diesen Dienst für Ochs erledigen zu lassen. Sie zeigt dem Alten sogar ein Bild dieses Jünglings. Ochs ist verblüfft, in welchem Maße Octavian der «jungen Kammerzofe» der Fürstin ähnlich sieht, und verliebt sich in dieses Mädel.

Als er endlich verschwunden ist, zieht sich Octavian einen Anzug an und wendet sich wieder liebevoll der alten Fürstin zu, doch diese Frau ist gescheit. Sie weiß, daß eine Mumie wie sie einen jungen Mann nicht auf Dauer halten kann.

Im zweiten Akt erscheint Octavian bei Sophie, um im Auftrag des alten Barons das Grünzeug bei ihr abzuliefern. Wie es wohl von der Natur gewollt ist, finden die beiden jungen Menschen Gefallen aneinander. Als Baron Ochs naht und Sophie seine Zuneigung mit beiden Händen beweisen will, tritt Octavian dazwischen und verwundet den geilen Alten leicht. Ochs schreit, als stecke er am Spieße. Sophies Vater eilt seiner Tochter zu Hilfe und weist Octavian den Weg zur Tür.

Der gibt Sophie jedoch nicht auf. Er sucht und findet Verbündete. In einem Brief wird der alte Ochs zu einem Rendezvous *(Rang-de-vu; französisch für date)* mit der «Kammerzofe» der Fürstin gebeten, und der Alte geht hin.

Dort taucht wieder Octavian in Frauenkleidung auf. Ochs will zärtlich werden, doch wird er immer wieder dabei gestört, bis die Verkleidung aufzufallen droht und sich Octavian umziehen muß. Als er wieder wie ein Jüngling aussieht, betreten die Fürstin, Sophie sowie deren Vater die Szene, und die alte Fregatte wird dem Zuschauer noch sympathischer. Sie begreift, daß sie ihren jungen Liebhaber verloren hat, will dennoch sein Bestes und sorgt dafür, daß die beiden Liebenden einander heiraten.

Kurztext für sehr Nervöse: Alt gewordene, verlassene Geliebte rächt sich auf subtile Weise: Sie sorgt dafür, daß ihr untreuer Geliebter heiratet.

Tip für Pausengespräche: Erörterung der Gründe dafür, daß sexuelle Beziehungen zwischen wohlhabenden alten Frauen und jungen Männern noch immer seltener und kurzlebiger sind als jene zwischen wohlhabenden alten Männern und jungen Frauen.

Besondere Hits: Insgesamt hinreißende Melodienfülle; musikalische Höhepunkte sind das Frauenterzett im dritten Akt sowie die Walzerpantomime unmittelbar davor.

Anmerkung: Die Korrespondenz zwischen Strauss und Hofmansthal ist erhalten geblieben. Sie beweist, wie Spitzenleistungen gelingen: durch Teamwork, zu dem jeder uneigennützig seinen Teil beiträgt. Wenn Verdi und Puccini weniger eitel gewesen wären und Autoren vom Range Hofmannsthals neben sich geduldet hätten – was hätten wir dann für Opern!

Salome

Drama mit Musik von Richard Strauss und einem Text nach Oscar Wilde mit einer Länge von leider nur eineinhalb Stunden. Obgleich die Handlung in Judäa vor etwa zweitausend Jahren angesiedelt ist, erscheint sie uns höchst modern.

Am Hofe des Herrschers Herodes geht es zu, als wäre dort die sexuelle Revolution erfunden worden. Der verheiratete Herodes verliebte sich einst in seine Nichte Herodias, die versehentlich seinen Bruder geehelicht hatte. Herodes löste dieses Problem auf die heute noch übliche Weise. Er verstieß seine Frau und heiratete seine Nichte, die eine Tochter aus erster Ehe mit in die zweite gebracht hat: Salome.

Wie viele Töchter aus geschiedenen Ehen ist Salome sowohl sexuell frühreif als auch ausgesprochen wählerisch. Sie interessiert sich nicht für den Hauptmann Narraboth, der sie begehrt, sondern steigert sich in sexuelle Phantasien, deren Objekt ausgerechnet der christliche Prophet Jochanaan ist.

Da dieser Jochanaan dem König ständig mit moralischen Vorwürfen bezüglich dessen Ehe mit der Frau seines Bruders auf die Nerven geht, hat er ihn in Sicherheitsverwahrung genommen. Und ausgerechnet diesen frommen Moralisten muß seine Stieftochter begehren!

Da der Hauptmann Narraboth verliebt (bzw. blöd) genug ist, der Prinzessin jeden Wunsch zu erfüllen, holt er ihr Jochanaan ins Schlafzimmer. Der Prophet nutzt diese einmalige Chance auf Hafterleichterung jedoch unbegreiflicherweise nicht. Er weigert sich sogar, Salome auch nur zu küssen, und kehrt statt dessen freiwillig in seine Zelle zurück. Doch der Hauptmann Narraboth verhält sich nicht viel intelligenter!

Anstatt die Chance zu nutzen, die mit Recht verärgerte Salome zu trösten, bringt er sich um. Kein Wunder, daß Salome keine Lust hat, für ihren Stiefvater ein bißchen zu tanzen! Sie ist doppelt frustriert und erst bereit, sich für Daddy zur Musik auszuziehen, wenn er ihr dafür gleichfalls die Erfüllung eines Wunsches verspricht.

Ein fairer Deal! Salome erfreut Herodes mit ihrem berühmten Schleiertanz, und nach diesem Striptease präsentiert sie wie vereinbart ihre Rechnung: Sie bittet, ihr den Kopf des Propheten auf einem Tablett zu reichen, damit sie ihn endlich küssen kann. Bedauerlicherweise weigert sich Herodes, diesen durchaus verständlichen Wunsch einer gekränkten liebenden Frau zu erfüllen, doch wenigstens Salomes Mutter respektiert noch Verträge.

Sie sorgt dafür, daß Salome endlich den Kopf ihres Geliebten küssen kann, und das geht Herodes zu weit. Sei es aus Eifersucht, sei es aus männlicher Furcht vor der grenzenlosen

Liebesfähigkeit dieser jungen Frau – der Herrscher läßt sie erwürgen, anstatt sich weiter an ihrer Schönheit zu erfreuen.

Kurztext für sehr Nervöse: Verwöhnte frühreife Stieftochter mißbraucht Liebe ihres Stiefvaters. (Drei Tote.)

Kurztext für sehr nervöse Feministinnen: Leidenschaftliche junge Frau wird Opfer des Patriarchats. (Drei Tote.)

Tip für Pausengespräche: Der Fortschritt in unserer Gesellschaft! Bei der Uraufführung der «Salome» 1905 in Dresden gab es noch einen Skandal. Heutzutage werden solche scharfen Töchter zur Fernseh-Talkshow am Nachmittag eingeladen.

Besondere Hits: «Tanz der sieben Schleier».

Samson und Dalila

Oper in drei Akten von Camille Saint-Saëns mit Text von Ferdinand Lemaire. Gesamtdauer etwa zweieinhalb Stunden. Obgleich dieses Werk zur Zeit nur selten aufgeführt wird, verdient es als kulturhistorisches Dokument höchstes Interesse. Es kann, ja es muß sogar als Beleg für den lebenslangen Kampf des Kreolen Lemaire gegen die Unsitte des Haareschneidens gedeutet werden.

Nach der Verherrlichung dieser Unsitte in Rossinis «Der Barbier von Sevilla» und der Aufwertung des Friseurs in Mozarts «Die Hochzeit des Figaro» werden in «Samson und Dalila» endlich einmal die mit jedem Haarschnitt verbundenen Gefahren thematisiert.

Im ersten Akt beklagen die alten Israeliten, daß sie von den Philistern schlecht behandelt werden. Samson, den sie wegen seiner prächtigen langen Haare zum Anführer gewählt haben, weiß sie zu trösten. Solange ein Mensch noch lange Haare auf dem Kopf hat, ist nichts verloren!

Jeder übriggebliebene Althippie und sogar so bedeutende Männer wie der Modedesigner Karl Lagerfeld oder der Komponist Karlheinz Stockhausen können bestätigen, welche enorme Kraft lange Haare einem Manne zu geben vermögen.

Samson beweist diese Kraft schon im ersten Akt dieser Oper. Er erwürgt den Philister Abimélech mit bloßen Händen, was jemand mit Fassonschnitt, streichholzlangem Haar oder gar Glatze nie und nimmer geschafft hätte.

Leider hat Samson einen Fehler, der auch mit seinem Haupthaar zu tun hat: Lange Haare (besonders mit Dauerwelle) steigern die Eitelkeit ihres Trägers und machen Frauen auf ihn aufmerksam. Dalila ist von Samsons Haaren fasziniert. Obgleich ihn ein Priester vor ihr warnt, verabredet er sich mit ihr. Sie streicht durch sein langes Haar. Wie gewöhnlich kommt es dabei zum Geschlechtsverkehr, und danach geschieht, was jeder Langhaarige fürchtet: Als Samson erschöpft in ihren Armen liegt, greift Dalila zur Schere!

Sie schneidet ihm, ritsch, ratsch, seine langen Haare einfach ab, und die Philister können den gebrochenen Mann mühelos in ihre Gewalt bringen.

Im dritten Akt dämmert Samson gefesselt, geblendet und kahlgeschoren in seinem Gefängnis vor sich hin. Er hat kaum noch Kraft, die Arie «O sieh mein Elend, Herr!» zu singen und sich das Jammern und Klagen seiner Landsleute anzuhören, die seine Haare schmerzlich vermissen. Doch dann holen ihn die Philister aus seiner Zelle, um ihn als abschreckendes Beispiel in «ihrem Tempel» (einem Friseursalon?) auszustellen. Dort kommt es zu einer der in solchen Betrieben üblichen Orgien, und Samson fleht seinen Gott an, ihm die alte Kraft zurückzugeben. Diese Bitte wird erhört. Als Samson endlich seine Perücke zum erstenmal aufsetzen kann, sieht er zwar schlimmer aus als zuvor mit Glatze, doch wie sämtliche

Zweithaarbesitzer glaubt er das keinem. Er fühlt sich wieder stark, reißt zwei Pfeiler des Tempels aus der Verankerung, und das Gebäude bricht in sich zusammen. Samson wird mit seinen Feinden unter den Trümmern begraben.

Kurztext für sehr Nervöse: Kräftiger junger Mann läßt sich die Haare schneiden und kommt deshalb ums Leben. (Viele Tote.)

Tip für Pausengespräche: Vergleich der Anzahl von Friseursalons am Aufführungsort mit jener der Buchhandlungen; wie es auf dem Kopf aussieht, ist nach wie vor wichtiger, als was in demselben vorgeht.

Besondere Hits: Dalilas Arie «Sieh, mein Herz erschließet sich.»

Siegfried

ist ein Teil von Richard Wagners Bühnenfestspiel «Der Ring des Nibelungen». Siehe Seite 93.

Tannhäuser und der Sängerkrieg auf Wartburg

Romantische Oper in drei Akten und vier Stunden von Richard Wagner. Hauptfigur ist ein Mann, der wie Wagner doppelt begabt ist. Als ob eins von beiden nicht schon schlimm genug wäre, ist Tannhäuser sowohl Dichter als auch Sänger und das Werk deshalb eine «Künstleroper». Das erklärt vieles.

Im ersten Akt befindet sich Tannhäuser im «Venusberg», einem Sexklub der Spitzenklasse, wo er sich ausgesprochen wohl fühlt, zumal sich die Chefin persönlich um ihn kümmert. Anstatt sein Glück zu preisen, benimmt er sich jedoch taktlos. Eigensinnig behauptet er, sein Heil liege einzig und allein bei einer gewissen Maria, und Venus wirft ihn hinaus.

In der harten Wirklichkeit merkt er sehr schnell, was er mit dem Venusberg verloren hat. Schäfer und Pilger gönnen sich ihr einziges Vergnügen, einen Abendspaziergang durch den Stadtpark. Der verwöhnte Dichter und Sänger langweilt sich, denkt an den Klub und sinkt schließlich schluchzend in die Knie.

Zu allem Unglück tauchen auch noch alte Freunde bei ihm auf, von denen er sich zurückzog, nachdem sie ihm einen Literaturpreis verweigerten. Sie versuchen, ihn zu trösten, aber er will nichts von ihnen wissen.

Erst als Wolfram von Eschenbach, ein Kollege, ihm berichtet, daß er Elisabeth, eine ehemalige Geliebte Tannhäusers, allein mit Gesang sinnlich zu stimmen vermag, wird Tannhäuser etwas optimistischer und tröstet sich mit einer typisch männlichen Phantasievorstellung: Er hofft, daß es inzwischen auch außerhalb des Venusbergs Frauen geben könnte, die nicht regelmäßig Migräne bekommen, wenn er etwas von ihnen will.

Die Freunde berichten von einer Dichterlesung mit Gesang, die auf der Wartburg stattfindet. Er erfährt, daß sie auf dem Weg dorthin sind, und er schließt sich ihnen an. Die Chancen, eine junge Germanistikstudentin kennenzulernen, die auf alternde Dichter und Sänger fixiert ist, sind bei solchen Veranstaltungen bekanntlich nicht gering.

Im zweiten Akt trifft er auf der Wartburg seine ehemalige Geliebte Elisabeth wieder, die inzwischen – wie früher mit Tannhäuser – jetzt mit Wolfram von Eschenbach über die Feinheiten des Konjunktivs diskutiert. Obwohl Tannhäuser wirklich wissen müßte, wie schwach die Libido dieser Frau entwickelt ist, wirft er sich vor ihr auf den Boden. Vermutlich will er prüfen, ob unter ihrem Rock noch immer Spinnweben zu finden sind. Dies ist der Fall, und er erhebt sich enttäuscht. Dann erscheint der Landgraf und fordert die anwesenden Dichter und Sänger auf, ihm das Wesen der Liebe zu erklären.

Wolfram von Eschenbach will offensichtlich Elisabeth nicht verärgern, denn er spricht von Seele, Gefühlen und ähnlichen nicht beweisbaren Fiktionen. Tannhäuser hat seine Erfahrungen im Klub noch nicht vergessen. Er erklärt, daß Liebe jede Menge Orgasmus sei, und das möglichst noch mit Schlagsahne. Als er auch noch einen Song hören läßt, den er im Venusberg gelernt hat, kommt es fast zu einer Schlägerei, die der Landgraf verhindert. Er schickt Tannhäuser zur Strafe zum Papst nach Rom, denn der hat bisher noch jedem das Vergnügen am anderen Geschlecht austreiben können.

Im dritten Akt langweilen sich Wolfram und Elisabeth, die offensichtlich immer das Gegenteil von dem will, was sie gerade hat. Sie sehnt sich inzwischen nach Tannhäuser, und als er endlich aus Rom zurückkehrt, ist er erschöpft und heruntergekommen, aber der Papst hat ihn nicht zerbrechen können. Der Dichter und Sänger ist zwar in Lumpen gekleidet, weil man ihm in Rom sämtliches Geld abgenommen hat, aber er verfügt noch über seinen wertvollsten Besitz: die Fähigkeit zur spontanen und kräftigen Erektion. Damit will er sofort zurück in den Venusberg, und wenn er dort noch als kreditwürdig gilt, wird man ihm inzwischen verziehen haben.

Kurztext für sehr Nervöse: Künstler und Sänger erhält Hausverbot in sehr gutem Sexklub und hat viel Ärger, bevor er wieder hereingelassen wird.

Tip für Pausengespräche: Diese Oper wurde das Opfer von Zensurmaßnahmen! In der entschärften *Dresdner Fassung*, die meistens aufgeführt wird, stirbt Elisabeth. Tannhäuser wirft sich erschüttert über ihre Leiche und ist jetzt endlich impotent. Dennoch hat Richard Wagner seine Botschaft auch in die

Dresdner Fassung zu retten versucht. Er benutzte dafür, wie so oft, ein Symbol. Auch in der entschärften Fassung nahen am Schluß junge (!) Pilger, und sie verkünden, daß aus einem dürren Stab (!!) plötzlich wieder kräftiges junges Grün (!!!) entsprossen ist.

Besondere Hits: Einzugsmarsch sowie Pilgerchor.

Tiefland

Musikdrama mit Vorspiel in zwei Akten von Eugen d'Albert auf Grundlage eines Schauspiels von Angel Guimera. Gesamtdauer etwa zweieinhalb Stunden.

Bereits im Vorspiel singt ein Bewohner der Pyrenäen die Arie «Ich grüß noch einmal die Berge», und der Zuhörer ahnt Schreckliches. Obwohl Pedro, der sich mit diesem Lied von den Almen und Latschenkiefern verabschiedet, mit seinen Bergziegen keinesfalls unglücklich ist, sehnt er sich nach einer Frau. Da er die unter den Sennerinnen bisher nicht finden konnte, zieht er hinab ins katalanische Flachland, wo der Großbauer Sebastiano alles für ihn vorbereitet hat.

Dieser Sebastiano liebt seit Jahren die arme Vollwaise Martha und schläft seit ihrer frühen Kindheit mit ihr. Bedauerlicherweise ist er in finanzielle Schwierigkeiten geraten und gezwungen, eine reiche Frau zu heiraten.

Natürlich möchte er – liebevoll und tief empfindend, wie er ist – seine geliebte Martha auch verheiratet wissen, und hat Pedro als ihren Ehemann erwählt. Mehr noch: Weil sie sich an Sebastiano gewöhnt hat, will er auch noch nach der Hochzeit mit ihr schlafen. Kann ein liebender Mann fürsorglicher handeln?

Wie geplant wird Pedro mit Martha verehelicht, doch als Sebastiano in der Hochzeitsnacht die Furcht vor ihrem Ehemann therapieren möchte, flüchtet die junge Braut zu einer Freundin.

Kein Wunder, daß Pedro mit dieser Situation nicht gerade glücklich ist. Aber auch die anderen Dörfler in seiner neuen Heimat machen ihm das Leben schwer. Wie alle kultivierteren Menschen hat der neunzigjährige Dorfälteste erhebliche Vorbehalte gegen Leute aus dem Gebirge. Er macht Sebastianos Geldheirat zunichte, damit er wieder mehr Zeit hat und sich wie früher mehr um Martha kümmern kann.

Alles könnte sich zum Guten wenden, denn was wäre dagegen einzuwenden, daß eine reizvolle Frau zwei Männer hat? Die meisten sind mit einem ohnehin nicht voll ausgelastet!

Der Dummkopf aus den Pyrenäen allerdings erkennt nicht, daß alle nur das Beste für ihn wollen. Er erwürgt seinen Wohltäter Sebastiano – und verschleppt seine unglückliche Ehefrau auf die Alm. Dort wird Martha zwar das Melken lernen und eindrucksvolle Sonnenuntergänge genießen können, doch ist derlei ein sinnvolles Leben für eine junge Frau, die andere Verhältnisse kennt? Zweifellos nicht! Der Komponist hat diese Oper zu Recht ein Musik*drama* genannt.

Kurztext für sehr Nervöse: Hirte aus den Pyrenäen vermag sich dem Lebensstil im Flachland nicht anzupassen. (Ein Toter.)

Tip für Pausengespräche: Erörterung der Vor- sowie Nachteile einer Ehe, insbesondere einer solchen, die aus wirtschaftlichen Gründen geschlossen wird.

Besondere Hits: Fehlanzeige.

Tosca

(Tos-ka; genauso wie das Parfüm der Putzfrau des Autors)

Musikdrama in drei Akten und drei Stunden von Giacomo Puccini, Text nach einem Schauspiel von Victorien Sardou, das überzeugend darstellt, wie gute Taten bestraft werden.

Ein Mann namens Angelotti, der wegen politischer Aktivitäten zu Haft verurteilt wurde, ist aus dem Gefängnis geflohen und sucht ausgerechnet in jener Kirche Schutz, in der Cavaradossi, ein gegenständlicher Maler, gerade an einem Altarbild arbeitet.

Anstatt sich aus den Angelegenheiten anderer herauszuhalten wie jeder rechtschaffene Bürger, hilft er dem Häftling, bloß weil er mit ihm befreundet ist. Er gibt ihm Ratschläge für die weitere Flucht.

Diesem törichten Maler ist die Sängerin Tosca verfallen. Sie liebt ihn, verabredet sich aber dennoch – Zeichen ihrer Naivität – mit dem Polizeichef Scarpia, der an ihr interessiert ist.

Bei Beginn des zweiten Aktes ist der Polizeichef begreiflicherweise sehr verärgert. Der entflohene Gefangene konnte auch bei einer Ringfahndung nicht aufgespürt werden. Jedoch gelang es einer Sonderkommission unter dem fähigen Beamten Spoletta wenigstens, den Maler zu verhaften, der Fluchthilfe leistete.

Während sich Tosca mit dem Polizeichef unterhält, reden in einem Nebenzimmer seine Beamten mit dem Maler. Als der – jeder rechtschaffene Bürger vermutet: völlig unbegründet – laute Schmerzensschreie von sich gibt, nimmt Tosca an, ihr Geliebter würde gefoltert. Als ob Polizeibeamte zu so etwas fähig wären!

In völlig falsch verstandener Liebe zu dem Maler versucht Tosca, den Polizeichef zu bestechen. Sie verrät ihm das Versteck des geflohenen Häftlings und verspricht ihm zusätzlich außerehelichen Geschlechtsverkehr, wenn er den Maler freigibt und ihn zusammen mit ihr fliehen läßt.

Um ihr diesen Bestechungsversuch nachzuweisen, geht Scarpia zum Schein auf ihr Angebot ein. Er schreibt den verlangten Passierschein, erklärt jedoch, daß der Maler zuvor, zur Erleichterung seiner Flucht, in einer nur vorgetäuschten Hinrichtung erschossen werden müsse, damit der Fall ordnungsgemäß abgeschlossen werden kann.

Tosca nimmt diese beabsichtigte Strafvereitelung nicht nur billigend in Kauf, sondern sie jubelt und wird zusätzlich zur feigen Mörderin. Als der Polizeichef zur Beweissicherung den Geschlechtsverkehr mit ihr vollziehen will, ersticht sie ihn und entreißt den schon erkalteten Händen ihres Opfers auch noch den Passierschein.

Im dritten Akt eilt Tosca zum Maler, der sich ordnungsgemäß in Strafgewahrsam befindet. Sie berichtet dem Geliebten, daß sie den Polizeichef zur Strafvereitelung überreden konnte, sich eine Pro-forma-Hinrichtung jedoch leider nicht vermeiden lasse, da der Polizeichef dem Innenminister Rechenschaft über den Verbleib der Häftlinge schulde. Cavaradossi versteht das und willigt in das undurchsichtige und rechtswidrige Spiel ein. Man führt ihn zum Hinrichtungsort, dort wird er allerdings nicht nur zum Schein erschossen, sondern vorschriftsmäßig mit richtigen Patronen. Der bewährte Polizeichef hat seine Pflicht bis in den Tod, ja sogar darüber hinaus, in vorbildlicher Weise erfüllt. Tosca begreift, was sie angerichtet hat, und entzieht sich ihren irdischen Richtern durch den Sprung von einer hohen Mauer, hinter der sie mit völlig zerschmetterten Gliedern liegenbleibt.

Kurztext für sehr Nervöse: Maler sowie Sängerin versuchen, anderen Menschen zu helfen und werden dafür bestraft. (Vier Tote.)

Tip für Pausengespräche: Erörterung der mit jeglichem Widerstand gegen jegliche staatliche Gewalt verbundenen Gefahren.

Besondere Hits: Cavaradossis Arie «Und es blitzten die Sterne».

La Traviata

(Tra-vi-a-ta; nicht Triviata!)

Vier Akte sowie zweieinhalb Stunden lange Oper von Giuseppe Verdi nach dem Roman «Die Kameliendame» von Alexandre Dumas.

Gleich am Anfang dieser Oper will die als Prostituierte tätige Violetta aus Liebe die sichere, geordnete und klar überschaubare Welt eines Bordells verlassen, um sich in die verlogenen sowie unsicheren Verhältnisse ehrbarer Bürger zu begeben.

Sie wirft ihren sicheren Job in einem Freudenhaus hin, um mit Alfredo künftig der nicht gewerblichen Unzucht zu frönen. Verständlicherweise hat Alfreds Vater etwas gegen diese Beziehung seines Sohnes. Er ahnt, daß eine rechtschaffene Hure nie und nimmer mit der verkommenen Doppelmoral der Bürger klarkommen kann, und will sie vor einem langweiligen Leben mit seinem Sohn bewahren.

Nach einem längeren Gespräch mit dem verständigen Vater trifft Violetta die einzig richtige Entscheidung: Sie geht zurück in ihren Beruf. Das Milieu ist nicht nachtragend. Es nimmt sie wieder auf, und wie von einem Alptraum befreit, geht Violetta überglücklich auf einen Maskenball ihrer Freundin Flora, wo sie sehr schnell einen wohlhabenden neuen Kunden gewinnt.

Alles wäre für Violetta wieder in Ordnung, ließe Alfred sie jetzt endlich in Ruhe. Das tut er aber nicht. Er taucht auf dem Maskenball auf und macht ihr eine widerliche Eifersuchtsszene, doch dann sieht es so aus, als hätte auch er endlich etwas gelernt. Er hat eingesehen, daß es am besten ist, wenn auch er Violetta wie andere vernünftige Männer für ihre Dienste bezahlt. Er wirft ihr seine Brieftasche hin, kommt aber dennoch nicht gänzlich von seiner veralteten Definition der Liebe los.

Nach einem Eifersuchtsanfall verletzt er im Duell einen ihrer besten Kunden, und darüber grämt sich Violetta so, daß sie vor Scham stirbt. Sogar als sie bereits tot ist, kann er sie noch immer nicht in Ruhe lassen und nimmt statt dessen ihren Körper in seine Arme.

Kurztext für sehr Nervöse: Fehlgeleitete Prostituierte verirrt sich in die Welt rechtschaffener Bürger und kommt dabei um. (Eine Tote.)

Tip für Pausengespräche: Lob der Globalisierung! Seit dem Fall der Berliner Mauer befindet sich Violettas Gewerbe fest in der Hand ihrer Kolleginnen aus den ehemaligen Ostblockstaaten. Eine Wiederholung der Tragödie Violettas erscheint deshalb weitgehend ausgeschlossen, sofern ein Kunde nicht (aus falsch verstandener Liebe) die russische, polnische oder gar tschechische Sprache lernt.

Besondere Hits: Fehlanzeige! Die ganze Oper ist ein nahezu ununterbrochenes Terzett; musikalisch Verdis Meisterwerk.

Tristan und Isolde

Musikalisches Drama in drei Akten sowie viereinhalb Stunden von Richard Wagner. Diese Oper ist auch für gestreßte und nervöse Musikfreunde zugänglich, denn sie kommt mit vergleichsweise wenig Personal aus, das leicht im Auge zu behalten ist. Auch die Musik erfordert nur ein normales Orchester. Für besondere Effekte verlangt der Meister aus Bayreuth lediglich ein «alphornartiges Musikinstrument» für eine fromme Hirtenweise.

Die Handlung beginnt auf einem Schiff, doch der Besucher braucht nicht zu befürchten, in eine Inszenierung des «Fliegenden Holländers» geraten zu sein. Es handelt sich nicht um dessen Segler, sondern um einen Frachter, auf dem Tristan

Isolde, die Braut des Königs Marke, nach Cornwall bringt, damit Marke sie dort wie geplant heiraten kann.

Bedauerlicherweise kennen sich Isolde und Tristan noch von früher. Er hat ihren Verlobten Marold erschlagen, und sie hat ihn zum Dank dafür gesund gepflegt. Tristan ist jedoch nicht bei ihr geblieben, sondern hat sich so schnell wie möglich aus ihrer Nähe entfernt.

Das hat Isolde erheblich gekränkt, und sie hat beschlossen, ihn während der Überfahrt zu töten. Ihre Freundin Brangäne, die sich gleichfalls auf dem Schiff befindet, hat ihren Vorrat an Kräutern und Chemikalien mit an Bord gebracht. Sie soll einen Gifttrank mischen, den Isolde, das falsche Luder, Tristan «zur Versöhnung» anbieten will. Dabei unterläuft Brangäne ein ärgerlicher Fehler. Sie erwischt die falschen Drogen und mischt versehentlich einen Liebestrank, was verhängnisvolle Folgen nach sich zieht.

Tristan trinkt von dem Gebräu, Isolde folgt seinem Beispiel, und beide sind so sehr voneinander begeistert, daß sie das längste Liebeslied der Operngeschichte singen – genaugenommen dauert es die ganzen viereinhalb Stunden lang.

Danach ist es an Tristan, sich unklug zu verhalten. Er zieht sich nicht mit Isolde auf seine Burg zurück, um dort in Ruhe abzuwarten, bis die Liebe wieder aufhört, sondern bringt seine Geliebte wie geplant zu König Marke. Dort benehmen sich die beiden so, daß ihre Beziehung auffällt. Merlot, ein Freund des Königs, öffnet Marke die Augen.

Die beiden Liebenden kommen gerade noch dazu, ihr Motiv zum längsten Liebesduett aller Zeiten zu steigern, dann werden sie endlich durch Marke, Merlot und deren Personal getrennt, die einfach einen Eimer Wasser über das erhitzte Paar gießen.

Der König ist nicht einmal sonderlich zornig über den Verrat seiner Braut, sondern er erzählt ihr nur spöttisch, was ihm

Merlot berichtet hat. Doch Tristan macht den zweiten Fehler: Er fordert Merlot zum Zweikampf und wird dabei verwundet. Sein Freund Kurwenal bringt Tristan nach Hause in dessen eigene Burg, und dort würde er vermutlich gesund werden.

Wie in solchen Fällen zu erwarten, glaubt Isolde jedoch, ohne den Geliebten nicht atmen zu können. Sie folgt ihm, weil sie ihm nahe sein will, und als sie ihm immer näher kommt, reißt er sich sofort alle Verbände vom Leibe, weil er ihre Haut mit seinem ganzen Körper spüren will. Sein dritter Fehler! Er stirbt und rechtfertigt damit einmal mehr den Eintrag dieser Oper in das «Guinness-Buch der Rekorde»: Tristan ist die einzige Person in der langen Geschichte der Oper, die im wahrsten Sinn des Wortes *während* der Liebe stirbt.

Tristan ist kaum tot, da kommt König Marke mit Gefolge auch zur Burg. Er hat von Brangäne erfahren, daß sie beim Giftmischen die Flaschen verwechselt hat, und will auf Isolde verzichten. Tristans Freund Kurwenal ahnt nichts von dieser edlen Absicht Markes. Er hält seinen Besuch für einen Angriff und tritt dem König und seinen Leuten mit dem Schwert in der Hand entgegen. Es kommt zum Kampf, bei dem Kurwenal den Verräter Merlot tötet, aber er hat nicht mehr viel davon, weil er gleichfalls tödlich verwundet wird. Isolde ist infolge der Aufregungen ohnmächtig geworden, doch sie kommt noch einmal zu Bewußtsein, um von der Liebe zu singen. Dann stirbt sie endlich auch.

Dem alten König Marke bleibt nichts anderes übrig, als alle Toten zu segnen und seinem Schöpfer dafür zu danken, daß er ihn mit einem guten Immunsystem ausgestattet hat, das vor leidenschaftlicher Liebe zuverlässig schützt.

Kurztext für sehr Nervöse: Infolge des verhängnisvollen Fehlers einer Pharmazeutin lieben sich zwei Menschen mehr, als gut und gesund für sie ist. (Vier Tote.)

Tip für Pausengespräche: Bedauern der Tatsache, daß (nur in Opern?) Liebe grundsätzlich mehr Unglück nach sich zieht als Glück. Sogar wenn die Liebenden nicht miteinander verheiratet sind!

Besondere Hits: «O sink hernieder, Nacht der Liebe.»

Der Troubadour

(etwa: Tru-ba-dur)

Oper in vier Akten, acht Bildern und drei Stunden von Giuseppe Verdi. Das Libretto nach einem spanischen Drama von Antonio García Gutiérrez wurde von Salvatore Cammarano und Leone Emmanuele Bardare geschrieben. Die Übersetzung ins Deutsche besorgten Johann Christoph Grünbaum, Heinrich Proch und Georg Winkler. Da nach ihren Bemühungen noch immer eine Handlung erkennbar war, wurde das Werk einer weiteren Bearbeitung unterzogen, die gelang. Seither können selbst Kriminalbeamte, ja sogar die in Deutschland fähigeren Beamten der Steuerfahndung nicht mehr herausfinden, um was es in dieser Oper eigentlich geht.

Spezialtip: Unbedingt vermeiden! Jeder Schnittmusterbogen hat einen klareren Aufbau! Der Reichtum der Melodien dieser Verdi-Oper läßt sich aus den Lautsprechern einer Hifi-Anlage besser genießen.

Turandot

Lyrisches Drama in drei Akten, Gesamtdauer dreieinhalb Stunden, von Giacomo Puccini nach einem persischen Märchen, das durch die Frauenbewegung in den letzten Jahrzehnten wieder aktuell geworden ist.

Hauptfigur ist eine chinesische Prinzessin, die zwei einander sonst ausschließende Eigenschaften aufweist. Sie ist zum einen äußerst attraktiv, dessenungeachtet eine sehr militante Feministin.

Nur weil eine ihrer weiblichen Vorfahren etwas Pech mit den Männern hatte, will sie nicht nur nicht heiraten, was an sich sehr vernünftig wäre, sondern ihr Haß auf das männliche Geschlecht ist so groß, daß sie für Männerleichen sorgt, wo immer sie kann.

Diese Haltung darf sie allerdings im alten China noch nicht so öffentlich vertreten, wie es heute jeder Frauenbeauftragten möglich ist. Doch Turandot hat eine genial erscheinende Methode erfunden, mit der sie Männer aus der Welt schafft: Jeder Mann, der von ihrer glatten Haut, ihrer Oberweite und ihren hohen Stöckelabsätzen so fasziniert ist, daß er sie heiraten möchte, muß drei sehr schwierige Rätsel lösen, was bisher noch keinem gelungen ist. Kein Wunder! Die Männer, die sich um sie bemühten, konnten allesamt besser sehen als denken.

Auch nach Beginn der Oper hat gerade mal wieder ein persischer Prinz auf drei ihrer heimtückischen Fragen nicht antworten können und wird geköpft. Bei diesem Anlaß sieht ein Fremder mit dem schönen Namen Kalaf die Prinzessin und verliebt sich sofort in ihren – bei Feministinnen sehr seltenen – eleganten Hüftschwung. Er eilt zu einem großen Gong und läßt ihn erdröhnen, was als Zeichen für eine Bewerbung um Turandot, d. h. gewöhnlich um einen Platz auf dem Schafott, verstanden wird. Alle Zeugen dieses Vorgangs sind entsetzt. Sogar die Minister der Prinzessin schlagen angesichts Kalafs Unvernunft die Hände über dem Kopf zusammen. Doch diesmal hat sich die Prinzessin verrechnet! Kalaf hat seine Jugend in einer Schweizer Eliteschule verbracht und ist so klug, daß er nicht nur Turandots Rätsel löst, sondern sogar vermutlich weiß, um was es eigentlich in Verdis Oper «Der Troubadour» geht.

Turandot schäumt vor Wut und weigert sich, ihr Versprechen einzulösen und Kalaf zu heiraten. Als Angehörige des seit fünftausend Jahren unterdrückten weiblichen Geschlechts nimmt sie für sich das Recht in Anspruch, Versprechen nicht zu halten.

Begreiflicherweise ist jedoch der Vater dieses schönen Monsters bestrebt, sie endlich einem anderen Manne zuschieben zu können. Er besteht darauf, daß Turandot den klugen Bewerber heiratet, doch inzwischen ist Kalaf noch klüger geworden: Er will alles andere als eine Feministin im Bett und erklärt sich bereit, auf seine Ansprüche zu verzichten, wenn die Prinzessin seinen Namen errät.

Jetzt setzt Turandot Himmel und Hölle in Bewegung, um diesen Namen zu erfahren, doch es gelingt ihr nicht. Selbst als sie eine Begleiterin Kalafs foltern läßt, verrät diese nichts, weil sie lieber sterben will, als einer militanten Feministin zu helfen.

Kalaf wird allmählich angst und bange, und um der drohenden Ehe zu entgehen, verrät er schließlich selbst seinen Namen. Das hilft ihm nicht: Die Prinzessin ist so glücklich, endlich einen Mann getroffen zu haben, der mit ihr fertig wird, daß sie so tut, als hätte sie seinen Namen nicht verstanden. Er muß sie heiraten. Eine sehr tragische Oper!

Kurztext für sehr Nervöse: Heilung einer unglücklichen Frau durch männliche Intelligenz. (Sehr viele Tote.)

Tip für Pausengespräche: Erörterung der Vorteile, die Frauen mit ihrer kritischen Haltung gegenüber ihrer überkommenen Rolle als Ehefrau, Hausfrau und Mutter für Männer schaffen.

Besondere Hits: Kalafs Arie «Keiner schlafe!»

Hinweis: Giacomo Puccini war so dagegen, Kalaf in das Joch der Ehe geraten zu lassen, daß er lieber starb, als dieses Werk zu vollenden. Der dritte Akt mußte vom Komponisten Franco Alfano komponiert werden.

Undine

Romantische Oper in vier Akten, sechs Bildern und drei Stunden von Albert Lortzing. Der Text von Friedrich de la Motte-Fouqué basiert auf einem keltischen Märchen, das Komponisten schon zuvor mehrfach mit Musik verhunzten.

Der Meeresgott namens Kühleborn will herausfinden, ob es

ein großer Nachteil ist, daß Nixen keine Seele haben. Er schickt seine Tochter Undine zu den Menschen. Ein armes Fischerehepaar, das zuvor die eigene Tochter verloren hat, findet Undine als Kleinkind vor seiner Hütte und adoptiert sie.

Als das Mädel die Pubertät hinter sich hat, muß der Ritter Hugo von Ringstetten einige der damals noch üblichen Heldentaten hinter sich bringen, bevor er seine Verlobte Bertalda, die Tochter des Herzogs Heinrich von Schwaben, heiraten soll. Wie zu erwarten, verliebt er sich in Undine und heiratet statt dessen dieselbe, obwohl sie ihm verrät, daß sie über keine Seele verfügt. (Als ob das bei einer wirklich schönen Frau ein Nachteil wäre!) Bertalda gibt ihren Verlobten allerdings keinesfalls auf, sondern setzt alles daran, ihn zurückzugewinnen. Sie wirft Undine deren niedere Herkunft vor, doch der Meeresgott erscheint in Gestalt des Botschafters von Neapel und stellt die Verhältnisse klar: Bertalda ist in Wahrheit die Tochter der armen Fischer!

Anstatt Undine treu zu bleiben, schließt Hugo mit Bertalda eine Zweitehe. Verzweifelt geht Undine wieder unter Wasser, aber schon während der Hochzeitsnacht wird Hugo klar, daß diese Zweitehe überflüssig war. Um Undine wieder nahe zu sein, folgt er ihr in die kalten Fluten, wo der nasse Meereskönig inzwischen weiß, was es mit der sogenannten Seele der Menschen auf sich hat: nichts!

Kurztext für sehr Nervöse: Adeliger Bigamist muß sich zwischen feuchter und trockener Ehefrau entscheiden und handelt richtig.

Tip für Pausengespräche: Erörterung der Gründe, die dafür sprechen, diese Oper endlich einmal dort zu inszenieren, wo sie hingehört: in einem Hallenschwimmbad.

Besondere Hits: Das Alkoholikerlied «Im Wein ist Wahrheit nur allein».

Die verkaufte Braut

Komische Oper in drei Akten und zweieinhalb Stunden von Friedrich Smetana mit einem Text von Karel Sabina. Ein Werk, in dem sich das Volk nahezu unerträglich tümlich benimmt. Deshalb hier nur:

Kurztext für sehr Nervöse: Bauerntochter muß zwischen dem armen Hans und dem vertrottelten Wenzel wählen und entscheidet sich für Hans, da sich herausstellt, daß beide Bauern Söhne desselben reichen Vaters sind. (Keine Toten.)

Tip für Pausengespräche: Empörung über die Geschmacklosigkeit, mit der in dieser Oper ein geistesschwacher Stotterer zum Gespött des Publikums gemacht wird.

Besondere Hits: Das Sextett «Ein Weilchen noch, Marie» im dritten Akt gilt als eines der besten Ensemblestücke der gesamten Opernliteratur.

Der Waffenschmied

Komische Oper in drei Akten und knapp drei Stunden von Albert Lortzing mit Text nach einem Schauspiel von Friedrich Wilhelm Ziegler, die hier bekommt, was sie (bestenfalls) verdient:

Kurztext für sehr Nervöse: Ritter liebt Tochter eines skeptischen Schmieds und überwindet sich zu körperlicher Arbeit in dessen Werkstatt, um ihm zu beweisen, daß auch ein Adliger dazu fähig sein kann.

Tip für Pausengespräche: Bedauern der Umstände, die dazu führten, daß man den Abend mit dieser höchst mittelmäßigen Oper verbringen muß anstatt in einem guten Restaurant.

Besondere Hits: Der Schlußvorhang.

Die Walküre

ist ein Teil von Richard Wagners Bühnenfestspiel «Der Ring des Nibelungen». Siehe Seite 89.

Wozzeck

Oper in drei Akten und zwei Stunden von Alban Berg mit einem Text des Komponisten nach Georg Büchners Fragment «Woyzeck», die sich mit den höchst unerfreulichen Lebensverhältnissen sehr armer und sehr unkluger Menschen beschäftigt.

Am Anfang rasiert der Soldat Wozzeck seinen Hauptmann und läßt sich von ihm in ein Gespräch über philosophische Ideen verwickeln, von denen er wenig weiß. Anstatt diesem Hauptmann «versehentlich» die Kehle durchzuschneiden, läßt sich Wozzeck von dem halbgebildeten Vorgesetzten verspotten. Danach deutet er auf einem Acker die untergehende Sonne als Hinweis auf den Weltuntergang. Dafür hat er gute Gründe: Er lebt mit Marie zusammen, hat mit ihr ein gemeinsames Kind. Für beide läßt ihm sein Beruf wenig Zeit, für Liebe schon gar nicht. Zusätzlich zu seinen Pflichten als Soldat läßt er sich von einem Militärarzt als «Versuchstier» für die Pharmaforschung benutzen.

Kein Wunder, daß sich die vernachlässigte Marie mit einem Major entspannt, wofür er ihr als Honorar ein paar Ohrringe überläßt. Sie prüft gerade, ob diese Ohrringe wenigstens aus achtzehnkarätigem Gold sind und nicht nur aus vierzehnkarätigem oder gar Blech, da kommt Wozzeck nach Hause und wird eifersüchtig. Wenig später bestätigen ihm sein Hauptmann und der Militärarzt, daß seine Frau fremdgeht. Er stellt sie zur Rede und wird dabei zärtlich, doch sie will «lieber ein Messer in ihrem Leib spüren» als Wozzecks Hände. Wie viele Männer in einer unerfreulichen Situation will Wozzeck sein Gehirn im Wirtshaus mit Hilfe von Alkohol gänzlich ausschalten, aber das gelingt ihm nicht.

Ausgerechnet in seiner Kneipe tanzt Marie mit dem Major, und als der ihn auch noch verspottet, beschließt Wozzeck, den Wunsch seiner Lebensgefährtin zu erfüllen. Er ersticht sie und erweist sich danach als so ungeschickt, daß er in einem Teich ertrinkt, in dessen Wasser er seine Hände waschen will. Erst am nächsten Morgen entdecken spielende Kinder seine Leiche. Das außereheliche Kind von Marie und Wozzeck spielt jedoch fröhlich weiter. Es hat noch nicht begriffen, daß es jetzt Vollwaise ist.

Kurztext für Nervöse: Psychisch gestörter, schlecht angepaßter Berufssoldat zerbricht an den Verhältnissen in seinem asozialen Umfeld.

Tip für Pausengespräche: Kritik an der atonalen Musik, die auf harmonische Tonalität und Rhetorik verzichtet. Diese sind es jedoch, die der Freund der romantischen Oper sucht, da sie seine Gefühle in höchste Höhen heben oder in die tiefsten Tiefen sinken lassen.

Besondere Hits: Fehlanzeige.

Zar und Zimmermann

Komische Oper in drei Akten von Albert Lortzing, die in drei Stunden über die Bühne gegangen sein sollte. Als Schiffszimmermann verkleidet, reiste der russische Zar Peter I. im 17. Jahrhundert eine Zeitlang durch Europa. Dabei stieß ihm das Mißgeschick zu, zum Helden mehrerer mittelmäßiger Opern zu werden.

Lortzing läßt ihn auf einer holländischen Schiffswerft arbeiten. Dort ist auch ein russischer Deserteur Gastarbeiter, was zu Verwechslungen und Mißverständnissen führt, von denen diese Oper zu leben versucht, was ihr aber nur teilweise gelingt.

Kurztext für sehr Nervöse: Peter I. kommt auf der Suche nach Know-how nach Holland und reist wieder ab, nachdem er den jungen Russen Iwanow, der sich fälschlicherweise als Zar ausgibt, zur Strafe mit einer Niederländerin verheiratet hat.

Tip für Pausengespräche: Die ewigen Probleme Rußlands sowie der deutschen «heiteren» Oper. Da den Nazis die harmlosen Opern Lortzings ausgesprochen gut in ihr Konzept paßten, versuchten sie einen Richard Wagner für Arme aus ihm zu machen. Im Auftrag der «Reichsstelle für Musikbearbeitungen» fummelten zwölf Komponisten an allem herum, was Lortzing je geschrieben hatte.

Besondere Hits: Der fürchterliche «Holzschuhtanz» und die volkstümlichen Weisen «O selig, ein Kind noch zu sein» sowie «O sancta Justitia».

Die Zauberflöte

Oper in zwei Akten sowie drei Stunden von Wolfgang Amadeus Mozart, Libretto Emanuel Schikaneder, die seit Jahren in Österreich und Deutschland die Spitzenposition auf den Opern-Bestsellerlisten behauptet.

Das Werk beginnt in freier Natur. Tamino, ein junger Prinz, wird von einer Schlange verfolgt. Obwohl diese zweifellos viel kleiner und ungefährlicher ist als jene Drachen, mit denen sich Prinzen sonst auseinandersetzen müssen, kämpft Tamino nicht mit der Schlange. Er schreit jämmerlich um Hilfe und wird zusätzlich sicherheitshalber ohnmächtig. Kaum ist

das geschehen, erscheinen drei schwarzgekleidete Damen, töten die Schlange und verschwinden wieder.

Der Prinz kommt allmählich zu sich, und als er seine Sinne wieder halbwegs beisammen hat, trifft er den geschwätzigen Vogelhändler Papageno. Papageno nimmt zwar seinen Beruf so ernst, daß er in den meisten Inszenierungen einen Overall aus Federn trägt, doch die Weisheit hat er nicht gerade mit der Schöpfkelle gegessen. Er erzählt, daß die «Königin der Nacht» in der Gegend sei, was der Prinz nicht sonderlich ernst nimmt. Dann behauptet er, die Schlange getötet zu haben, was die drei schwarzen Damen zurückkehren läßt. Sie legen dem geschwätzigen Vogelhändler ein Schloß vor den Mund und können dem Prinzen gerade noch das Foto eines attraktiven jungen Mädels zeigen, da erscheint die Königin der Nacht.

Sie verbreitet nicht nur mit schrillen Koloraturarien Angst und Schrecken, sondern das Foto zeigt zu allem Übel auch noch ihre Tochter Pamina. Die schrille Mitternachtskönigin berichtet, daß diese Pamina von einem gewissen Sarastro entführt worden sei. Prinz Tamino soll sie befreien. Damit Papageno den Prinzen begleiten kann, wird ihm das Schloß wieder vom Mund genommen.

Ahnt die schrille Schwarze Witwe, welche Helden sie für die geplante Befreiungsaktion erwischt hat? Für alle Fälle stattet sie die beiden vorsorglich mit fürchterlichen Waffen aus: Sie weiß aus eigener Erfahrung besser als jeder andere, welche verheerenden Wirkungen Schallschwingungen hervorrufen können, und händigt dem Prinzen eine Flöte und dem Tierhändler ein Glockenspiel aus.

Im nächsten Bild erlebt der Opernbesucher Töchterchen Pamina live. Ein junger Farbiger paßt auf das Mädel auf, aber es geht Pamina sichtlich nicht schlecht. Tamino ist eindeutig der klügste Prinz in der gesamten Opernliteratur, denn er schickt zuerst Papageno nach vorn, um herauszufinden, ob die Situation gefährlich werden könnte. Das ist offenbar nicht der Fall.

Tamino traut sich in die Nähe Paminas, um mit ihr ein Duett zu singen. Danach wollen die drei fliehen, werden jedoch von dem farbigen Aufpasser daran gehindert, bis der Entführer des Mädels persönlich erscheint.

Zur großen Freude des Publikums verhält sich dieser Sarastro wesentlich sympathischer als der schrille schwarze Nachtfalter mit der Ultraschallstimme. Er verfügt nicht nur an Stelle des Koloratursoprans über einen angenehmen Baß, sondern er erweist sich als ausgesprochen milde und weise. Als Pamina behauptet, ihr farbiger Bewacher hätte sie mit unanständigen Angeboten belästigt, läßt er ihn bestrafen, aber (höchst ungewöhnlich für eine Oper!) nicht hinrichten. Danach folgt die große Sensation!

Sarastro, angeblich Paminas Entführer, hat überhaupt nichts dagegen, daß der Prinz die junge Schöne mitnimmt, sofern er und seine Begleiter eine Prüfung bestehen. Nur zu ihrer Mutter soll Pamina auf keinen Fall zurück, und Sarastro hat dafür gute Gründe. Die schrille Schallschleuder verwirrt das Volk. Noch immer ist das Opernpublikum mehr oder weniger auf Vermutungen angewiesen, was es mit der Königin der Nacht für eine Bewandnis hat. Aber es erlebt, daß sich Sarastro die schwerste Prüfungsaufgabe ausgedacht hat, die es für Opernsänger gibt: Sie müssen den Mund halten.

Prinz Tamino schafft das, vermutlich hat ihm die Liebe die Sprache verschlagen, aber Papageno verliert die Kontrolle, als er ein altes und häßliches Weib trifft, das zu allem Übel auch noch behauptet, seine Braut zu sein.

Wenig später schrillt die Königin der Nacht durch Sarastros gepflegte Blumenbeete. Sie gibt ihrer Tochter einen Dolch und trägt ihr auf, Sarastro zu töten, und gibt damit endlich zu erkennen, wer sie wirklich ist: zweifellos die Chefin einer Gruppe militanter Lesben, deren Einfluß Sarastro Pamina entziehen wollte.

Pamina aber denkt nicht im Traum daran, ihren weisen Wohltäter umzubringen, und wird nur depressiv, weil Prinz Tamino nicht mit ihr spricht. Doch dann hat der seine Prüfung endlich bestanden und darf sich ihr mündlich zuwenden. Auch Papageno bekommt eine attraktive Frau, denn seine Papagena war zwischenzeitlich offensichtlich bei einem Meister der kosmetischen Chirurgie in Behandlung.

Auf dem Weg zum Tempel und in die Freiheit müssen alle noch durch Feuer und Wasser, was sich jedoch als einfach erweist: Tamino und Papageno haben ja noch ihre Musikinstrumente, und als sie Flöte und Glockenspiel ertönen lassen, ziehen sich sogar Feuer und Wasser so schnell wie möglich zurück.

Kurztext für sehr Nervöse: Kampf zwischen Koloratursopran und Baß um eine weibliche Seele. Baß gewinnt.

Tip für Pausengespräche: Kühne Versuche, die Handlung dieser musikalisch großartigen Oper zu deuten. Nicht zufällig ist vom Namen des Textautors Schikaneder das Wort «Schikane» abgeleitet worden! Einerseits ist der Name *Sarastro* eindeutig ein Hinweis auf den persischen Propheten Zoroaster, der bei Nietzsche zu Zarathustra wurde. Andererseits sind die Sarastro-Szenen derart mit Freimaurer-Symbolik überfrachtet, daß Freimaurer die «Zauberflöte» zu Recht als «ihre» Oper betrachten. Die Zuordnung von Nacht/Mond zur Frauenrolle und Sonne/Tag zur Männerrolle verweisen auf den Kampf der Geschlechter. Wenn man noch bedenkt, daß ursprünglich im Libretto die Königin der Nacht als «gut» und Sarastro als «böse» gezeichnet werden sollten ... kündigt hoffentlich im Opernhaus der Gong das Ende der Pause an, und das Publikum kann endlich wieder die Musik der beliebtesten aller Opern genießen.

Besondere Hits: «Der Vogelhändler bin ich, ja», «In diesen heil'gen Hallen», «Dies Bildnis ist bezaubernd schön», «Ein Mädchen oder Weibchen …» sowie «Zum Leiden bin ich auserkoren».

Zweiter Teil

Das weinselige Fürstentum der Operette

«Was ein richtiger Musiker sein will, der muß auch eine Speisekarte komponieren können.»

(Richard Strauss, Komponist)

«Von der Musik sagt man gern, sie sei die Sprache der Engel: Tatsächlich empfindet man keine andere menschliche Äußerung als so göttlich. Sie bringt uns der Unendlichkeit nahe.»
(Thomas Carlyle)

Lob und Verteidigung der Operette

War schon die Situation des Opernfreundes, jedenfalls vor Veröffentlichung des «Einzig wahren Opernführers», keine einfache, so grenzt die Lage des Musikfreundes angesichts einer Operette an Verzweiflung.

Zusätzlich zu der schwierigen Aufgabe, die Handlung der Operetten zu verstehen bzw. sie als solche überhaupt zu würdigen, leidet der Besucher einer Operettenaufführung (zumindest in Deutschland) unter einem Image-Problem, das vielfach den Genuß des Geschehens auf der Bühne – trotz dessen Verwandtschaft mit der Wiener Zuckerbäckerei – erheblich vergällt.

Operetten gelten a) als veraltet, wenn nicht hoffnungslos verstaubt, sowie b) als musikalisch meist minderwertig, also sozusagen c) als oberflächlicher Blödsinn mit Musik.

Hier ist Widerspruch erforderlich, der das Selbstbewußtsein des zum Besuch einer Operette gezwungenen Lesers stärken soll.

Gewiß, am Schluß von Opern wird vielfach gestorben, was Opernfreunde für die überlegene Tragik des Operngeschehens ins Feld führen. Aber wer die Scheidungsziffern kennt, wird nicht bestreiten, daß die Hochzeit am Schluß der meisten Operetten das viel tragischere Ereignis ist.

Abgesehen von einer Scheidung: Wer heiratet, muß danach zusätzlich auch noch irgendwann sterben. Wer gestorben ist, muß danach aber keinesfalls zusätzlich heiraten. Auch wer die Ehe noch für beglückend hält, weil er entweder nicht oder erst weniger als vier Jahre verheiratet ist, wird die Augen vor diesem Sachverhalt nicht verschließen können.

Da Tragik aber nun einmal – zumindest in Deutschland – als der sicherste Indikator für kulturelle Qualität gilt, sind die Libretti (= Büchlein; Dialoge usw.) der Operetten jenen der Opern (mindestens!) gleichwertig, wenn nicht überlegen. Was soll an Operetten veraltet sein?

Befeuchten heutzutage nicht Champagner, edeler Bordeaux und – nach dem Zusammenbruch des Ostblocks sogar verstärkt – der süße ungarische Tokayer mehr menschliche Zungen als zur Blütezeit der Wiener Operette, in der sich das gewöhnliche Volk solche Genüsse bestenfalls an Feiertagen leisten konnte?

Wer im «Zigeunerbaron» bei Zsupán an die tragische Situation eines Bewohners der neuen Bundesländer denkt, der das ihm von den DDR-Behörden zugewiesenes Haus wieder an den aus München angereisten Eigentümer zurückgeben mußte, wird betroffen erkennen, wie aktuell angeblich verstaubte Operetten sein können.

Wem bei einer Aufführung von Paul Linckes «Frau Luna» bewußt wird, daß in dieser Operette schon bei der Uraufführung 1899 (!) Menschen ohne große Probleme zum Mond zu fliegen vermochten, wird sich seines Operettenbesuches auch dann nicht schämen, wenn ein paar Sessel weiter seine Raumpflegerin gebannt den Start des Raumschiffes auf der Bühne verfolgt. Genau betrachtet steht eine Operette am Anfang der Weltraumforschung! (Das deutsche Weltraumprogramm läßt das auch noch immer sehr deutlich erkennen.)

Der Vorwurf mangelnder musikalischer Qualität der Operette ist ähnlich mühelos zu widerlegen.

Sollte es ein Zufall sein, wenn der hinsichtlich seines exzellenten musikalischen Geschmacks ungemein zuverlässige Filmregisseur Stanley Kubrick 1968 den Start des Raumschiffes in seinem Film «2001: Odyssee im Weltraum» von Walzerklängen begleiten ließ, genauso wie Paul Lincke in seiner 1899 uraufgeführten Operette?

Aber davon einmal ganz abgesehen: Können sich Millionen Operettenfreunde (und vor allem -freundinnen) irren?

Jahr für Jahr erfreuen sich nach den Werkstatistiken des Deutschen Bühnenvereins allein im deutschen Sprachraum eine viertel Million Theaterbesucher in jährlich mindestens dreihundert Aufführungen an der «Fledermaus» von Johann Strauß. Wenn das kein Plebiszit ist, was dann?

Höchste Zeit, Zweifel auszuräumen, Fehlurteile zu korrigieren und Verständnishilfen zu liefern: In einer Zeit der Rückbesinnung auf fast schon für vergessen gehaltene Grundwerte ist die Operette nicht unmodern, sondern völlig auf der Höhe der Zeit.

Was heißt denn da Kitsch? – Den deutschen Fernsehprogrammen, längst nicht nur der Privatsender, ist so etwas wie die höchst realistische «Schöne Galathee» (Musik: Franz von Suppé) inzwischen allemal als Kulturgut überlegen. Von Jacques Offenbachs «Orpheus in der Unterwelt» ganz zu schweigen!

Abschiedswalzer

Operette des Barpianisten und erfolgreichen Schlagerkomponisten Ludwig Schmidseder in zwei Akten, für die Hubert Marischka und Rudolf Österreicher für Operettenverhältnisse höchst einfallsreiche Texte schrieben.

In Ungarn am Plattensee hat es die Landadlige Ilonka geschafft, daß sich ein gewisser Ferry mit ihrer Tochter Thussy (= *Tussi*) verlobt hat. Als Tussis Verwandte zur Hochzeit eintreffen, ist Tussis Onkel Tibor einigermaßen verblüfft.

Er weiß, daß Ferry mit der Wiener Sängerin Anita Waldmüller verlobt ist. Ferry erklärt dem besorgten Onkel, daß er Anita längst den Laufpaß gegeben und ihr einen Abschiedsbrief geschrieben habe. Onkel Tibor ist beruhigt, jedoch nicht lange.

In einem Brief aus Wien teilt Anita mit, daß sie Ferrys Schreiben verrückt finde, weil der schusselige Ungar natürlich mal wieder versehentlich was anderes (vielleicht eine Salami?) in den Briefumschlag gesteckt hat.

Schlimmer noch: Anita kündigt ihren Besuch bei Ferry an. Der hat gerade noch gefehlt! Hastig reist Ferry ab nach Wien. Sein Vetter Laczi soll die Tussi bis zur Rückkehr des Bräutigams trösten. Natürlich geht alles schief.

Wer die Männer Österreichs kennt, begreift, daß die Wiener Sängerin auf ihren Ungarn nicht verzichten will. Kurzerhand sperrt sie ihren Ferry in Wien ein, während der Vater der Sängerin nach Ungarn reist, um dort alles zu ordnen.

Da Tussi inzwischen in Ladislaus einen anderen Heiratskandidaten gefunden hat, fällt ihr der Verzicht auf Ferry vergleichsweise leicht, zumal Laczi auch noch 1000 Gulden (etwa eine Million Forint) Startgeld für die Ehe bekommt.

Erleichtert reist Anitas Vater nach Wien zurück. Er hält alles für geklärt, aber jetzt zweifelt Anita am Sinn der Ehe. Mit dem

Wesen seiner Tochter vertraut, sperrt sie der Vater jetzt gleichfalls ein, und zwar zu Ferry. Das wirkt nach einigen Nächten, und in der österreichisch-ungarischen k. u k.-Monarchie gibt es ein (zumindest anfangs) glückliches Ehepaar mehr.

Kurztext für sehr Nervöse: Wiener Sängerin und besorgter Vater schaffen schon vor der Hochzeit jenen Zustand, der gewöhnlich erst nachher eintritt – nämlich Freiheitsberaubung. (Eineinhalb Eheschließungen.)

Tip für Pausengespräche: Diskussion der Frage, welche der beiden jungen Frauen die klügere ist. Die adlige Tussi brennt mit ihrem Laczi lediglich durch. Die bürgerliche Anita will und muß Ferry heiraten.

Besondere Hits: Waldmüllers Lied «Der Herrgott, der hat das sehr weise gemacht» sowie «Tanz mit mir einen Walzer».

Der Bettelstudent

Operette in drei Akten vom Wiener Meister Karl Millöcker mit Texten von F. Zell und Richard Genée.

Polen ist mal wieder besetzt, und zwar von den Sachsen. Anarchistisch wie Polen nun mal sind, geht es im ersten Bild, das uns in den Kerker führt, recht locker zu. Ein (wahrscheinlich mit D-Mark bestochener) Kerkermeister demonstriert aufgeklärten Strafvollzug, indem er schönen Polinnen erlaubt, die eingesperrten Widerstandskämpfer zu besuchen.

Oberst Ollendorf, Gouverneur der Sachsen, beendet die fröhliche Knastparty, denn er hat besonders schlechte Laune. Laura, eine der beiden Töchter einer verarmten polnischen Adligen mit dem schönen Familiennamen Nowalski hat ihm einen Korb gegeben, weil Mutti nur Fürsten für ihre Töchter akzeptiert. Rachsüchtig wie Sachsen immer sind, sorgt der Oberst für eine sehr gemeine Aktion: Symon, einer der sympathischen Polit-Knackis, soll sich bei der arroganten Adligen fälschlicherweise als Fürst ausgeben. Jan, auch ein Knacki, spielt mit Vergnügen dessen Sekretär.

Wie zu erwarten, fährt erst die Mutter, dann Tochter Laura auf den angeblich reichen Symon derart ab, daß die Verlobung sofort gefeiert werden muß, was auch heute wieder vielfach in den ehemaligen Ostblockländern bei Begegnungen mit Besuchern aus dem Westen angestrebt wird. Lauras Schwester verliebt sich in Symons «Sekretär» Jan, verlobt sich dagegen nicht sofort, da Jans wirtschaftliche Verhältnisse ungeklärt sind.

Unbegreiflicherweise will Symon keine Ehe unter falschen Voraussetzungen, obwohl die meisten Ehen unter solchen geschlossen werden. In einem Brief versucht er, Laura über seine Armut aufzuklären, aber wie die Post nun einmal (nicht nur in Polen!) arbeitet, erreicht dieser Brief die Adressatin nie.

Überglücklich kann Symon deshalb neben Laura, die ihn noch immer für einen reichen Fürsten hält, zum Altar schreiten, doch da betritt der hinterlistige Sachsen-Gouverneur zusammen mit Knast-Insassen die Szene. Er sagt, was Sache ist: Symon ist armer Student, und an BAFöG ist noch nicht zu denken. Prompt werden Symon und Jan von der Gräfin rausgeworfen, aber nicht für lange. Kanonendonner beweist, daß die Polen erstaunlicherweise tatsächlich einmal einen ihrer Aufstände gewonnen haben.

Ollendorf und die anderen sächsischen Unterdrücker werden entwaffnet. Symon wird zum Grafen befördert, und da sich Jan wenigstens als Offizier des rechtmäßigen polnischen Königs zu erkennen gibt, sind nunmehr alle Standesunterschiede beseitigt, und es kann – nein, es muß geheiratet werden.

Kurztext für sehr Nervöse: Zwei vielversprechende junge Polen geraten infolge des Endes sächsischer Fremdherrschaft aus einem ziemlich lockeren Kerker in den einzig wahren. (Zwei Eheschließungen.)

Tip für Pausengespräche: Diskussion des inzwischen gutnachbarschaftlichen Verhältnisses zwischen Polen und Sachsen bei Görlitz sowie Freude über das große Interesse junger Polinnen an Männern aus Deutschland.

Besondere Hits: Dank der für Operettenverhältnisse überraschend guten Musik behauptet sich der Bettelstudent nach wie vor auf den Spielplänen. Auch aus dem Radio klagt noch immer häufig Ollendorfs «Ach, ich hab sie doch nur auf die Schulter geküßt».

Die Blume von Hawaii

Operette in drei Akten von Paul Abraham (Text von Alfred Grünwald und dessen zu bedauernden Koautoren), die verblüffend aktuell erscheint.

Die Amerikaner haben Hawaii zu einer ihrer Kolonien gemacht. Gouverneur Harrison regiert das ehemalige Königreich für die USA. Die hawaiische Thronerbin, Prinzessin Laya, lebt als Emigrantin in einer (wohl später von Haitis Diktator Duvalier genutzten) Villa in Frankreich.

Ein Prinz mit dem auch sehr hawaiischen Namen Lilo-Taro kollaboriert derart rückgratlos mit den Amerikanern, daß ihn der Gouverneur mit dessen Nichte Bessie verheiraten möchte, obwohl die sein Sekretär Buffy liebt.

Unklug wie viele Eingeborene ohne Fernsehgeräte sind, wollen die Hawaiianer ihre Schutzmacht loswerden. In dieser Situation kommt Prinzessin Laya, verkleidet als Französin und begleitet von einem Jazzsänger, auf die Vulkaninsel zurück. Mißtrauisch wie amerikanische Gouverneure nun einmal (sehr zu Recht!) sind, vermutet Harrison, Laya wolle die

Macht über das bierfreie Archipel zurückgewinnen. Kapitän Stone, der sie hergebracht hat, soll sie zur Abdankung bewegen oder verhaften.

Anfangs mag Laya nicht auf ihre Ansprüche verzichten. Als Stone aber (wohl infolge der kurzen Baströckchen) ihre Verhaftung nicht übers Herz bringt und deswegen bestraft werden soll, dankt sie schließlich doch ab.

Dieses deutet Prinz Lilo-Taro, der Laya inzwischen auch liebt, derart falsch, daß er ins Wasser geht, um sich dort zu ertränken. Das mißlingt. Sei es, daß er als Angehöriger eines Naturvolks zu gut schwimmen kann, sei es, daß ihn der Jazzsänger aus Begeisterung für die schmalzgesättigte Ukulelenmusik rettet – im dritten Akt sind alle Beteiligten in einer chinesischen Bar im Fürstentum Monaco versammelt, wo Laya im Hinblick auf die Steuer ihren Hauptwohnsitz genommen hat. Dort schlägt das Schicksal gnadenlos zu: Laya findet zum Prinzen, Bessie läßt endlich den Sekretär Buffy an sich ran. Sogar Kapitän Stone, der nie etwas Arges gedacht oder getan hat, muß dran glauben. Ihn schnappt sich jene französische Künstlerin Suzanne, die so japanisch aussieht, daß Laya bei ihren Reisen deren Paß benutzen kann.

Kurztext für sehr Nervöse: Kluge hawaiische Prinzessin sieht ein, daß es jedem Volk mit amerikanischer Wirtschaftshilfe bessergeht als ohne. (Zwei Eheschließungen; Stone erscheint an Suzanne nur teilweise interessiert.)

Tip für Pausengespräche: Für Alt-Linke: Verurteilung des US-amerikanischen Imperialismus. Für Voyeure: Diskussion der Frage, ob Laya im kurzen Bastrock überzeugender wirkt als im Kostüm ihres Alter ego (= *anderes Ich; Doppelrolle*) Suzanne.

Besondere Hits: Jede Menge für Senioren! «Ich hab ein Diwanpüppchen … genau wie du» (sexistisch!), «Wo es Mädels gibt, Kameraden» (militaristisch!), «Ein Paradies am Meeresstrand» (touristisch!).

Boccaccio
(Bo-Katsch-io)

Operette in drei Akten von Franz von Suppé (= *Suppee; nicht wie Suppe aussprechen!*), Texte von F. Zell und Richard Genée. Höchst lehrreiches Werk mit einer Musik, die ihm den Rang einer komischen Oper verleiht. In der Handlung geht es vor allem um schlüpfrige Geschichten.

Schon im ersten Akt bietet ein Kolporteur (= *italienisch für Buchhändler*) Novellen von Giovanni Boccaccio vor der Kirche Sta. Maria Novella (= *Heilige Neue Marie*) an, und verheiratete Italiener wollen ihn verprügeln, da sie in Boccaccios Texten ihre Töchter verleumdet sehen. Völlig zu Unrecht!

Als Student verkleidet, turtelt Boccaccio längst mit einer verheirateten Beatrice herum. An Fiametta, die er mehr begehrt, kommt er noch nicht ran. Sie soll einen Prinzen heiraten, mit dem sie ihre Pflegemutter – eine vernünftige, wirtschaftlich denkende Frau – verkuppeln will.

Natürlich sind die betrogenen Ehemänner wütend auf Boccaccio, und wie immer, wenn Spießer einen Autor nicht erwischen können, muß der Buchhändler dran glauben. Sein Bücherkarren wird umgeworfen, und seine Bücher werden angezündet (!). Boccaccio aber hat sich längst mit dem Prinzen angefreundet, der vor der Heirat von ihm noch einiges lernen möchte. Auch das gelingt. Boccaccio arrangiert ein Gruppen-Date mit verheirateten Frauen und führt deren (in der Operette *immer*) zu früh heimkehrende Männer in die Irre.

Nach dieser Erfahrung will der Prinz von einer arrangierten Ehe nichts mehr wissen. Eine der verheirateten Frauen gefällt ihm viel besser. Damit der lebenskluge Boccaccio auch in Zukunft in der Nähe bleibt, wird er als Professor für Literatur an die Hochschule des Herzogs berufen.

Kurztext für sehr Nervöse: Sympathischer Autor von Edelpornos redet Prinzen die Ehe aus und wird dafür mit Hochschulprofessur belohnt. (Keine Eheschließung! Das Textbuch behauptet, Boccaccio heirate Fiametta, aber das ist absolut unglaubwürdig.)

Tip für Pausengespräche: Erörterung des Fortschritts bzw. allgemeinen Niedergangs der Sitten. Was Boccaccio im «Decamerone» nur dezent andeutete, bringt das Privatfernsehen heute zur prime time. (Nur in unseren Buchhandlungen schnüffeln unter dem Vorwand des «Schutzes der Jugend» immer noch Kriminalbeamte herum.)

Besondere Hits: «Hab ich nur deine Liebe», «Immerzu», «Wonnevolle Kunde». Die gesamte Operette kann im Hinblick auf die für das Genre außergewöhnliche Qualität der Musik auch kompromißlosen Freunden der Oper empfohlen werden.

Die Csárdásfürstin

(Tschar-das-fürschtn)

Operette in drei Akten von Emmerich Kálmán mit einem nicht gerade einfallsreichen Textbuch, dessen Autoren man vergessen kann.

Sylva Varescu, eine österreich-ungarische Sängerin und Tänzerin, liebt einen jungen Fürsten mit dem wenig fürstlichen Namen Edwin, der eine Komteß mit dem viel schöneren Namen Stasi heiraten soll. Sylva erfährt das und reist gekränkt nach Amerika, das kurz vor dem Ersten Weltkrieg noch nicht in neun Stunden per Jet zu erreichen war.

Als Edwin gerade beginnt, sich an die Stasi zu gewöhnen, kommt Sylva am Arm des Grafen Boni, als dessen Ehefrau sie sich ausgibt, noch einmal zurück. Sie will sich wohl nur vergewissern, daß sie mit Edwin nicht viel verloren hat. Doch

Edwin gelangt zu der Ansicht, daß sie jetzt – nach der Ehe mit einem Grafen – auch für ihn als standesgemäß gelten könnte.

Nach einigem Hin und Her fügt der Standesbeamte zusammen, was Gott aus gutem Grund getrennt hat. Sylva bekommt ihren Edwin, Stasi wird mit dem Grafen Boni verbandelt.

Kurztext für sehr Nervöse: Obwohl die besten Voraussetzungen für eine glückliche, offene Viererbeziehung gegeben sind, verkennen die Hauptpersonen ihre beneidenswerte Situation und entscheiden sich für die Heirat. (Zwei Eheschließungen.)

Tip für Pausengespräche: Gegenseitige Versicherung, daß man dieses dramaturgisch einfallslose Werk nur wegen der hinreißenden Unterhaltungsmusik sowie des Balletts (= *auf Provinzbühnen Sonderform des Damenfußballs*) ertragen kann.

Besondere Hits: Jede Menge Futter für die Hörgeräte nostalgischer Großväter und -mütter; Fundgrube für deutsche Rundfunkanstalten. «Machen wir's den Schwalben nach» (Bausparkassensong), «Ganz ohne Weiber geht die Chose nicht», «Tausend kleine Engel singen» usw.

Clivia

Operette in drei Akten von Nico Dostal, mit Texten von Charles Amberg und F. Maregg.

E.W. Potterton, ein amerikanischer Investor, hat eine Filmgesellschaft gegründet. Er ist mit der Hauptdarstellerin Cliva und einem Team unterwegs nach «Boliguay» (vermutlich eine Kreuzung zwischen Bolivien und Paraguay), wo ein Film gedreht werden soll. Wer jemals mit Filmproduzenten zu tun hatte, weiß, daß es diesen Leuten selten um Kunst geht, sondern meist um alles andere. In der Tat: Potterton hat der korrupten, ehemaligen Regierung Boliguays so viele hohe Kredite gewährt wie die Bundesrepublik der GUS und sieht jetzt durch einen Machtwechsel in der fiktiven südamerikanischen Republik seine Interessen gefährdet. Er möchte dort nach dem Rechten sehen.

Die neuen Machthaber sind nicht auf den Kopf gefallen und wollen die Amis nicht mal ins Land lassen, aber es gibt einen Ausweg. Wenn Clivia einen Boliguaner heiratete, würde sie Staatsangehörige des Landes und könnte Visa für das Filmteam besorgen.

Nichts leichter als das! Clivia wird einem zur Scheinehe bereiten Gaucho namens Juan angetraut. Die Amerikaner dürfen einreisen, und Potterton bemüht sich, die alten Machtverhältnisse wiederherzustellen. Da Potterton auf eigene Faust und ohne Unterstützung der CIA operiert, mißlingt sein Staatsstreich. Der Produzent und Clivia werden verhaftet, denn – o Wunder! – Clivias Gaucho Juan ist in Wirklichkeit der neue Staatspräsident Olivero und möchte es auch bleiben. Er hat sich nur als Gaucho verkleidet, um in einer Operette mitzuspielen. Als er seinen inzwischen heißgeliebten Filmstar der Teilnahme am Komplott überführt sieht, verzweifelt er endgültig über die Zustände in der Film- und Fernsehbranche. Da er selbst ein boliguanisches Gefängnis als zu gut für dieses Gesindel hält, will er die Filmleute entkommen lassen. Der Produzent flieht auch wie geplant. Clivia aber hat vom Filmgeschäft inzwischen die Nase so voll, daß sie lieber bei Olivero bleibt. Als sie ihm geschworen hat, sich nie wieder mit Filmproduzenten abzugeben, schließt er sie gerührt in die Arme.

Kurztext für sehr Nervöse: Kluge Schauspielerin hält nach Erfahrungen in der Film- und Fernsehbranche selbst einen Gaucho und Revoluzzer für zuverlässiger als Filmproduzenten und hat damit recht. (Eine Eheschließung.)

Tip für Pausengespräche: Diskussion des Fernsehprogramms

und der Zustände in der Filmbranche, am besten mit einem vorzeitig ergrauten Drehbuchautor.

Besondere Hits: «Wunderbar, wie nie ein Wunder war», «Ich bin verliebt». Südamerikanisch gefärbte Rhythmik und Melodik, Bolero, Tango und Pasodoble erscheinen auch für musikalisch Anspruchsvolle erträglich.

Das Dreimäderlhaus

Sehr tragisches Singspiel in drei Akten. Nicht nur die Musik des Arrangeurs Heinrich Berté ist aus dem Werk des Komponisten Franz Schubert transplantiert, sondern die Textautoren stellen Schubert auch noch frech in den Mittelpunkt der Handlung.

Im ersten Akt besuchen den Komponisten vier seiner Freunde und halten ihn von der Arbeit ab. Eine gewisse Hannerl Tschöll stößt mit ihren Schwestern Haiderl und Hederl dazu, die beide mit Freunden des Komponisten heimlich verlobt sind.

Hannerl soll zwar aufpassen, daß ihre Schwestern deren Verlobten nicht vor Unterzeichnung des Heiratsvertrages Vorleistungen gewähren, aber Vater Tschöll mißtraut auch ihr.

Einmal mehr müssen erwachsene Frauen vortäuschen, einen Musiker nur zum Gesangsunterricht aufzusuchen. Vater Tschöll wird (durch Schuberts Musik) so sanft und friedlich, daß ihm Haiderl und Hederl ihre Verlobten vorstellen können.

Franz Schubert, typisch für Musiker, bemerkt offenbar nicht einmal, daß Hannerl mehr an ihm interessiert ist als an seiner Musik.

Bei der Doppelhochzeit im zweiten Akt werden – unter Absingen jeder Menge von Schubert-Liedern – Hannerls Schwestern verheiratet. Hannerl hat schon seit drei Monaten bei Schubert Gesangsunterricht und sich mit Hilfe tief ausgeschnittener Dirndlkleider angestrengt um ihn bemüht, aber der Komponist ist noch immer ausschließlich an ihrer Stimme interessiert.

Ist Schubert so sehr mit der Musik verheiratet, daß er diese mit keiner Frau betrügen mag? Auch Hannerl kann das nicht glauben und vermutet schließlich, daß der Meister der Hoftheatersängerin Grisi zugetan sei. Baron Schober, einer der Freunde Schuberts und Dichter, versucht die verfahrene Situation zu retten.

Er singt der Hannerl das von Schubert speziell für solche Fälle komponierte Liebeslied «Ich schnitt es gern in alle Rinden ein» ins Ohr. Aber das führt nur dazu, daß sich Hannerl jetzt in den Dichter Schober verliebt.

Im dritten Akt hat Schubert noch die Aufgabe, Grisi möglichst schonend beizubringen, daß sich Schober und Hannerl verlobt haben und deshalb (warum eigentlich?) Grisis Beziehung mit dem Dichter ein Ende finden müsse.

Jetzt müßten sich nach den Spielregeln für Operetten Schubert und Grisi verbandeln, aber das passiert nicht. Raffiniert tut Schubert so, als ob ihm die Trennung von Hannerl das Herz gebrochen hätte, und läßt sie glauben, daß er künftig nur noch für seine geliebte Musik leben will. Da dämmert dem Zuschauer endlich das wahre Credo dieser Operette:

Kurztext für sehr Nervöse: Wer jungen Frauen Klavier- oder Gesangsunterricht erteilen kann, braucht nicht zu heiraten. (Zwei Eheschließungen sowie eine Verlobung, die auch in die Brüche gehen dürfte – Baron Schober ist Dichter, wird also kaum heiraten.)

Tip für Pausengespräche: Für Ehemänner: Entrüstung über

das unmoralische Verhalten von Künstlern im allgemeinen und Musiklehrern im besonderen. Für männliche Singles: Ernste Erörterung der Vor- und Nachteile eines Berufswechsels ins künstlerische Lehramt.

Besondere Hits: Das ganze Werk Franz Schuberts ist einer. Seine Kunstlieder behaupten sich in den Rundfunkprogrammen. Man kann ihre Melodien allerdings kaum pfeifen, und begleitet vom Synthesizer klingen sie fürchterlich; Pop für Senioren.

Drei Walzer

Viel zu selten aufgeführte Operette in drei Teilen von Oscar Straus (nicht zu verwechseln mit Johann Strauß) mit einer für Operettenverhältnisse ungewöhnlich intelligenten Story von Paul Knepler und Armin Robinson.

Jeder der drei Teile erzählt von einer anderen Frau. Im ersten trennt sich die Tänzerin Fanny Pichler von ihrem adeligen Liebhaber. Im zweiten bekommt Fannys außereheliche Tochter, die Sängerin Charlotte, ihren adeligen Liebhaber gleichfalls nicht, aber im dritten Teil schlägt das Schicksal gnadenlos zu. Auch die Standesunterschiede sind inzwischen nicht mehr, was sie früher einmal waren: Die Enkelin Franzi Jensen-Pichler wird mit ihrem adeligen Liebhaber verheiratet, obwohl sie beständig darauf hinweist, gleichfalls Sängerin zu sein.

Kurztext für sehr Nervöse: Darstellung sich verändernder Gesellschaftsmoral am Beispiel des sexuellen und sozialen Verhaltens von drei Frauen aus drei Generationen. (Eine Eheschließung.)

Tip für Pausengespräche: Für Feministinnen: Entschiedene Verurteilung der männlichen Neigung, Frauen, insbesondere

Sängerinnen und Tänzerinnen, entweder zum Sexualobjekt herabzuwürdigen oder zur Ehefrau.

Besondere Hits: «Drei Walzer», was denn sonst?

Feuerwerk

Musikalische Komödie in drei Akten von Paul Burkhard mit Text von vier Autoren. Ein einziger erfolgreicher Schlager ist nicht genug für eine ausführliche Würdigung, deshalb nur:

Kurztext für sehr Nervöse: Großsprecherischer Zirkusdirektor versucht bei biederer Fabrikanten-Geburtstagsfeier eine sehr unerfahrene junge Frau für ein Leben als Artistin zu begeistern und wird rausgeworfen, nachdem die Zirkusdirektoren-Gattin Iduna (= *wie die gleichnamige Versicherung*) ihr das Gehirn wieder gereinigt hat. (Vermutlich eine Eheschließung.)

Tip für Pausengespräche: Sind wie die Operette am besten zu vermeiden.

Besondere Hits: «O mein Papa war eine wunderbare Clown», noch immer ungemein beliebt dank der Sängerin Caterina Valente.

Der fidele Bauer

Operette mit Vorspiel und zwei Akten von Leo Fall mit Texten von Victor Léon aus einer Zeit, wo die Landwirtschaft noch nicht hoch subventioniert war und die Bauern noch nicht im Mercedes-Diesel reisten, sondern auf dem Jauchewagen.

Stefan, ein Bauernsohn, hat es dennoch geschafft, Medizin zu studieren, und kommt auf einen Kurzbesuch in sein ärmliches Elternhaus zurück. Seiner Schwester Annamirl ist die Karriere ihres Bruders so in den Kopf gestiegen, daß sie mit

Bauernjungen nicht mal mehr tanzen mag. Auch Stefan ist arrogant geworden. Er lädt seine Familie nicht zu seiner Hochzeit ein, die er in wenigen Tagen mit Friederike, der Tochter eines Berliner Geheimrats, feiern will. Aber brauchen Bauern eine Einladung? Natürlich nicht, und deshalb taucht Stefans Sippe ungebeten nach der Heirat bei dem glücklichen jungen Paar auf.

Friederike und ihre Familie rümpfen die Nase, weil sich die Bauern wie solche benehmen, doch da setzen sich endlich Stefans Bauern-Gene gegen seine akademische (Ver-)Bildung durch.

Er steht zu seiner Herkunft. Als der alte Bauer verspricht, künftig auf seinem Hof zu bleiben, ist der eheliche Friede bei den Akademikern wiederhergestellt. Stefans Schwester Annamirl aber ist von deren Arroganz so angewidert, daß sie nur einen Bauern heiraten möchte. Sofern ein solcher überhaupt noch zur Ehe mit ihr bereit ist.

Kurztext für sehr Nervöse: Lehrreiches Volksstück mit Musik, welches beweist, daß ein Bauer zwar selbst nach einem abgeschlossenen Studium der Medizin ein solcher bleibt, aber wenigstens eine Geheimratstochter heiraten darf. (Eine Eheschließung, der alsbald die Scheidung folgen dürfte.)

Tip für Pausengespräche: Unterhaltung über das Für und Wider der Bauernpolitik in der EU.

Besondere Hits: Das sehr rührende Duett der Kuhhirtin mit ihrem kleinen Sohn «Heinerle, Heinerle, hab koa Geld».

Die Fledermaus

Operette in drei Akten von Johann Strauß mit Text von Carl Haffner und Richard Genée (nach französischer Vorlage).

Ein gewisser Herr Eisenstein hat einen Beamten beleidigt,

und da sein Rechtsanwalt Dr. Blind (!) offenbar auf Verkehrsstrafsachen spezialisiert ist, wurde Eisenstein zu acht Tagen Haft verurteilt. Die soll und will er auch sofort antreten, um die Sache hinter sich zu bringen, aber der Notar Dr. Falke, einer seiner Freunde, meint, er könne auch noch einen Tag später an die Gefängnistür klopfen und solle vorher noch mit ihm gemeinsam bei einem Ball des Fürsten Orlowski die Sau rauslassen.

Das läßt sich Eisenstein nicht zweimal sagen. Er verabschiedet sich von seiner Frau Rosalinde und der Hausangestellten Adele höchst dramatisch zum Haftantritt, eilt aber fröhlich zum Ball.

Er ist kaum aus dem Haus, da trifft Rosalindes Geliebter Alfred dort ein, um die Nacht in ihren Armen zu verbringen. Aber wie viele ungeschickte Liebhaber hat er Pech. Er hat sich gerade auf die Nacht mit ihr vorbereitet, da kommt die Polizei, um den Herrn des Hauses ins Gefängnis abzuholen. Schon um nicht bei Rosalinde in Ungnade zu geraten, muß sich Alfred als Eisenstein ausgeben und wird abgeführt.

Notar Dr. Falke ist ein echter Scherzkeks. Er hat auch Rosalinde, Adele sowie den Gefängnisdirektor Frank zum Ball beim Fürsten eingeladen, und dort geht es dann etwas durcheinander.

Frank turtelt mit Adele. Eisenstein ist so betrunken, daß ihm ein ärgerlicher Fehler unterläuft. Er nimmt an, mit einer «ungarischen Gräfin» zu flirten und merkt nicht einmal, daß er sich um Rosalinde bemüht, die ihm sogar seine Rolex als Beweis für seine Untreue abzunehmen versteht. Am nächsten Morgen früh um sechs treffen alle Hauptbeteiligten nach und nach im Gefängnis ein.

Alfred will raus aus der Zelle. Eisenstein will endlich rein, denn zwischen Rosalinde und ihm hängt der Haussegen jetzt wirklich schief.

Der Gefängniswärter namens Frosch erweist sich als ein echter Alkoholiker, den viele Häftlinge total überfordern. Der Strafvollzug ist allerdings sehr locker, und er dauert diesmal nicht lange.

Notar Dr. Falke, Fürst Orlowski sowie der Rest der Ballgesellschaft finden sich in der Anstalt ein. Eisenstein begreift, daß sich Dr. Falke lediglich mit einem der kleinen, in Österreich so beliebten Streiche an ihm gerächt hat: Eisenstein hatte den betrunkenen Dr. Falke nämlich nach einem Maskenball im Walde ausgesetzt, und der Notar mußte zum Spott der Leute am Aschermittwoch morgens in jenem Fledermauskostüm durch die Stadt nach Hause eilen, dem die Operette ihren Namen verdankt.

Kurztext für sehr Nervöse: Jeder macht mit jedem rum, und alle landen im Gefängnis – aber nicht deshalb. (Keine Eheschließung, musikalisch jedoch die beste aller klassischen Operetten.)

Tip für Pausengespräche: Erörterung der Vor- und Nachteile fälschungssicherer Personalausweise sowie Personenkennziffern.

Besondere Hits: Rosalindes Csárdás; Walzer im II. Akt.

Die Förster-Christl

Operette in drei Akten von Georg Jarno, Texte von Bernhard Buchbinder. Wie viele Werke der österreichisch-ungarischen Operette beweist auch dieses 1907 in Wien uraufgeführte Stück, wie scharfsinnig analytisch das Genre sein kann.

Christine Lange, Tochter eines Försters, ist dank ihres gradlinigen Wesens und überzeugender sekundärer Geschlechtsmerkmale (für Bayern: viel Holz vor der Hütt'n) bei der Partnerwahl absolut wettbewerbsfähig. Den einfältigen Schneidergesellen Peter Walperl, der sie begehrt, nimmt sie nicht ernst.

Franz, ein Gutsverwalter des Grafen Sternfeld, interessiert sie schon mehr, aber hinter diesem Franz ist Josefine her, die Schwester des Grafen. Klug wie Töchter aus dem Volk meist sind, wenn sie nicht zu viele Schicksalsromane gelesen haben und Familienserien meiden, läßt Christine erst einmal keinen der Männer an sich heran und wartet auf bessere Bewerber.

In dieser typischen weiblichen Wartesaal-Situation erwischt Christine einen fremden Jäger, der unbefugt im Revier des Försters gejagt hat. Sie nimmt ihm, sozusagen als gebührenpflichtige Verwarnung, erst einmal die Uhr ab. Wenig später verhindert Graf Sternfeld in letzter Sekunde den außerehelichen Verkehr zwischen Josefine und Franz.

Franz begreift, daß er seine bürgerlichen Gene nicht mit den adeligen der Komteß Josefine vermischen kann, und entscheidet sich für die zweitbesten. Er macht Christine einen Heiratsantrag. Diesen ist sie bereit anzunehmen, aber der eifersüchtige Schneider Peter vermag seinen Konkurrenten bei der Fortpflanzung erst einmal auszuschalten. Er denunziert Franz, der sich klug vom Militär entfernt hat, bei Sternfeld als Deserteur. Der Graf läßt den Wehrflüchtigen daraufhin verhaften. Nunmehr sieht Christine ihre Fortpflanzungschancen gefährdet. Sie eilt nach Wien, um beim Kaiser die Begnadigung des potentiellen Ernährers ihrer potentiellen Kinder zu erwirken. Bei Hofe wird sie gut aufgenommen. Die Hofschranzen (= *mittleres Management*) sehen Christines sekundäre Geschlechtsmerkmale und halten sie für eine neue Gespielin des Kaisers. Eine solche würde sie vermutlich auch werden, wäre der Kaiser nicht jener Jäger, dem Christine die Uhr abgenommen hat.

Solche dominanten Damen kann Kaiser Joseph II. nicht ausstehen, und um Christine so schnell wie möglich loszuwerden, begnadigt er ihren Franz.

Doch jetzt will sie plötzlich nichts mehr von diesem Bewerber um ihre Gunst wissen. Wie viele Frauen nimmt auch Christine alles persönlich. Sie verwechselt die Begnadigung des Gutsverwalters mit dem Interesse des Kaisers an ihr als Frau und hofft, ihn zum Vater ihrer Kinder machen zu können.

Joseph II. verfolgt aber gänzlich andere Fortpflanzungsstrategien. Er erweist sich als glänzender Kenner der Gesetze des Sozialdarwinismus, befördert den schon begnadigten Deserteur Franz zusätzlich zum Oberförster, und nach dieser Statusaufwertung kann die kluge junge Frau endlich ihre Begattung durch ihn zulassen.

Kurztext für sehr Nervöse: Intelligentes Lehrstück über die Strategien beider Geschlechter bei der Wahl von Fortpflanzungspartnern. (Eine Eheschließung.)

Tip für Pausengespräche: Bewunderung der Operette als Kulturgut. Was Sozialbiologen erst jetzt durch kostspielige Studien herauszufinden beginnen, wußten gescheite Operettentexter schon im 19. Jahrhundert.

Besondere Hits: «Ein Mädel ohne jeden Fehl», «Steht ein Mädel auf der Pußta».

Warnung! Verwechselungsgefahr! Die Förster-Christl ist **nicht** mit der Christel von der Post identisch.

Frau Luna

Beeindruckend zukunftsweisende Operette in zwei Akten von Paul Lincke mit Texten von Heinz Bolten-Baeckers, die schon 1899 auf der Bühne geschehen läßt, was die Amerikaner erst siebzig Jahre später schafften: die Verwirklichung des weitverbreiteten Wunsches, Menschen auf den Mond zu schießen. In Linckes Operette wird diese Leistung allerdings nicht von Ingenieuren vollbracht, sondern von weltraumtechnologischen Autodidakten.

Fritz Steppke, ein begabter Berliner Automechaniker, werkelt an seinem Vorläufer der *Apollo 11*. Er wird dabei vom Schneider Lämmermeier und dem Rentner Pannecke unterstützt. Die Motive für den Forschungsdrang der Männer sind offensichtlich: Steppke ist mit Marie verlobt, Pannecke mit deren Tante Frau Pusebach, und beide Freunde wollen lieber zum Mond als heiraten.

Schon im dritten Bild starten die Astronauten in Berlin, aber ihnen unterläuft einer der später auch bei der NASA alltäglichen Fehler.

Infolge einer Unaufmerksamkeit gerät Frau Pusebach in das Raumschiff, und als es den Mond erreicht hat, offenbart diese geniale Operette, was sämtliche Astronauten und sämtliche Regierungen verschweigen: Der Mond ist bewohnt.

Ein gewisser Theophil, vermutlich der erste Swatch-Sammler, ist für das pünktliche Auf- und Untergehen des Erdtrabanten verantwortlich und unternimmt heimlich regelmäßig Reisen zur Erde.

Wer denkt da nicht an jene zahlreichen AmerikanerInnen, die behaupten, von Außerirdischen entführt und zum Geschlechtsverkehr gezwungen worden zu sein?

Frau Pusebach erkennt in Theophil jedenfalls jenen Alien, mit dem sie schon mal was im Berliner Tiergarten hatte, und Luna, die Chefin der Aliens, entwickelt Interesse am Mechaniker Steppke. Sie verschleppt ihn in einen Krater, um ihn genauer zu untersuchen und dann mit esoterischer Pornographie in Form von Mondelfen und Luftballetts zu verwirren.

Schafft es der begnadete Autor dieses «Librettos» etwa auch noch, Erich von Dänicken vorwegzunehmen und die irdische Menschheit durch sexuelle Beziehungen mit Außerirdischen hochzuzüchten? Gerade als der Zuschauer auch noch das zu hoffen beginnt, entführt der inzwischen eifersüchtige lunare Beziehungspartner der Mondherrscherin Steppkes Verlobte Marie auf den Mond (jawohl, Witney Strieber!), und die treibt ihrem Steppke seine Träume von Cybersex sehr schnell aus.

Kurztext für sehr Nervöse: Berliner Astronauten flüchten vor ihren Verlobten auf den Mond, erleben interessante Begegnungen mit Aliens, müssen aber leider zur Erde zurück. (Vermutlich drei Eheschließungen.)

Tip für Pausengespräche: Beschämtes Schweigen aller UFO-Gläubigen sowie von Außerirdischen Entführten. Was die sich zusammenphantasieren, fabulierte die Operette (und Jules Verne!) bereits viel früher und glaubwürdiger.

Besondere Hits: Viele Lieder Paul Linckes aus diesem Singspiel wurden sehr schnell populär und behaupten sich auch noch heute in den Rundfunkprogrammen für Graue Panther: «Schlösser, die im Monde liegen», «Schenk mir doch ein kleines bißchen Liebe», «Laß den Kopf nicht hängen», «Das macht die Berliner Luft» usw.

Das Glas Wasser

ist eine hervorragende Komödie von Eugène Scribe, die nach einer höchst gelungenen Filmadaption von Helmut Käutner (u. a. mit Gustaf Gründgens) mit Musik von Bernhard Eichhorn und Roland Sonder-Mahnken für das Musiktheater verstümmelt wurde.

Zu Beginn des 18. Jahrhunderts haben sich die üblichen Meinungsverschiedenheiten zwischen englischen sowie französischen Politikern zum offenen Krieg gesteigert. Die Franzosen fürchten, in diesem Konflikt zum zweiten Sieger zu werden, und unterbreiten den Engländern ein Friedensangebot, das von diesen unterschiedlich aufgenommen wird.

Lord Bolingbroke ist für Frieden, da er danach als Chef der «Tauben» Premierminister zu werden hofft. Der Herzog von Marlborough (auszusprechen wie die gleichnamige Zigarettenmarke) ist gegen das Ende des Krieges, da er daran gut verdient. Die Königin von England hat, wie es sich für sie gehört, keine eigene Meinung, doch damals hatte sie noch etwas zu sagen.

Bedauerlicherweise ist sie völlig unter den Einfluß der Herzogin von Marlborough geraten. Sie ist in denselben jungen Offizier verliebt wie die Herzogin.

Lord Bolingbroke handhabt diesen jungen Springer so gekonnt wie ein Schachweltmeister die seinigen. Am Ende der Aufführung gibt es Frieden, und Lord Bolingbroke wird Premierminister. Nur der junge Offizier ist etwas erschöpft.

Kurztext für sehr Nervöse: Krieg gefährdet die Liebe, aber da sich, jedenfalls in diesem Stück, selbst die englische Königin noch verlieben kann, ist ein Friedensvertrag schnell geschlossen.

Tip für Pausengespräche: Entschiedene Verurteilung der Neigung von Komponisten, Musikern sowie Choreographen und Tänzern, Texte der Weltliteratur durch Musik zu übertönen bzw. durch Ballett von ihnen abzulenken.

Besondere Hits: Fehlanzeige. Die Chansons, von Gustav Gründgens und Sabine Sinjen im Film gesungen, sind eine musikalische Delikatesse. Vor anderen Interpreten wird gewarnt.

Glückliche Reise

Operette in drei Akten von Eduard Künneke, Text von Max Bertuch und Kurt Schwabach.

Robert und Stefan, zwei nach Argentinien ausgewanderte Deutsche, erleben als Urwald-Rancher kostenlos, wofür Urlauber heute viel bezahlen: Krokodile, Moskitos und jede Menge Langeweile. Letztere veranlaßt sie, eine Korrespondenz mit zwei jungen Frauen aus der Heimat zu beginnen, die Kontaktanzeigen in der Auslandspresse aufgegeben haben.

Irgendwann schaffen es die Mädels, die Phantasie der unerfahrenen Auslandsdeutschen durch vornehmes und parfümiertes Briefpapier ähnlich anzuregen, wie das z. Zt. weibliche Wesen aus der GUS sowie aus anderen ehemaligen Ostblockstaaten bei Deutschen sogar mit Liebesgrüßen auf Packpapier schaffen. Männerphantasien sind nun einmal leicht zu erregen. Der Hormonhaushalt unserer beiden Helden gerät so durcheinander, daß sie ihre Schönen in Berlin besuchen wollen und sich die Überfahrt nach Europa als Stewards verdienen.

In der alten (und leider wieder neuen) deutschen Hauptstadt erfahren sie dann, was noch jeder feststellen mußte, der sich auf Heiratsanzeigen hin in Bewegung setzte: Die Zielobjekte der Begierde entsprechen keinesfalls den Erwartungen, aber nach einigen der operettenüblichen Mißverständnisse finden Robert und Stefan sich, wohl infolge ihrer Einsamkeit in Argentinien, mit der tatsächlichen Beschaffenheit der beiden Reisebüroangestellten Monika und Lona ab.

Die Reise in ihre neue Heimat Argentinien müssen sich die jungen Frauen zwar durch Arbeit auf dem Passagierdampfer verdienen, aber besser, als im Reisebüro zu sitzen, ist das allemal.

Kurztext für sehr Nervöse: Zwei Auslandsdeutsche erleben in ihrer alten Heimat, was Inlandsdeutsche oft in Thailand, auf den Philippinen, und, seit dem tragischen Fall der Mauer, in Staaten des ehemaligen Ostblocks erfahren müssen: Brieffreundinnen sind in Wirklichkeit nie so schön wie auf Fotos. (Zwei Eheschließungen.)

Tip für Pausengespräche: Erörterung der meist bedrückenden Folgen des Versuchs, sich in jemanden zu verlieben, den man nicht persönlich kennt.

Warnung: Dieses Thema nicht gegenüber Bekannten erwähnen, die ihre Frau nach einem Katalog ausgesucht haben; es schafft unnötige Verstimmungen.

Besondere Hits: Der Foxtrott «Am Amazonas» sowie der Marsch «Glückliche Reise».

Gräfin Mariza

Operette in drei Akten von Emmerich Kálmán, Texte von Julius Brammer und Alfred Grünwald.

Das gefühlsstarke Werk bereitet die tragische Geschichte eines verarmten ungarischen Grafen namens Tassilo auf, der bereits 1924 erleben mußte, was anderen erst nach der Verwandlung Ungarns in eine sogenannte Volksdemokratie widerfuhr: Er ist seinen landwirtschaftlichen Besitz losgeworden und schlägt sich unter dem falschen Namen Török als Gutsverwalter durch. Auf dem Großbauernhof einer gleichfalls adeligen Großgrundbesitzerin, der Gräfin Mariza, arbeitet er, die er noch nie gesehen hat.

Török schuftet in dieser untergeordneten Stellung nicht nur, um sich das Geld für die eigene Salami und den Tokayer zu verdienen, sondern hauptsächlich seiner Schwester Lisa zuliebe.

Dieser Lisa gegenüber muß die Verarmung der Familie geheimgehalten werden, damit sie keine Depressionen bekommt.

Aus einer Laune heraus will die Mariza prüfen, ob der Verwalter ihr Gut schon heruntergewirtschaftet hat, und sie reist zu einem Besuch an. Damit ihr die leidenschaftlichen Ungarn der Gegend vom Leibe bleiben, behauptet sie, sie sei mit einem von ihr erfundenen «Baron Zsupán» verbandelt und wolle sich auf dem Gut mit ihm verloben.

Mit diesem Besuch seiner Chefin würde Tassilo zweifellos

gut fertig werden, doch leider bringt Mariza die Lisa mit aufs Gut, die sich wundert, ihren Bruder hier als Domestiken zu erleben.

Ein tatsächlich existierender Baron Zsupán stellt sich auch ein. Der möchte verständlicherweise jene Frau kennenlernen, mit der er sich lt. BUNTE verlobt haben soll.

Kein Wunder, daß Tassilo das traurige Lied «Auch ich war einst ein feiner Csárdáskavalier» singt! Als er auch für Marizas Gäste singen soll, weigert er sich und wird rausgeschmissen, aber als er wenigstens in Marizas Schlafzimmer für sie singt, wird er wieder eingestellt, was keinen Musikkenner wundert; Tenöre gelten bekanntlich (wohl wegen der Auswirkungen von Schallschwingungen auf das menschliche Gehirn) oft als geistig etwas beschränkt, aber als für Frauen (vielleicht gerade deshalb) unwiderstehlich. Mariza fährt daraufhin voll auf Török/Tassilo ab. Baron Szupán tröstet sich mit der Schwester des Grafen. Eigentlich wären jetzt schon die Weichen für das tragische Finale gestellt, aber die Autoren zögern dieses durch eine geniale vierte Steigerungsstufe hinaus.

In einem Brief an einen Freund schildert Tassilo seine finanziellen Verhältnisse. Im Hinblick auf die Zuverlässigkeit der Post geht er wahrscheinlich davon aus, daß der Brief mit Sicherheit nicht dem Adressaten zugestellt wird, und er behält recht.

Nicht der Freund, sondern Gräfin Mariza bekommt den Brief und folgert daraus (keinesfalls ganz abwegig!), daß es Tassilo vor allem auf ihr Vermögen abgesehen haben dürfte. Trotz seiner Gesangskünste wird er erneut entlassen und bekommt eine so hohe Abfindung, wie sie heute nur noch an gescheiterte Spitzenmanager gezahlt wird. Glücklich könnte Tassilo jetzt als freier Mann wieder ein standesgemäßes Leben führen, aber eine mißgünstige alte Tante, die Fürstin Guddenstein, verpatzt alles.

Heimlich kauft sie Tassilos verlorenen Familienbesitz zurück, und im Hinblick auf die unpraktischen Vorstellungen des Ungarn von Ehre bleibt ihm nichts anderes übrig, als die Mariza zu heiraten.

Kurztext für sehr Nervöse: Verarmter Ungar wird durch mißgünstige Tante wieder zum reichen Mann gemacht und muß folglich heiraten. (Zwei Eheschließungen; Lisa dürfte es nicht bessergehen.)

Tip für Pausengespräche: Bewunderung der Zeitlosigkeit dieser Operette. Würde Gabriele Henkel etwa den Verwalter ihres Persil-Lagers ehelichen? – Na also!

Besondere Hits: Sehr schön traurige bzw. schmissige Musik mit Motiven aus der ungarischen Folklore. «Schwesterlein, Schwesterlein», «Komm mit nach Warasdin», «Komm, Zigan, komm, Zigan, spiel mir was vor!» (Rassistisch! Vielleicht heute politisch korrekter als «Komm, Roma, komm, Roma, spiel mir was vor!» zu singen.)

Der Graf von Luxemburg

Operette in drei Akten von Meister Franz Lehár, deren Story und Texte Alfred Maria Willer, Robert Bodanzky und Leo Stein verbrochen haben. Die Handlung führt uns geradewegs in das Paris um 1910. Weil in Luxemburg schon damals nicht viel los war, haben – wohl durch höchst fragwürdige Bankgeschäfte reich gewordene – Luxemburger Adlige Kontakt zur Pariser Kunstszene gefunden, die sie kräftig zur Kasse bittet.

Brissard, ein Maler, hat sich das Studium vom Vater seines Freundes René von Luxemburg bezahlen lassen. Fürst Basil Basilowitsch, vermutlich ein mit viel Schwarzgeld aus Rußland geflohener Adliger, finanzierte seiner Angèle die Ausbildung zur Sängerin. Er möchte sie heiraten, doch dem steht wie so oft das operettenübliche Hindernis entgegen: Angèle hat kein blaues Blut, sondern nur gewöhnliches rotes, und gegen das sind Adlige allergisch.

Erfreulicherweise ist dieser Mangel ziemlich einfach zu korrigieren. Wenn die Sängerin vorher einen Blaublütigen heiratet, wird sie dadurch sozusagen durchgebläut, und danach kann sie ein anderer Adliger ohne Furcht vor der Allergie übernehmen.

Für diese Scheinehe wird der zwar arme, doch wenigstens adelige Graf René von Luxemburg gewonnen. Das Bankkonto dieses René ist infolge seines aufwendigen Lebenswandels ständig überzogen. Für fünfhunderttausend Francs ist er bereit, eine (Geld-)Scheinehe mit Angèle zu schließen. Sicherheitshalber sorgt Basil dafür, daß die Heirat dergestalt vollzogen wird, daß sich René und Angèle dabei nicht sehen können. Eine Spanische Wand wird als Sichtblende zwischen ihnen aufgebaut, aber das Schicksal erwischt sie doch.

Als die Trennung der Scheinehe vollzogen werden soll, damit Angèle den Basil heiraten kann, lernt René, der – wohl aus Furcht vor der französischen Steuerfahndung – einen falschen Namen benutzt, seine Scheinehefrau leider persönlich kennen.

Wie in einer Operette immer zu befürchten ist, verliebt er sich in sie, da er nicht ahnt, daß er schon mit ihr verheiratet ist. Als Angèle dieser Sachverhalt bewußt wird, will sie sich von René nicht nur scheiden lassen, um Basil heiraten zu können, sondern auch im Hinblick darauf, daß sich Ehe und Liebe auf längere Sicht gegenseitig ausschließen. Unbegreiflicherweise kommt es aber nicht zu dieser Scheidung. Frustriert heiratet Basil seine frühere Geliebte Fürstin Kokozeff, die vom Zaren den ausdrücklichen Befehl bekommen hat, ihn zu nehmen.

Notgedrungen muß René das Honorar für seine Scheinehe

wieder zurückzahlen, und wenn ihn in dieser Situation etwas trösten kann, dann das Schicksal seines Freundes Brissard. Der muß sein Model Juliette auch heiraten.

Kurztext für sehr Nervöse: Verschwendungssüchtiger Graf geht Scheinehe mit bürgerlicher Sängerin ein, um ihr zwar nicht zur Green Card zu verhelfen, aber immerhin zum Adelsprädikat. Infolge unvorhersehbarer Umstände wird die vorgesehene Scheidung verhindert. (Drei Eheschließungen.)

Tip für Pausengespräche: Untersuchung des Wahrheitsgehaltes des alten Aberglaubens, daß der Mensch nicht mit seinem Schicksal spielen sollte. Schon gar nicht mit der Ehe. Selbst wenn sie nur zum Schein geschlossen wird, lauern hinter ihr Gefahren.

Besondere Hits: Obgleich Franz Lehár diese Operette in nur drei Wochen komponierte und sie für «eine schlampige Arbeit» gehalten haben soll, haben sich die Walzer aus diesem Werk ähnlich durchgesetzt wie die aus Lehárs «Lustiger Witwe», welche der Komponist gleichfalls in Paris ihr Unwesen treiben läßt – der Autor aber unter dem Buchstaben L.

Hochzeitsnacht im Paradies

Operette (besser: Revue) in acht Bildern von Friedrich Schröder, Dialoge von Heinz Hentschke und Songtexte von Günther Schwenn.

Am Hochzeitstage des bemitleidenswerten Helden Dr. Hansen erscheint neben Verwandten und Freunden auch Hansens frühere Geliebte Dodo, die den Doktor in letzter Minute vor der Heirat – jedenfalls der mit einer anderen – bewahren will. Sie bringt ein ganzes Ballett mit, um Hansen vor Augen zu führen, auf welche Möglichkeiten er nach der Heirat verzichten müßte. Endlich mal eine vor der Ehe warnende Operette, denkt sich der Zuschauer, aber er hat sich zu früh gefreut.

Hansens Onkel sperrt die reizenden Damen einfach in den Keller, und sein Neffe muß mit seiner Braut Regine aufs Standesamt. Danach erfährt er sofort, was eine Ehe bedeutet!

Nur weil die etwas schusselige Dodo ihr Zigarettenetui im Schlafzimmer des Brautpaars vergessen hat, unterstellt die frischgebackene Ehefrau ihrem frischgebackenen Ehemann, er wäre rückfällig geworden und hätte sie mit Dodo betrogen.

Bereits seine Hochzeitsnacht soll Hansen allein im «Hotel Paradies» verbringen. Als er sich sofort dazu bereit erklärt, wird die Ehefrau noch mißtrauischer, und dieses Mißtrauen ist, wie meist in solchen Fällen, absolut begründet.

Als die Gattin im Hotel eintrifft, findet sie zwar nicht Dodo im Bett ihres Mannes, aber eine gewisse Veronika unter demselben. Dies versteht Hansens Frau völlig falsch, und zur Strafe tritt Hansen seine Hochzeitsreise nach Venedig mit Veronika an. Dort gewinnt er ein Tennisturnier, und alle halten Veronika für seine Ehefrau. Es gibt also doch ein Leben nach der Ehe, denkt der Zuschauer erleichtert, aber er irrt sich zum zweitenmal. Begleitet von Veronikas Bräutigam und anderen Hochzeitsgästen, kommt Hansens Ehefrau nach Venedig, und bei einem traurigen Gondolierefest begreifen Hansen und Veronika, daß man einem Ehepartner so schnell nicht entkommt.

Kurztext für sehr Nervöse: Trotz rührender Bemühungen einer früheren Geliebten heiratet verblendeter Akademiker und hält an dieser Ehe fest, obwohl er sich an der Seite einer anderen, erst verlobten Frau eindeutig wohler fühlt. (Drei Eheschließungen. Das Stück zeigt es zwar meist nicht, aber mit an Sicherheit grenzender Wahrscheinlichkeit heiratet

Dodo jenen Onkel, der ihre Freundinnen vom Ballett in den Keller gesperrt hat. Strafe muß sein!)

Tip für Pausengespräche: Bedrücktes Bedauern der Tatsache, daß auch unter idealen Voraussetzungen jede Operette mit Sicherheit zur Schleichwerbung für eine abgenutzte Form der Zweierbeziehung verkommt.

Besondere Hits: «Ich spiel mit dir und du mit mir» (und die Hauptfiguren lassen es nicht bei diesem sie beglückenden Zustand. Unbegreiflich!).

Im weißen Rößl

Singspiel in drei Akten mit Musik von Ralph Benatzky und Texten, deren Urheber hier aus Höflichkeit verschwiegen werden, da die Handlung selbst für Operettenverhältnisse derart einfallslos ist, daß jeder Regisseur seine Inszenierung durch Situationskomik aufzumöbeln versucht, was meist mißlingt. Deshalb hier nur:

Kurztext für sehr Nervöse: Oberkellner liebt Hotelbesitzerin, die wohlhabenden Rechtsanwalt begehrt, der reiche Fabrikantentochter vorzieht, was die Hotelbesitzerin veranlaßt, dem Heiratsantrag des Oberkellners Folge zu leisten. (Drei Verlobungen, die zur Ehe führen dürften.)

Tip für Pausengespräche: Unterhaltung über die Gewohnheit touristischer Unternehmen, stets mehr Betten zu vermieten als sie besitzen: Schon im ersten Akt bekommt der Rechtsanwalt sein Zimmer nicht.

Besondere Hits: «Im weißen Rößl am Wolfgangsee».

Die keusche Susanne

Operette in drei Akten von Jean Gilbert (Pseudonym des Deutschen Max Winterfeld) mit Texten von Georg Okonkowski und Alfred Schönfeld, deren Handlung ursprünglich in Paris angesiedelt war. Der Sohn des Komponisten läßt in einer Neufassung alles in Deutschland passieren, und da paßt es hin wie Schmierseife aufs Butterbrot. Aber interessiert uns so was bei einer Operette, die doch nur auf heitere Weise vermitteln will, was es mit der Ehe auf sich hat?

Bei einer Feier im Hause des Privatgelehrten Felseneck verhalten sich alle, als ob sie kein Wässerchen trüben könnten. Töchterchen Pauline ist jedoch bereits heimlich mit einem unerwünschten jungen Mann ohne Beruf verlobt, und ihr Bruder Paul brennt darauf, ihrem Beispiel zu folgen.

Frau von Felseneck ist Vorsitzende des «Thusnelda-Bundes», den man sich wohl wie eine nur aus Quotenfrauen gebildete Kommission zur Verhinderung der Sexualität vorstellen muß. Dieser Verein will eine gewisse Susanne Fleuron aus Eisenach mit dem Preis für die treueste Ehefrau, der «Goldenen Frigida», auszeichnen.

Zu seiner Verblüffung erkennt Paulines Geheimverlobter, daß er mit dieser Susanne schon heimliche Begegnungen der dritten Art hatte. Bisher hatte er diese Nächte mit Erfolg verdrängt, doch jetzt wird er schmerzlich wieder daran erinnert.

Um sich vor sich selber zu schützen, bittet er den alten Felseneck, ihm zu gestatten, Pauline zu heiraten. Der Alte will das nicht und erklärt sich zögernd bereit, die Heirat zu genehmigen, falls man ihn bei einem Ehebruch erwischen würde. Dies erweist sich nicht als schwierig.

Ein Brief lockt den Alten in einen Sexklub, wo eine Hosteß

schon auf ihn wartet – zu Felsenecks Verblüffung die Gattin eines seiner Freunde, die sich im Separée ein paar Mark nebenbei verdient. Peinlich wird's für den Alten, als zwei seiner Freunde im Edelpuff auftauchen, doch Frau von Felseneck erfährt von alledem nichts. Vielleicht wäre es ihr auch ziemlich egal: Da der ehemalige Oberkellner aus dem Klub inzwischen als Kammerdiener bei ihr angestellt ist, kann man getrost davon ausgehen, daß sie die Abwesenheit ihres Gatten zu nutzen weiß.

Der heimliche Verlobte darf Pauline nunmehr heiraten. Man fragt sich allerdings, aus welchem Grunde er das überhaupt will.

Kurztext für sehr Nervöse: Jeder geht irgendwann fremd, manche sogar schon vor der Heirat. Klugen Frauen aber fallen meist die besseren Ausreden ein – deshalb gelten sie als treuer. (Eine Eheschließung.)

Tip für Pausengespräche: Für vom eigenen Ehepartner begleitete Zuschauer empfiehlt sich verständnislose Empörung, leicht gewürzt mit der gegenseitigen Beteuerung, zu derlei nie fähig zu sein. Für von der/dem Geliebten begleitete verheiratete Zuschauer erübrigt sich das.

Besondere Hits: «Puppchen, du bist mein Augenstern» und «Ja, das haben die Mädchen so gerne» behaupten sich noch immer in der deutschen Grufti-Hitparade.

Das Land des Lächelns
(nicht: des Röchelns!)

Sehr realistische Operette in drei Akten von Franz Lehár mit Texten von Ludwig Herzer und Fritz Beda-Löhner.

Lisa Gräfin von Lichtenfels langweilt sich in Wien derart, daß sie nicht nur höchst gefährliche Sportarten liebt, sondern auch bei Männern nur das Besondere. Typisch für ÖsterreicherInnen!

Sehr zu recht hält sie auch ihren österreichischen Verehrer, den Rittmeister Gustav von Pottenstein, für ausgesprochen fad, obwohl er die wenigsten Schwierigkeiten haben dürfte, ihren gefürchteten Wiener Dialekt zu verstehen.

Verwöhnt und eigensinnig, wie dieses Faule Lieschen ist, läßt es sich vom chinesischen Prinzen Sou-Chong (etwa wie Chop-Soy auszusprechen) intensiv verehren.

Obgleich er (wie alle Chinesen) ständig grinst und sogar mit Hilfe des Liedes «Immer nur lächeln» unchinesisch direkt darauf hinweist, heiratet ihn Lisa, als er in China zum Ministerpräsidenten gewählt wird und in seine Heimat zurückreisen muß. Sie folgt ihm als Ehefrau sogar nach Peking, wo sie auf ein standesgemäßes Leben an seiner Seite hofft. Weit gefehlt!

Nicht nur, daß Sou-Chongs Schwester Mi die einzige Chinesin ist, mit der sich Lisa (zumindest auf englisch) unterhalten kann – Tschang, der Onkel des Prinzen, besteht auch noch darauf, daß Sou-Chong mehrere (!) Mandschumädchen heiratet.

Obgleich der Prinz diese Zweitehe zu einer reinen Formsache aus politischen Gründen erklärt, traut ihm die Wienerin nicht.

Doch der Mann, der sie aus der Heimat aller China-Restaurants befreit, ist nicht mehr fern. Er ist sogar ganz in der Nähe. Gustav von Pottenstein hat sich als Militärattaché nach Peking versetzen lassen, um Lisa nahe zu sein. Dies ermöglicht ihr jetzt zwar, sich endlich wieder im Wiener Dialekt zu unterhalten, aber es führt nicht viel weiter.

Obwohl ein bevölkerungsreiches Land wie China eigentlich jedes Interesse haben müßte, eine unbequem gewordene Ausländerin so schnell wie möglich in ihre Heimat abzuschieben, denkt der Prinz nicht daran. Ganz im Gegenteil! Seine Ausländerpolitik ist so fortschrittlich, daß er Lisa scharf bewachen läßt. Erst als Lisas Flucht in einem Buddha-Tempel zu scheitern droht, wird der Prinz (vermutlich beim Anblick der Buddha-Statue) erleuchtet. Er schlägt sich gegen die eigene Stirn, weil ihm dämmert, was er mit dieser Österreicherin geheiratet hat: eine launische Gräfin, die nicht nur schrecklich eifersüchtig ist, sondern auch noch dauernd Kaffee mit Schlag trinken will anstatt bekömmlichen grünen Tee.

Kurztext für sehr Nervöse: Junge Österreicherin heiratet reichen Chinesen und erlebt in seiner Heimat, daß Liebe **nicht** alles überwindet. (Eine Eheschließung; wie meist unglücklich.)

Tip für Pausengespräche: Bedauern der Tatsache, daß die Hälfte der Ehen zwischen Partnern aus verschiedenen Kulturkreisen scheitert; bei Angehörigen desselben Kulturkreises sind es nur 50%.

Besondere Hits: Die eingängigen Melodien Lehárs behaupten sich selbst gegen Heavy Metal und Hip-Hop, allerdings nicht im MTV: «Immer nur lächeln», «Dein ist mein ganzes Herz» (Transplantations-Song!), «Meine Liebe, deine Liebe» sowie «Von Apfelblüten einen Kranz».

Die lustige Witwe

Operette in drei Akten von Franz Lehár, Texte von Victor Léon und Leo Stein unter Mißhandlung von Meilhacs Komödie «Der Gesandtschaftsattaché».

Schon am Anfang feiern die Angestellten einer Botschaft in Paris den Geburtstag ihres Landesherrn, doch der Botschafter hat andere Sorgen. Sein kleiner Staat ist etwa so hoch verschuldet wie Deutschland nach der Vereinigung seiner beiden Hälften. Zusätzlich plant seine Landsmännin Hanna, deren Gatte verstorben ist, in Paris nach einem geeigneten Nachfolger Ausschau zu halten und, wenn sie ihn gefunden hat, ihr ganzes Vermögen nach Frankreich zu transferieren. Dies will der Botschafter unter allen Umständen vermeiden.

Graf Danilo, ein unwiderstehlicher Playboy, soll die Hanna heiraten, damit sie (und vor allem ihr Kapital) im Lande bleibt. Dies ist nicht ganz einfach.

Wie es sich für einen Playboy gehört, ist der Graf nicht in der Botschaft, als Hanna kommt, weil er sich im sauteuren Pariser Nachtklub «Maxim» rumtreibt. Dann kommt er endlich, aber er kennt Hanna schon aus der Zeit, als sie noch arm war und eine Ehe mit ihr deshalb nicht für empfehlenswert hielt.

Auch jetzt, wo sie reich ist, will er sie noch immer nicht heiraten. Aber zur Erleichterung des Botschafters, der ohnehin abgelenkt ist, weil seine Frau fremdgeht, verspricht Graf Danilo wenigstens, alle Pariser aus der Nähe Hannas zu entfernen.

Dieses Versprechen hält er so gründlich, daß keiner mehr mit ihr zu tanzen wagt, obwohl er jedem, der sie dazu auffordert, zehntausend FF verspricht. Notgedrungen muß er schließlich selber mit ihr tanzen, und in dieser Situation unterläuft ihm ein Fehler.

«Ohne Worte fühlt sie seine Erregung», heißt es in einer Regieanweisung, was im Klartext wohl so verstanden werden muß, daß der Graf entschieden zu eng mit ihr tanzt.

Inzwischen hat sich die fremdgehende Botschaftergattin entschlossen, wieder eine anständige Frau zu werden. Um ihren Liebhaber für den Verlust zu entschädigen, setzt sie ihn auf Hanna an, preßt aber beim Abschied von ihm ihre reizenden Lippen so heftig auf die seinen, daß der Botschafter wieder Verdacht schöpft. Solidarisch wie schöne Frauen selten sind, springt Hanna in die Bresche und erklärt dem Botschafter, sie hätte den Geliebten der anderen geküßt. Der kurzsichtige Botschafter ist erleichtert, weil seine Frau nicht mehr fremdgeht, aber entsetzt wegen Hanna. Der Mann, den sie küßt, ist Franzose, und wenn sie den heiratet, ist ihr Festgeld für die Heimatbank verloren.

Jetzt muß Danilo wieder schweigend mit ihr tanzen, aber heiraten will er sie noch immer nicht. Er fürchtet, wohl nicht ganz ohne Grund, daß Hanna ihm trotz seiner beim Tanzen spürbaren Erregung unterstellt, nur wegen ihres Geldes an ihr interessiert zu sein.

Erst als Hanna erklärt, im Falle einer Zweitehe ihr ganzes Vermögen zu verlieren, kann ihr Danilo einen Heiratsantrag machen. Er weiß selbstverständlich längst, was der Zuschauer erst später erfährt: Im Falle einer Zweitehe fällt Hannas Vermögen dem zweiten Ehemann zu.

Kurztext für sehr Nervöse: Patriotischer Graf setzt sich mit Hilfe einer Hasenpfote in seiner Hose erfolgreich gegen die Kapitalflucht aus seinem Lande ein. Daran sollte sich unser Finanzminister mal ein Beispiel nehmen! (Eine Eheschließung.)

Tip für Pausengespräche: Befremden über die in dieser Operette als selbstverständlich dargestellten Zusammenhänge zwischen Geld und Liebe.

Besondere Hits: «Da geh ich ins Maxim» sowie «Ja, das Studium der Weiber ist schwer» wird von Rundfunkredakteuren kurz vor ihrem wohlverdienten Ruhestand noch immer regelmäßig ins Programm gehebelt. (Selbst schuld, wenn ihnen die jüngeren Hörer weglaufen!)

Madame Scandaleuse

(Madam skandalös)

Musikalische Komödie mit Musik von Peter Kreuder sowie Texten, für die Ernst Nebhut ein Theaterstück von Josef Frank als Steinbruch benutzte.

Diesmal ist es eine in Mittelamerika reich gewordene Frau, die hohe Staatsbeamte umgarnt. Helene ist nicht mehr ganz jung, aber ihr dem Vernehmen nach aus der Edelmetallförderung resultierendes Vermögen gleicht dies mehr als aus. Sowohl der französische Staatssekretär Marcel als auch der britische Diplomat Horace sind an ihr bzw. ihrem Geld interessiert, doch sie hält beide Männer auf Abstand. Marcel allerdings auf kürzeren, weil ihre Tochter Gaby seinen Sohn liebt.

Um keinen der beiden Staatsbediensteten zu kränken, nächtigt sie mit dem Kunstmaler Pierre. Klug wie diese unfromme Helene ist, denkt sie aber nicht im schlimmsten Alptraum daran, ihn zu heiraten, was noch mehr für diese ungewöhnliche Frau einnimmt.

Wen verwundert es, daß sie sich in Europa langweilt und wieder nach Amerika zurückfährt? Aber wie es das Schicksal zahlreicher Operettenhelden so will, müssen auch der französische Staatssekretär sowie der britische Diplomat in ihre Wahlheimat, wo sie eine verblüffende Entdeckung machen: In jenem Lokal, wo sie Helene treffen, geht es zu wie im Programm der privaten Fernsehsender, und die klugen Staatsbeamten ziehen daraus (im Gegensatz zu unseren Landesrundfunkanstalten!) sofort den richtigen Schluß.

«Dies ist ein Puff», erregt sich Marcel, und Horace erinnert sich mit großer Sorge an seine flüchtige Beziehung mit Christine Keeler, die später einem Verteidigungsminister das Amt kostete.

Ablehnend wie sich Männer gegenüber Prostituierten verhalten, wenn es für sie nachteilige Folgen haben könnte, ziehen sich Marcel wie Horace von der Bordellchefin zurück. Natürlich zerbricht auch Gabys Verlobung. Wer will schon die Tochter einer Puffmutter heiraten? Als Helene aber wieder nach Europa zurückkehrt, glätten sich die aufgeregten Wogen des Schicksals schnell.

Mit Hilfe eines gefälschten Liebesbriefes lockt Helene André wieder in Gabys Bett, und weil sie gemerkt hat, wie leicht man Männer verlieren kann, heiratet sie Pierre.

Kurztext für sehr Nervöse: Alleinverziehende Mutter begreift, wie schwer das Leben ohne Ehemann ist, und heiratet arglosen Kunstmaler. (Zwei Eheschließungen.)

Tip für Pausengespräche: Beklagen der Ungerechtigkeit vieler Staaten gegenüber den Huren. Obwohl sie ihr Einkommen versteuern und vielen Staatsbediensteten ihre Dienste leisten müssen, nimmt sie weder die Krankenkasse noch die Rentenversicherung auf. (In der Uraufführung spielte übrigens Zarah Leander die Helene.)

Besondere Hits: Keine. Die insgesamt gelungenen Melodien lassen den Besuch einer Aufführung dennoch empfehlenswert erscheinen, sofern das Theater über ein ansehnliches Ballett verfügt, dessen Besichtigung nicht zum Griff nach dem Fläschchen mit den Augentropfen veranlaßt.

Maske in Blau

Operette in sechs Bildern von Fred Raymond, Dialoge und Story von Heinz Hentschke sowie Liedertexte von Günther Schwenn.

Vor einem der für ihren Standard immer viel zu teuren großen Hotels in San Remo feiert der Aktmaler Armando Cellini den Erfolg eines seiner Bilder bei der Kritik.

Ein Jahr zuvor hat er bei einem Maskenball eine Unbekannte kennengelernt und in sein Atelier abgeschleppt. Dort hat sie sich zwar sofort ausgezogen, aber darauf bestanden, wenigstens ihre blaue Maske vor den Augen zu behalten. Als der Maler damit einverstanden war, hat sie ihm begeistert versprochen, ein Jahr später wieder nach San Remo zu kommen, um dann die Maske vielleicht abzunehmen.

Die Ungarin Juliska, die Geliebte eines Freundes des Malers, glaubt nicht an so langfristige Verabredungen. Doch ein Jahr später kommt eine reiche Plantagenbesitzerin aus Argentinien ins Hotel. Sie heißt zwar nicht Evita, sondern Evelyne, aber auch sie reist nicht ohne Leibwache. Ihr Plantagenverwalter weicht ihr, zumindest tagsüber, nicht von der Seite und checkt unauffällig die Umgebung. Dabei erfährt er, daß sich der Maler Armando (nicht Benvenuto) Cellini in sein vorjähriges Modell mit der blauen Maske verliebt hat.

Evelyne ist erfreut darüber, als sie das erfährt. Sie läßt einen Termin beim Maler vereinbaren, bei dem sie prüfen will, ob er sie auch angezogen und ohne Maske erkennt. Damit er es nicht zu einfach hat, versteckt sie den Ring, den er ihr geschenkt hat, und zieht sich einen Overall im von allen Männern gefürchteten Schlabber-Look an.

Noch vor ihrem Besuch gerät der Maler in Gewissenskonflikte, weil er sich überhaupt nicht mehr erinnern kann, wie die Maskierte angezogen aussieht.

Inzwischen hat ein argentinischer Fetischist namens Pedro del Vegas von dem Gemälde der maskierten Evelyne gehört und will es unbedingt kaufen. Armando möchte es jedoch nicht hergeben, und so soll er in Pedros Auftrag die Evelyne nochmals wenigstens angezogen malen. Dabei gießt ihr der Maler wie zufällig einen Eimer Wasser über den Kopf, Evelyne sieht wieder wie nackt aus, und er erkennt in ihr die Maskierte auf seinem Bild vom letzten Jahr.

Gerührt gestehen beide einander ihre Liebe, und das verwundert keinen – sie kennen sich schließlich kaum.

Inzwischen ist Pedros Versuch, die Farbe von seinem Bild der angezogenen Evelyne wenigstens teilweise abzukratzen, mißlungen. Neidisch bemüht er sich, den Maler und sein Modell auseinanderzubringen. Das gelingt ihm dank nicht unintelligenter Intrigen zunächst, aber als der Kunstmaler Evelyne in Argentinien aufsucht, weil man ihm dort noch immer das Honorar für zwei Gemälde schuldet, finden sich die beiden Liebenden wieder. Auch Juliska wird vom schweren argentinischen Rotwein so benebelt, daß sie den Freund des Malers heiratet.

Kurztext für sehr Nervöse: Kunstmaler mit starker Neigung zum Fetischismus verliebt sich in Gemälde eines maskierten Modells, gerät in Konkurrenz zu Mitbewerbern mit normaler Triebstruktur und obsiegt. (Zwei Eheschließungen.)

Tip für Pausengespräche: Klärung der Frage, ob die bei Maskenbällen übliche Verkleidung und Maskierung angesichts diverser Vermummungs- und Maskierungsverbote überhaupt noch gesetzeskonform ist.

Besondere Hits: Die Oldies «Schau einer schönen Frau nie zu tief in die Augen», «Frühling in San Remo» und «Die Juliska, die Juliska» behaupten sich noch immer. Das optimistische «Was nicht ist, kann noch werden» war in Deutschland zur Nazizeit ein Hit.

Der Mikado

Sehr verworrene Operette mit Musik von Arthur Sullivan mit Texten von William Schwenck Gilbert, in der lediglich irritiert, daß die Hauptpersonen eindeutig hawaiische Namen haben, obwohl das Stück in Japan angesiedelt ist.

Nanki-Puh, der Sohn des Mikados, hat die erfreuliche Mitteilung bekommen, daß Ko-Ko, Vormund sowie Verlobter der vom Mikadosohn angebeteten Yum-Yum, zum Tode verurteilt wurde. Leider erweist sich das Gerücht als Irrtum.

Ko-Ko lebt nicht nur, sondern ist Oberhenker mit einer Sonderaufgabe. Er soll alle töten, die gegen neu erlassene Moralgesetze des Mikados verstoßen. Im Hinblick auf die Übervölkerung Japans soll schon ein Flirt zum Galgen führen. Als Nanki-Puh das hört, bekommt er sofort Halsschmerzen. Schließlich hat auch er die Moralgesetze übertreten, indem er sich weigerte, eine sehr häßliche Hofdame zu heiraten, die man ihm antrauen wollte.

Die Aufforderung, nun endlich wenigstens die erste Todesstrafe zu vollziehen, bringt dem Henker Ko-Ko Probleme, für die er jedoch bald eine Lösung findet. Da sich Nanki-Puh aus Liebeskummer ohnehin das Leben nehmen will, weil seine Angebetete noch immer nicht frei ist, will ihm der Henker gern diese Arbeit abnehmen. Einmal mehr sollen zwei Probleme mit einer Fliegenklatsche gelöst werden.

Nanki-Puh ist einverstanden, will jedoch zuvor wenigstens für vier Wochen mit seiner Geliebten verheiratet sein. Nichts ist in einer Operette einfacher als eine Heirat! Nanki-Puh wird mit Yum-Yum verehelicht, aber danach betrogen: Er wartet vergeblich auf seine Hinrichtung! Der Mikado begnadigt seinen Sohn, und damit diese Operette noch deprimierender wird, muß der Henker die Nanki-Puh zugedacht gewesene häßliche Hofdame heiraten.

Kurztext für sehr Nervöse: Logisch denkender Henker verspricht verwirrtem Mikadosohn, ihn professionell aus dem Leben zu befördern, hintergeht ihn aber und bewirkt die Heirat seines Opfers. (Zwei Eheschließungen.)

Tip für Pausengespräche: Überlegungen, wie man einen Intendanten, der seinem Publikum heute noch dieses unerträgliche Stück Nippon-Kitsch zumutet, hängen oder aber, wenn er noch ledig ist, verheiraten könnte.

Besondere Hits: Keine. Das ganze Werk ist heute absolut unerträglich. Unter allen Umständen vermeiden.

Eine Nacht in Venedig

Operette in drei Akten mit Musik von Johann Strauß und Texten von F. Zell und Richard Genée, die schon unseren Urgroßeltern (selbst für Operettenverhältnisse!) so einfallslos und platt erschienen, daß dieses Werk hier keine ausführliche Würdigung verdient.

Kurztext für sehr Nervöse: Männer aus Venedig verstecken mit List und Tücke ihre Ehefrauen bzw. Geliebten vor dem unersättlichen Landesherrn, der wohl diesmal allein übernachten muß.

Tip für Pausengespräche: Keine, weil nur die Musik von Johann Strauß dieses Werk überleben läßt – am besten hört man sie aus den Lautsprechern der Hifi-Anlage.

Besondere Hits: «Komm in die Gondel».

No, No, Nanette

Operette aus dem Jahr 1924 von Vincent Youmans mit Songtexten und Dialogen mehrerer Autoren.

Jimmy Smith, ein Verleger religiöser Schriften und Traktate, ist mit einer Frau verheiratet, wie sie ein solcher Mann verdient. Seine Mary besteht nicht nur auf guten Umgangsformen, sondern läuft ständig in unförmigen weiten Klamotten herum, damit sie ihrem Mann nicht dauernd ihre Frigidität beweisen muß.

Jimmy hat notgedrungen nicht ungeschickte Strategien entwickeln müssen, temperamentvollere weibliche Wesen in seiner Nähe zu halten.

Wie es sich für einen religiösen Mann ziemt, vollbringt er ihnen gegenüber gute Werke. Nanette, die Titelheldin, hat er gemeinsam mit seiner prüden Gattin als Pflegekind ins Haus genommen, doch weil sie dort von Mary streng beaufsichtigt wird und der Weg in ihr Schlafzimmer Jimmy zu riskant erscheint, hält er noch drei weitere Frauen aus.

Flora, einer Stripperin, kauft er regelmäßig Kleidung, damit sie wenigstens nach der Arbeit nicht mehr friert. Betty und Winnie bezahlt er das Studium an der Universität, damit sie seinen Studien in ihrem Schlafzimmer auch keinen Widerstand entgegensetzen.

Kann es verwundern, daß sich selbst ein Verleger religiöser Schriften in dieser Situation mit zunehmendem Alter immer häufiger überfordert fühlt?

Irgendwann jedenfalls will Jimmy klare Verhältnisse schaffen und die kostspieligen jungen Damen wieder aus seinem Leben entfernen. Um sie nicht in die Situation zu bringen, in der sie ihre Geschichte aus Geldnot der Sensationspresse verkaufen müssen, soll ihnen der Rechtsanwalt Billy eine Abfindung anbieten.

Da Jimmy weiß, was von Rechtsanwälten, insbesondere von amerikanischen, zu halten ist, schickt er einen jungen Mann namens Tom mit zu den Damen. Tom soll zwar nur auf den Anwalt aufpassen, aber erlebt staunend mit, wie wenig Vertrauen zwischen Ehepaaren herrscht.

Lillian, die Frau des Rechtsanwalts, taucht unerwartet bei den Gesprächen über die Höhe der Abfindung auf. Sie vermutet (wie in solchen Fällen immer: zu Unrecht) daß der Rechtsanwalt sie mit allen drei jungen Damen betrügt, und veranstaltet eine derartige Eifersuchtsszene, daß die Frauen ihr Geld nehmen und gekränkt verschwinden. Mary, die Gattin des Verlegers, erweist sich danach als überraschend lernfähig.

Sie begreift, daß sowohl Prüderie als auch unförmige Kleidungsstücke jeden Mann irgendwann die Nähe anderer Frauen suchen lassen. Klüger geworden, schminkt sie sich im letzten Akt immerhin schon mal die Lippen, was sich, aller Anfang ist schwer, vermutlich zum Einkauf bei Beate Uhse steigern dürfte. Tom, der junge Kontrolleur des Rechtsanwalts, faßt daraufhin neuen Mut. Trotz seiner inzwischen gewonnenen Einblicke in das Wesen der Ehe verlobt er sich mit Nanette.

Kurztext für sehr Nervöse: Prüde Verlegergattin treibt mit normaler Libido ausgestatteten Ehemann in die Arme jüngerer Frauen, von denen er sich widerstrebend trennt, als sie seine Kräfte überfordern und es sogar seine angetraute Gattin riskieren kann, sich wie eine Frau anzuziehen. (Keine Eheschließung.)

Tip für Pausengespräche: Behutsame Erörterung der Unterschiede zwischen leidenschaftlicher und ehelicher Liebe sowie der in zahlreichen Operetten thematisierten Verknüpfung von Geld und Liebe.

Besondere Hits: «Tea For Two», «I Want To Be Happy».

Orpheus in der Unterwelt

(Or-feus; nicht Or-fe-us)

Operette (Opéra bouffon) von Jacques Offenbach mit Texten von Hector Crémieux in der deutschen Bearbeitung von Ludwig Kalisch, die zwei Akte lang die griechische Orpheus-Sage vom Kopf auf beide Beine stellt. Während in der Oper «Orpheus und Eurydike» von Christoph Willibald Gluck der Stoff noch griechisch edel und pathetisch daherschreitet, beginnt bei Offenbach alles intelligent ironisch zu funkeln und zu tanzen, was einen höchst vergnüglichen Abend im Musiktheater möglich macht.

Bei Orpheus und Eurydike hat sich der zwischen länger als vier Jahre verheirateten Eheleuten typische Zustand eingestellt. Beide haben einander längst satt. Beide gehen fremd, und als Eurydike stirbt, um ihrem Geliebten, dem Höllengott Pluto, endlich dauernd nahe sein zu können, ist Orpheus froh, «daß sie endlich der Teufel geholt hat».

Bedauerlicherweise zwingt ihn jedoch die «Öffentliche Meinung», die hier persönlich ins Rampenlicht tritt, zum Olymp zu pilgern, um seine Ehefrau zurückzufordern.

Dort haben die Götter gerade mit einer Revolte zu kämpfen, die der für die Unterwelt zuständige Pluto angezettelt hat.

Göttervater Jupiter steigt samt Gattin Juno und Gefolge in die Unterwelt ab, wo sich Eurydike inzwischen mit dem aus Langeweile zum Alkoholiker gewordenen Hans Styx herumplagen muß. Jupiter verwandelt sich in eine Fliege und verführt als solche Eurydike zu außerehelicher sowie widernatürlicher Unzucht. Danach trifft er eine göttliche Entscheidung: Sofern Orpheus wenigstens bis zu einem Fluß eilen kann, ohne sich nach seiner Eurydike umzublicken, soll er sie zurückbekommen. Wie zu erwarten ist, nutzt Orpheus diese einmalige Chance.

Er dreht sich so heftig nach ihr um, daß er um ein Haar einen schweren Schaden an seiner Halswirbelsäule erleidet, und Eurydike darf weiterhin die Götter unterhalten, was für alle Beteiligten auch zweifellos das Beste ist.

Kurztext für sehr Nervöse: Verwitweter Musikpädagoge gerät in Gefahr, seine Ehefrau zurückzubekommen, und vermeidet das geschickt.

Tip für Pausengespräche: Erörterung des unauflöslichen

Widerspruchs zwischen leidenschaftlicher sowie ehelicher Liebe.

Besondere Hits: Der «Cancan» sowie der Song «Als ich noch Prinz war in Arkadien» – eine Paraderolle für jeden Schauspieler, der auch nur ein wenig singen kann.

Paganini

Operette in drei Akten mit Musik von Franz Lehár sowie Texten von Paul Knepler und Béla Jenbach.

Der Titelheld, ein Geiger, befindet sich auf einer Konzerttour und übt in der Pension mit seinem Instrument. Die Bauern der Gegend sind, wie wohl jeder natürlich gebliebene einfache Mensch, von Paganinis Gekratze auf seinem mit getrockneten Tierdärmen bespannten Stück Holz nicht gerade begeistert, aber Elisas Sinne sind durch Kultur verbildet.

In ihrer Eigenschaft als Fürstin von Lucca und Schwester Napoleons ist sie doppelt verpflichtet, «klassische Musik» (= *Unterhaltung der Herrschenden*) als Teil der höfischen Kultur zu subventionieren, «Popmusik» (= *Unterhaltung der Beherrschten*) aber abzulehnen.

Da Paganini sehr anspruchsvoll geigt, fährt sie voll auf seine Kunst ab. Leider allerdings auch auf den Geiger, was nicht überraschen kann: Der Fürst von Lucca ist der schönen Sängerin Bella zugetan und vernachlässigt die Fürstin.

Paganini hat erst mal andere Sorgen. Er muß aufgebrachte Bauern durch Gesang besänftigen, die wütend von den Feldern zu seiner Pension geeilt sind, weil ihre Kühe plötzlich weniger Milch geben. Zusätzlich bringt ihm sein Agent die Nachricht, daß ein in Lucca geplantes Konzert verboten wurde, da Paganini zuvor einen Musikkritiker mit seiner Stradivari erschlagen haben soll.

Inzwischen ist die Fürstin noch neugieriger darauf, was Paganini alles mit seinem Instrument anstellen kann. Sie sorgt dafür, daß er auch in Lucca spielen darf, und nach dem Konzert will ihn die Fürstin überhaupt nicht mehr weglassen.

Im zweiten Akt lebt der Meister schon ein halbes Jahr in ihrem Schloß. Aus Langeweile ist er vom Geigenspiel zum Glücksspiel übergegangen. Er ist hinter der schönen Geliebten des Fürsten her und belügt schamlos einen Diener, der nach den Ursachen der Erfolge des Meisters bei den Frauen fragt. «Gern hab ich die Frau'n geküßt», singt ihm Paganini ins Ohr, doch das hilft dem Diener auch nicht viel weiter.

Der Agent des Geigenvirtuosen ist von alledem verständlicherweise sehr wenig begeistert. Im Hinblick darauf, daß er keine Provision bekommt, wenn er keine neuen Verträge für Paganini abschließen kann, sorgt wohl er dafür, daß dieser aus dem Fürstentum abreisen muß.

Zum Abschied schenkt Paganini der Sängerin Bella, für die er erst seit kurzer Zeit geigen kann und die er deshalb noch liebt, ein von ihm mit eigener Hand geschriebenes Notenblatt. Leider ahnt die Fürstin, was solche Autographen hundertfünfzig Jahre später bei Sothebys einbringen werden, und will Paganini mit all seinen Noten verhaften lassen. Aber wie immer in gefährlichen Situationen setzt Paganini sein Instrument ein, und danach gelingt ihm die Flucht. Zwar verfolgen ihn sowohl die verkleidete Fürstin als auch die schöne Sängerin, aber diese beiden Frauen wird er sehr schnell los.

Als sich die Musik im Finale zum befreienden Furioso steigert, hat Paganini nur noch seinen Agenten an der Seite, denn einen solchen wird nun einmal ein Künstler sein Leben lang nicht los.

Kurztext für sehr Nervöse: Hochspezialisierter Künstler geigt derart überzeugend, daß er damit – nicht nur bei Frauen – alles erreichen kann. (Keine Eheschließung.)

Tip für Pausengespräche: Vorteile der Spezialisierung auf ein einziges Instrument, um dessen meisterhafte Beherrschung zu erlernen.

Besondere Hits: «Gern hab ich die Frau'n geküßt», «Niemand liebt dich so wie ich».

Pariser Leben

Operette in fünf Akten von Jacques Offenbach, Texte von Henri Meilhac und Ludovic Halévy.

Vom ersten Augenblick an wird dem Besucher verdeutlicht,

was ihn schon 1870 bei einem Besuch der französischen Hauptstadt erwartet: jede Menge Betrug und Hinterlist!

Zwei Franzosen, Raoul bzw. Bobinet, früher einmal gute Freunde, haben sich zerstritten – natürlich wegen einer Frau. Schon deren Name, Metella, deutet auf metallische Härte, und die beweist sie auch sofort. Beide erwarten sie am Pariser Bahnhof, doch sie steigt mit einem dritten Liebhaber aus dem Zug.

Im Gegensatz zu Frauen zur echten Solidarität fähig, verbünden sich die zerstrittenen Freunde, um ihren Mitbewerber zu verprügeln, doch dann bringt der Zufall eine interessantere Abwechslung.

Raouls früherer Diener wurde von einem Hotel beauftragt, am Bahnhof ausländische Gäste abzuholen, damit sie nicht von Fremden betrogen werden. Nur zu gern läßt sich der Diener von Raoul vertreten, und dieser schleppt, operettengemäß korrekt als Reiseleiter verkleidet, sofort ein schwedisches Ehepaar ab. Statt ins Hotel bringt er es aber in seine eigene Wohnung, weil ihm die Frau des Schweden gefällt. Diese Christine ist nicht nur blond wie alle Schwedinnen, sondern sie möchte in Paris eine Oper hören und keinesfalls eine Operette.

Da Christines Ehemann nur nach Paris gekommen ist, um sexuelle Dienstleistungen der schönen Metella in Anspruch zu nehmen, die ihm in Stockholm ein Freund empfohlen hat, wäre eigentlich alles klar und jeder könnte seinen Interessen folgen.

In der Tat fängt eine vielversprechende Orgie an, aber leider kommt die nicht mal zum ersten Akt. Eigenwillig wie Metella ist, macht sie, was sie will, und die anderen Damen verhalten sich ähnlich emanzipiert.

Jedesmal, wenn sich der alte Schwede bei einer Angebeteten schon am Ziel wähnt, lüftet das Objekt seiner Phantasie den Schleier, und er blickt in das Antlitz der harten Wirklichkeit, regelmäßig in Gestalt des vom Pflug des Lebens zerfurchten Gesichtes einer uralten Französin.

Schließlich offenbart Metella der Christine, daß man die Schweden vier Akte lang (wie die meisten Touristen) an der Nase herumgeführt hat.

Wenigstens im fünften Akt will der Schwede jetzt mal in Ruhe mit Metella allein sein. Als er statt dessen wiederum in das Antlitz einer Mutter der Nation blicken muß, kommt es um ein Haar zum Duell. Aber nur um ein Haar!

Schon durch die Nähe ihrer Heimat zu Finnland mit seinen Sauna-Bräuchen sind die Schweden an jede Konfrontation mit der nackten Wirklichkeit gewöhnt. Auch unser Schwede in Paris hat schon ganz andere Sachen gesehen als eine von ihrer Lebenserfahrung gezeichnete Frau. Bei seiner Abreise erklärt er zur Verblüffung der Franzosen lediglich, er habe sich in Paris so gut amüsiert, wie das in dieser Stadt möglich sei.

Kurztext für sehr Nervöse: Schwedisches Ehepaar wird wie sämtliche Touristen in Paris durch überhöhte Preise und betrügerische Manöver gebeutelt, kann das aber vergnügt genießen, denn die wirkliche Härteprüfung für Touristen bleibt ihnen erspart: 1870 gibt es Euro-Disney noch nicht.

Tip für Pausengespräche: Die musikalischen und dramaturgischen Tricks, mit denen die genialen Schöpfer der Offenbach-Operetten den Adel und die Bürger dazu zwangen, über sich selbst zu lachen. Die «Hochzeit des Figaro» mochte dieses Publikum noch nicht, trotz Mozarts großartiger Musik. Zu Offenbachs Melodien verspottet zu werden, genossen Adlige und Großbürger aber derart, daß sie dem Meister zu Füßen lagen.

Besondere Hits: Jede Offenbach-Melodie ist einer, sofern sie nicht – wie geschehen – vom Österreicher Karl Kraus begeistert höchstpersönlich gesungen wird.

Périchole
(Peri-schol)

Operette in zwei Akten von Jacques Offenbach und einem Libretto von Henri Meilhac und Ludovic Halévy, das Deutsche sogar in einer Übersetzung von Karl Kraus genießen können. Einmal mehr verspottet ein großartiges Musikkunstwerk verblasene Macht, der ihre Vorstellung, sich alles erlauben zu können, durch das einfache Volk ausgetrieben wird. Zumindest in Peru, wo die Autoren die Handlung (wohl vorsichtshalber) angesiedelt haben.

Dort wird der Namenstag des Vizekönigs gefeiert, und um sich seiner Beliebtheit beim Volke zu versichern, mischt er sich unter dasselbe, wobei er sich als Doktor verkleidet, weil er sich (wie die meisten Ärzte) für einen Halbgott hält.

Zwar ist an künstliche Herzklappen und gefälschte Abrechnungen mit den Krankenkassen noch nicht zu denken. Ärzte erfreuen sich noch eines guten Rufes, aber die PR-Abteilung des Königs hat nichts dem Zufall überlassen. Ähnlich wie bei einem Sommerfest im Kanzleramt wurde dafür gesorgt, daß nur Königstreue in die Nähe des Monarchen gelangen.

Infolge eines Zufalls begegnet dem Vizekönig jedoch eine hungrige arme Straßensängerin, deren Schönheit noch nicht von der Not zerstört wurde. Geil wie die Mächtigen nicht nur bei Offenbach und in Peru sind, will der König die arme Périchole als «Ehrendame» (so was wie Sekretärin bzw. Mätresse) an seinen Hof holen, aber dem steht ein alter peruanischer Brauch entgegen.

In der (immer naiven) Annahme, das Volk durchschaue seine Herrscher nicht, dürfen nur verheiratete Frauen mit dem Ehemann am Hofe leben. Der Form halber will man Périchole mit irgendwem pro forma verheiraten, damit sie des Königs Gespielin werden kann. Um wenigstens hin und wieder in einem richtigen Bett schlafen zu können, nimmt die arme Schöne diese Einladung an. Bei der Heirat passiert aber auch diesmal ein Fehler.

Infolge großer Unachtsamkeit verheiratet ein Standesbeamter, der sein Berufselend nur mit Hilfe von Alkohol ertragen kann, Périchole mit deren einzig wahrem Geliebten.

Wie zu erwarten, beginnt sich auch dieses Ehepaar nach der Eheschließung sofort zu streiten. Dann begreifen die beiden, daß ihre Heirat nur der Staatsraison halber erfolgte, und sie lieben sich wieder heftig wie zuvor.

Das liegt keinesfalls im Interesse des Königs. Prompt landen die einander liebenden Eheleute (keine Seltenheit!) im Kerker, aber durch eine Arie schläfert Périchole den König ein und flüchtet mit ihrem Angetrauten. Zwar werden die Flüchtigen von der Polizei nicht entdeckt, aber sie stellen sich freiwillig.

Inzwischen hat der König die Situation gründlich durchdenken können. Selbstverständlich gibt es genügend andere Frauen in Peru, und wenn Périchole sein Bett nicht zieren mag, werden es gewiß viele andere hungernde Peruanerinnen wollen. Großzügig wie Mächtige sein können, wenn sie die öffentliche Meinung ernst nehmen müssen, überläßt der Monarch der Frau die kostbaren Geschenke, die er ihr sozusagen als Anzahlung schon hat überreichen lassen, und das verfehlt seine Wirkung nicht.

Die Operette zeigt das zwar nicht mehr, aber es ist abzusehen, daß sich das Paar (spätestens bei der Scheidung) um diese Geschenke streiten wird.

Kurztext für sehr Nervöse: Arme Frau bekommt Planstelle als Mätresse beim König und vermasselt sich den Job, weil sie ausgerechnet den Mann heiratet, den sie liebt. (Eine Eheschließung.)

Tip für Pausengespräche: Kritik an den deutschen Massenmedien, die außereheliche Beziehungen von Politikern stets als Geheimsache behandeln. In Amerika können Mächtige wenigstens durch ihre sexuelle Potenz die Wähler beeindrucken.

Besondere Hits: Die Musik der absurden Heiratsszene ist eine musikalische Glanzleistung und als solche entschieden zu hochwertig für die Musikunterhaltung des Rundfunks. Für den musikalischen Geschmack der E-Musikredakteure hingegen ist sie viel zu verspielt. Deshalb erleidet sie in Deutschland das dort übliche Schicksal jeglicher intelligenten Unterhaltung – sie gerät zwischen alle Stühle. (Der Kenner genießt sie trotzdem: im Sessel und aus den Lautsprechern seiner Hifi-Anlage.)

Polenblut

Operette in drei Bildern von Oskar Nedbal mit Text von Leo Stein. Schon im ersten Bild erlebt der Zuschauer befriedigt, wie genau hier die Verhältnisse in Polen geschildert werden.

Ein Graf Baránski hat seinen landwirtschaftlichen Betrieb so heruntergewirtschaftet, daß er nur durch Heirat einer reichen Frau saniert werden kann. In dieser Situation will ihm der nach Einführung der verhältnismäßig freien Marktwirtschaft schnell reich gewordene Gutsbesitzer Zaremba seine Tochter Helena ans Herz legen. Klug wie Baránski ist, gibt er den Vorzug der gutgebauten Tänzerin Wanda, die ihm deren Mutter überlassen will. Helena will von einer Ehe mit Baránski anfangs nichts wissen.

Sie ändert aber ihre Meinung, nachdem sie erfährt, wie viele deutsche Autos (Mercedes, BMW und Porsche) auf der Wiese hinter Baránskis Gut herumstehen.

Als der reiche Heiratskandidat nicht einmal bereit ist,

Helena in näheren Augenschein zu nehmen und zu testen, sinnt sie nicht nur auf Rache, sondern schreitet dazu.

Um seinen Betrieb wenigstens etwas in Ordnung zu bringen, muß der Pole eine Wirtschafterin einstellen, und als solche wird ihm Helena untergeschoben. Jetzt erkennt der Zuschauer auch das wahre Problem des Polen. Obwohl dieser als Mann eigentlich besser sehen als denken können müßte, merkt er nicht, daß seine Wirtschafterin in Wirklichkeit Helena ist. Wie zu erwarten, räumt die verkleidete Frau tatkräftig auf.

Durch den Verkauf der Autos und gelegentliche Aushilfstätigkeiten in einem Nachtlokal in Görlitz sorgt Helena dafür, daß Baránski wieder zahlungsfähig wird, und dieser Geschäftssinn beeindruckt ihn derartig, daß er sie trotz einer von der gekränkten Tänzerin eingefädelten Intrige heiratet.

Dies läßt den eheerfahreneren Zuschauer zwar am Verstand des Polen erneut zweifeln, aber nur für kurze Zeit. Unter Berufung auf seine starke Kurzsichtigkeit, die ihn sogar deutsche Autokennzeichen übersehen läßt, kann der Mann jederzeit erklären, nicht gelesen zu haben, was er beim Standesbeamten unterschrieben hat. Er hat gute Chancen, daß seine Ehe für null und nichtig erklärt wird.

Kurztext für sehr Nervöse: Intelligenter Pole will nicht heiraten, muß es aber schließlich doch. (Eine Eheschließung.)

Tip für Pausengespräche: Die Kurzsichtigkeit und Schwerhörigkeit vieler Operettenfiguren! Die zahlreichen Verkleidungen und Verwechselungen des Genres funktionierten sämtlich nicht, gingen die Grafen und Gräfinnen regelmäßig zum Augen- bzw. Ohrenarzt.

Besondere Hits: Slawisch gefärbte Mazurkas, Polkas und Krakowiaks sowie einige akzeptable Walzermelodien.

Die Rose von Stambul

Operette in drei Akten von Leo Fall, für die Julius Brammer und Alfred Grünwald Texte schrieben, die uns (seit 1916!) ein plastisches Bild multikultureller Zustände vermitteln.

Kondja Gül, Tochter des Kamek Pascha, soll auf Anordnung ihres Vaters einen gewissen Achmed Bey heiraten, mit dem sie nur reden kann. Ein Vorhang zwischen den beiden verhindert, daß sie sich sehen.

Spätestens seit ihr die Hände mit Henna rot gefärbt und alle Schamhaare entfernt wurden, wie es in der Türkei bei Bräuten üblich ist, hat Kondja Zweifel an den altüberlieferten Bräuchen in ihrer Heimat.

Gemeinsam mit ihrer Freundin Midili träumt sie von «Reformen, ganz enormen». Diese mutigen Vorstellungen verdankt sie der Korrespondenz mit dem Schriftsteller André Lery, mit dem sie derart heiße Liebesbriefe austauscht, daß sich der Briefträger regelmäßig die Finger an ihnen verbrennt.

Im Hinblick auf diese Herzensbindung läßt sie den vom Vater ausgesuchten Achmed erst mal ziemlich kühl abfahren. Aber obwohl Achmed sie bei der ersten Begegnung hinter dem Vorhang nur hören und riechen kann, flammt derart heiße Liebe in ihm auf, daß er ihr verzückt sein erstes Liebeslied singt.

«Oh Rose von Stambul» tönt er verzückt, und der mit der Türkei vertraute Besucher weiß, was Achmed an Kondja fasziniert: Sie riecht nach Knoblauch, den man nicht zufällig als «Die Rose des Orients» bezeichnet.

Kondjas Freundin Midili flirtet derweilen mit einem gewissen Fridolin Müller, der eigentlich nach Bangkok wollte und sich nur im Reisebüro vertan hat. Als für Kondja Gül der Tag der Heirat gekommen ist, lügt Achmed seiner Braut vor, daß der von ihr verehrte Autor zu Recherchen nach Europa abgereist sei. Selbst als er ihr durch einen Wiener Walzer, den er mit ihr tanzt und bei dem er ihr nicht einmal auf den Fuß tritt, seine Kenntnis europäischer Kultur beweist, bleibt die Türkin störrisch und kündigt an, nach Europa zu fliehen.

In dieser Zwangslage verrät ihr Achmed, daß er selbst der Autor sei und nur unter einem Pseudonym schreibe, weil seine Taschenbücher ohnehin von niemandem ernst genommen werden. Kondja Gül glaubt Achmed kein Wort und folgt dem Beispiel ihrer Freundin, die schon mit ihrem geliebten Fridolin beim Konsulat war und jetzt in Europa weilt.

Als Kondja hilfesuchend bei den beiden auftaucht, erfährt sie, daß ihr geliebter André samt seiner Ehefrau auch in jenem Hotel erwartet wird, wo Fridolin seine Midili für einen Kochkurs angemeldet hat. Kondja ist völlig verzweifelt, aber die Verzweiflung klärt sich bei Andrés Ankunft auf.

Achmed ist tatsächlich mit André identisch, und seine Gattin ist Kondja, die von ihrer Heirat vor lauter Liebeskummer nicht viel mitbekommen hat.

Kurztext für sehr Nervöse: Intelligente Türkin läßt sich von Deutschem entführen, obwohl sie danach Midili Müller heißt. Von der Ehe mit einem aufgeklärten Europäer träumende, weniger intelligente Türkin bekommt, was sie verdient: einen türkischen Schriftsteller, und dazu noch einen mit Pseudonym. (Zwei Eheschließungen.)

Tip für Pausengespräche: Selbstverständlich die mit der Ehe im allgemeinen und einer solchen zwischen Muslims und Christen im besonderen verbundenen Gefahren.

Besondere Hits: «Oh Rose von Stambul», «Darum halt ich fein still, wie es Mohammed will» (letzterer nur für Fans der Ayatollahs bzw. der doppelten Staatsangehörigkeit).

Saison in Salzburg

(Sä-song in ...)

Operette in fünf Bildern von Fred Raymond, für welche Max Wallner und Kurt Feltz Texte lieferten, die dem Theaterbesucher die komplizierten Konkurrenzbeziehungen in den auf die Ausbeutung von Touristen hochspezialisierten Urlaubsregionen deutlich und nachvollziehbar darzustellen versuchen.

Toni Haberl, der Eigentümer des Restaurants «Zum Blauen Enzian» kommt als Gast ins Hotel Mirabell, dem er die dort beschäftigte Mehlspeisen-Spezialistin Veronika abwerben will. Diese Köchin, deren Vorname mit alpenländischer Mundfaulheit ständig zu «Vroni» verkürzt wird, ist offenbar die einzige, die «Salzburger Nockerln» (= *kalorienreiche Süßspeise*) in derartiger Qualität herstellen kann, daß sie während dieser Operette häufig besungen werden.

Da gute Köchinnen, nicht nur in den Urlaubsregionen, selten sind, bietet Toni der Vroni nicht etwa ein besseres Gehalt, sondern die Heirat an.

Wie die meisten Köchinnen kann auch Vroni einem solchen Angebot nicht widerstehen, zumal Toni die, wie in Österreich und Oberbayern üblich, völlig heruntergekommene Almwirtschaft «Zum Salzburger Nockerl» ersteigern und als Zweitbetrieb übernehmen will.

Bei dieser Versteigerung wird er durch ein Komplott ortsfremder Saupreußen überboten, das aus deren Gewohnheit resultiert, Beziehungen nicht so klar nach wirtschaftlichen Kriterien auszurichten, wie es die Bergbewohner praktizieren.

Urlauber Max begehrt die Unternehmertochter Erika, welche den Rennfahrer Frank heiraten möchte, der aber seinerseits an einer Einheimischen namens Steffi interessiert ist. (Diesen Satz am besten dreimal lesen!)

Da nun Steffi als Bewohnerin der Urlaubsregion infolge eines dort weitverbreiteten genetischen Defekts nur einen Gastronomen als Partner bei der Fortpflanzung akzeptieren kann, läßt der Rennfahrer Frank, der sich ihr gegenüber Franz nennt (weil es österreichischer klingt?), die Almwirtschaft von seinem Strohmann Wilhelm ersteigern. Dieser engagiert sofort Steffi und Frank/Franz für «sein» Lokal.

Da jetzt die Steffi voll auf Franz abfährt, wäre eigentlich alles in Ordnung, stände nicht ein österreichisches Prinzip diesem (schnellen, also begrüßenswerten) Ende der Operette entgegen: Trotz seiner bisherigen heißen Gefühlsbeziehung zu Vroni muß sich Toni, natürlich aus rein wirtschaftlichen Gründen, um Steffi bemühen. Dabei verspricht er auch ihr die Ehe. Jetzt ist wiederum Vroni am Zug, und sie kümmert sich um Max, was Toni, obwohl er gerade der Steffi die Ehe versprochen hat, als ehrverletzend betrachtet.

Er macht Vroni derartige Eifersuchtsszenen, daß sie aus Protest ihren Dienst als Köchin in der Almwirtschaft auch ohne Toni antritt und dort die Figur von Preußen gleichfalls durch ihre Süßspeisen zu ruinieren beginnt.

Nun tritt jene Erika in Aktion, die Franz zum Traualtar schleppen möchte. Sie erklärt Steffi, daß ihr Franz in Wirklichkeit Frank heißt und Rennfahrer ist. Daraufhin beendet Steffi ihre Beziehung mit ihm und folgt Toni in seinen «Blauen Enzian», um dort zu kochen.

Notgedrungen verlobt sich Frank mit Erika, zwischen Steffi und Toni gibt es dauernd Krach, und Vroni vergißt sich so sehr, daß sie sich mit einem Preußen einläßt. Endlich sind die Verhältnisse so verworren, daß die Textschreiber offenbar auch nicht mehr wußten, wer im nächsten Bilde mit wem balzen könnte.

Mit einem genialen dramaturgischen Kunstgriff schieben sie Franks Tante Olga auf die Bühne. Diese Tante sorgt dafür, daß

Toni und Vroni wieder zusammenfinden und Steffi den Frank/Franz wieder an sich heranläßt. Weil am Ende einer Wiener Operette absolut niemand mehr allein schlafen darf, wird Erika mit Max verbandelt, und Tante Olga fängt sich einen Preußen für ihr Bett. Der einzig wahre Gewinner in diesem Soufflé (= *süßer Teig mit sehr viel warmer Luft*) ist aber Vroni. Die hat der Steffi während der ganzen Aufregung auch noch deren Nockerln-Rezept geklaut.

Kurztext für sehr Nervöse: Ziemlich verworrener Beitrag zu der umfangreichen Operettenserie «Partnerwahl und Paarungsbräuche fremder Völker». (Drei Eheschließungen; Tante Olga dürfte zu klug sein, um zu heiraten.)

Tip für Pausengespräche: Vergleich eigener Erfahrungen in Österreich (1938, bei Uraufführung des Werkes, Teil des Deutschen Reiches!) sowie in Oberbayern mit der Handlung dieser Operette. Der Autor, durch regelmäßige Aufenthalte in Bad Reichenhall und im Salzburger Land hinreichend mit AlpenbewohnerInnen vertraut, kann ehrenwörtlich versichern, daß diese Operette die Verhältnisse dort durchaus realistisch schildert.

Besondere Hits: Höchstens «Wenn der Toni mit der Vroni», aber nur in der Senioren-Hitparade.

Die schöne Galathee

(Gala-Tee; nicht Gala-se!)

Komisch-mythologische «Oper» in einem Akt des Komponisten Franz von Suppé. Text von Leopold Kohl von Kohlenegg, der tatsächlich so hieß; kein Vorfahre Helmut Kohls!

In diesem Meisterwerk geht es um die Statue einer jungen Frau namens Galathee, die sich der Bildhauer Pygmalion aus Stein gehauen hat. Weil diese steinerne Schönheit nicht reden kann, hat er sich in seine Skulptur verliebt und hält ihr lange Vorträge, vermutlich über Fußball und Autos.

Naturgemäß (d. h. der Männer Natur gemäß) sind auch im Altertum so schweigsame weibliche Wesen äußerst begehrt, und der Kunstsammler Mydas (etwa wie «müde» auszusprechen!) will dem Bildhauer die Schweigsame abkaufen.

Verständlicherweise jagt der Künstler den Sammler weg und betet zur Liebesgöttin Venus, sie möge die Frau aus Marmor zu einer aus richtigem Fleisch und Blut werden lassen. Zufällig hat Venus gerade mal gute Laune, und der Künstler hat Pech.

Galathee wird lebendig, hört sich die Liebesschwüre des Bildhauers an und schickt ihn erst einmal in ein Restaurant, wo er für sie Kaviar, Lachs und einen möglichst trockenen Chablis besorgen soll. Kaum ist der von seinen Hormonen verwirrte Mann außer Sichtweite, begegnet die Galathee einem gewissen Ganymed, den man sich am besten wie eine Kreuzung aus Mantafahrer und Bodybuilder vorstellen kann.

Zwar ist das Bübchen nicht gerade besonders hell im Kopf, doch darauf kommt es der Schönen nicht sonderlich an. Auch ihre Hormone laufen Amok, doch bevor die beiden sich näherkommen können, naht wieder der Kunstsammler und bringt Geschenke für Galathee, die sie selbstverständlich annimmt.

Als jedoch Mydas von Liebe redet, greift sie nach ihrer Trillerpfeife und bezichtigt ihn der sexuellen Belästigung. Inzwischen hat sich der Bildhauer den Picknickkorb mit teuren Delikatessen füllen lassen. Diese möchte er in Ruhe gemeinsam mit seiner Angebeteten verspeisen, aber Galathee verlangt, die beiden anderen Männer mitspeisen zu lassen.

Jetzt merkt auch der feministischste aller Theaterbesucher, in welchem Maße die Schönheit einer Frau das Gehirn eines Mannes zu verwirren vermag! Pygmalion bittet also seine

Mitbewerber zu Tisch und muß mit eigenen Augen sehen bzw. mit eigenen Ohren hören, daß sich das Weib beim Essen total besäuft, ein obszönes Lied singt und sich dann auch noch mit dem Mantafahrer ins Gebüsch schlägt. Verzweifelt sieht der Theaterbesucher bereits einmal mehr einen Mann durch die Launen einer schlecht bzw. überhaupt nicht angepaßten Frau zerstört, da ereignet sich ein großes Wunder: Der Bildhauer kommt, sehr ungewöhnlich für Männer in einer Operette, plötzlich wieder zu Verstand und fleht Venus an, Galathee zurück in Marmor zu verwandeln. Weil er noch nicht genügend Zeit hatte, die Frau zu heiraten, kann die Göttin diesen Wunsch ohne jedes Zögern sofort erfüllen.

Eigentlich könnte sich der Bildhauer jetzt wieder an seiner Skulptur erfreuen, was ohnehin für ihn das Beste zu sein scheint, aber er ist so verschreckt, daß er selbst die Statue nicht mehr in seiner Nähe sehen will und sie dem Kunstsammler verkauft, der glücklich mit ihr abzieht.

Kurztext für sehr Nervöse: Bildhauer macht die schmerzliche Erfahrung, daß lebendige Frauen (im Gegensatz zu Marmorstatuen oder aufblasbaren Plastikpuppen) nicht nur reden können, sondern auch eigene Wünsche und Vorstellungen entwickeln. (Keine Eheschließung. Dafür ist die Liebesgöttin nun wirklich nicht zuständig.)

Tip für Gespräche auf dem Heimweg: Erbitterter Streit über die Frage, ob diese Operette frauenfeindlich, männerfeindlich, sexistisch ist oder aber, wie der Autor meint, lediglich realistisch.

Besondere Hits: Keine. Die Melodien sind gute Handelsklasse B, aber auf der Straße gesungen oder gepfiffen wurden sie nicht einmal zur großen Zeit der Operette.

Die schöne Helena

Operette in drei Akten von Jacques Offenbach mit einem Libretto von Henri Meilhac und Ludovic Halévy, die wenige Wochen vor der «Schönen Galathee» uraufgeführt wurde und auch ins alte Griechenland führt.

In der «Helena» geht es einmal mehr um das Urteil des Paris und die Vorgeschichte des Trojanischen Krieges, deren Kenntnis zumindest bei gebildeten Operettenbesuchern (bei Offenbach **kein** Widerspruch in sich!) vorausgesetzt werden kann.

Kurztext für sehr Nervöse: Junge Ehegattin eines alten Königs läßt sich nur zu gern von naturnahem Schafhirten entführen, was endlich ermöglicht, den Trojanischen Krieg anzufangen. Diese Story ist mit Anspielungen auf damals aktuelle Zustände in Frankreich durchsetzt. (Eine Eheschließung.)

Tip für Pausengespräche: Keine. Die hinreißende Musik des großen Meisters verschlägt auch noch 130 Jahre nach der Uraufführung dem musikliebenden Zeitgenossen die Sprache.

Besondere Hits: Wie immer bei Offenbach ist das Ganze mehr als die Summe seiner Teile.

Schwarzwaldmädel

Operette in drei Akten von Leon Jessel mit Texten von August Neidhart, in welcher wir einmal mehr einen Musiker als männliche Hauptfigur bewundern müssen. Blasius Römer ist verwitwet und so alt, daß er gut in die Rolling Stones passen würde. Aber im Gegensatz zu Mick Jagger ist er Domkapellmeister, und in diesem Beruf muß man irgendwann in Rente.

Umsichtig wie Schwaben meist sind, verdient er schon jetzt

durch den Verleih von Bauerntrachten ein kleines Zubrot, dank dessen er auch seine Tochter Hannele und sein steuerabzugsfähiges, sehr junges Dienstmädchen Bärbele ernähren kann.

Elles ischt in beschter Ordnung für den Schwoabn, aber da fallen zwei Berliner in den stillen Mittelgebirgsort ein und bringen alles völlig durcheinander.

Ausg'rechnet vor einem groschen Fescht tauchen Hans und Richard beim Koschtümverleih auf, und weil Hans vor seiner Verlobten Malwine ausgerissen ist, kommt auch sie in das Reich der ungenauen Wanduhren und will sich vom alten Römer Bauernkostüme leihen, damit sie beim Dorffest nicht sofort als Berlinerin erkannt wird.

Als der Kostümverleiher auch seiner Hausgehilfin eine Bauerntracht leiht, fällt sie ihm vor Freude um den Hals, aber er mißversteht ihren Kuß eher als Zeichen weitergehender Interessen an ihm.

Im zweiten Akt läuft dann das Dorffest ab, wie es im Schwarzwald noch immer üblich ist. Bei der ersten kleinen Prügelei, mit der Schwarzwälder jedes Fest anfangen, muß Hans das kostümierte Dienstmädchen vor Schlägen seiner Tante retten. Dann steigert sich die Stimmung.

Hannele wird als Hexe beschimpft, was Hans erneut zu friedenstiftenden Maßnahmen veranlaßt, die zur zweiten Phase des bäuerlichen Festes überleiten. Die kleine Prügelei weitet sich zur allgemeinen Wirtshausschlägerei aus, die der Theaterbesucher nur zum Teil mitbekommt, weil sich der Bühnenvorhang bedauerlicherweise viel zu früh schließt.

Im dritten Akt soll dann der Bürgermeister herausfinden, wer bei der großen Schlägerei gewonnen hat, weil der beim nächsten Fest zuerst mit einer Schwarzwälder Kirschtorte werfen darf.

Richard ist, vermutlich durch einen schweren Schlag auf

den Hinterkopf, zu der Einsicht gelangt, auch er könne Malwine notfalls heiraten, um seinem Freund Hans einen Gefallen zu tun.

Malwine ist einverstanden, und dieses Beispiel gibt dem alten Kirchenmusiker den Mut, an eine Ehe mit seinem Dienstmädchen zu denken. Der Altersunterschied wäre, auch und gerade im Schwarzwald, durchaus kein Ehehindernis, aber eine verhängnisvolle Entwicklung wirft die Pläne des Alten um.

Bärbeles Vater stirbt und hinterläßt ihr ein derart großes Vermögen, daß sie an den Erwerb eines attraktiveren Ehemannes denken kann. In der klaren Erkenntnis der Tatsache, daß der alte Musiker bei den meisten Wirtshausschlägereien nur zweiter Sieger würde, entscheidet sie sich für Hans.

Bevor sich der Vorhang nach dem dritten Akt schließt, erweckt der Alte noch listig den Eindruck, er wolle sich künftig seiner Neigung zu jungen Aushilfen enthalten, aber der Autor glaubt ihm kein Wort. Im Hinblick auf die allgemeine Verschlechterung der wirtschaftlichen Verhältnisse wird der Greis ohne große Mühe ein neues Dienstmädchen finden. Notfalls kauft er sich eben einen Sportwagen und holt eins aus Tschechien.

Kurztext für sehr Nervöse: Mögliche Liebesheirat zwischen altem Musiker und junger Angestellter scheitert, da sie durch eine unerwartete Erbschaft plötzlich zu Vermögen kommt und selber attraktive Sexualpartner kaufen kann.

Tip für Pausengespräche: Befremden über den Umstand, daß junge Frauen fast nie alte Männer mit Nettoeinkommen unter fünftausend Mark heiraten, aber regelmäßig solche mit einem Nettoeinkommen von mehr als zwanzigtausend. Quizfrage: Weshalb holte sich Goethe mit vierundsiebzig Jahren von der neunzehnjährigen Ulrike von Levetzow einen Korb? Na also!

Besondere Hits: «Mädel ausch dem Schwarzen Wald, die sind

nischt leischt zu habe», «Erklingen zum Tanze die Geigen», «Malwine, ach Malwine» sind zwar schon siebzig Jahre alt, aber noch einigermaßen rüstig.

Der Vetter aus Dingsda

Operette in drei Akten von Eduard Künneke mit Texten von Hermann Haller und Fritz Oliven, in der es um eine Großfamilie geht, in der nur innerhalb der eigenen Sippe geheiratet werden darf.

Eine junge Frau, die mal wieder Julia getauft wurde, weil jeder Autor weiß, daß Romeo und Julia zeitlos sind, ist reif für die Ehe. Onkel Josse möchte, daß sie seinen Neffen August heiratet. Julias Vormund plädiert für die Ehe mit dessen Sohn Egon. Julias Freundin Hanne, kein Produkt von Inzucht und deshalb intelligent, rät grundsätzlich von der Ehe ab.

Geschickt verdirbt es sich Julchen erst einmal mit niemandem und beruft sich auf ein Eheversprechen, das sie an ihren Vetter Roderich binde, der nach «Dingsda», angeblich einem Ort in Indien, ausgewandert sei. Nach ihrer diesbezüglichen Erklärung hat Julia erst mal Ruhe. Sie kann einem armen Rucksacktouristen ein Abendessen und das Gästezimmer bieten, wofür er eigentlich dankbar sein müßte. Aber er horcht die arglose Frau beim Frühstück aus und erfährt, daß Julia Roderich liebt. Daraufhin gibt sich der Rucksacktourist, in Wirklichkeit Josses Vetter August, als besagter Roderich aus.

Julia fängt sofort an, ihn zu lieben, doch ihr Vormund entdeckt, daß dieser Roderich ein falscher solcher ist. Danach hat die Liebe erst einmal Pause, bis der echte Roderich eintrifft, sich aber sofort in Julias Freundin Hanne verliebt.

Das Julia gegebene Eheversprechen hat er, wie viele Männer, verdrängt bzw. vergessen, und da er sich auch sonst als viel weniger prächtig erweist als Julias Vorstellung von ihm, wendet sie sich wieder dem Vetter August zu.

Kurztext für sehr Nervöse: Durch Familienbräuche auf erweiterte Inzucht fixierte junge Frau hat die Wahl zwischen drei entfernten Verwandten und wählt, wie grundsätzlich bei der Ehe, den falschen Roderich. (Eine Eheschließung.)

Tip für Pausengespräche: Die (wie die Richter-Skala für Erdbeben) nach oben unbegrenzt offene Körner-Skala für Operettenkitsch.

Besondere Hits: «Ich bin nur ein armer Wandergesell» ist (leider) ein echter Ohrwurm; sonst wäre diese Operette wohl längst von den Spielplänen entfernt.

Viktoria und ihr Husar

Operette in drei Akten von Paul Abraham mit Text von Emmerich Földes.

Bereits im Vorspiel wird der Operettenfreund daran erinnert, daß die Russen ein friedliches und geduldiges Volk sind. Koltay, ein ungarischer Soldat, ist während des Ersten Weltkriegs in russische Kriegsgefangenschaft geraten, wo damals die Aufbewahrung von Gefangenen noch eine Art Urlaub gewesen sein muß.

Koltay singt wehmütig ein Liebeslied, das sein Stallbursche auf der Geige begleitet. Es dauert lange, bis einer der geduldigen Wächter das Gegeige als unerträglich empfindet. Auch dann nimmt er dem Gefangenen die Geige nicht einfach weg, um sie vor seinen Augen zu zerbrechen, sondern er tut so, als bewundere er das Instrument. Er nimmt es für die Freiheit der Ungarn in Zahlung und verbrennt es erst, nachdem sie außer Sicht sind.

Mit Müh und Not versuchen die Pußtabewohner, sich

in ihre Heimat durchzuschlagen. Beide haben jedoch im Geographieunterricht nicht aufgepaßt und geraten nach Japan.

In der amerikanischen Botschaft in Tokio erhalten sie politisches Asyl. Dann aber verdüstern sich die Wolken, denn auch diese beiden Asylanten bekommen Schwierigkeiten.

Viktoria, vor dem Krieg Koltays Geliebte, war das ewige Warten auf ihn leid und hat den amerikanischen Botschafter geheiratet. Der Botschafter ahnt nichts von ihrer erkalteten Beziehung zu Koltay und nimmt nicht nur Viktoria, sondern auch ihn mit nach Petersburg, als er dorthin versetzt wird.

Dort muß Koltay nach einiger Zeit entsetzt feststellen, daß auch Petersburg zu Rußland gehört, und er will mit Viktoria zurück nach Ungarn flüchten.

Höchst gescheit, wie Ungarinnen oft sind, will die Frau davon zunächst nichts wissen. Sie gibt vor, dem Botschafter dankbar zu sein. Inzwischen hat der Amerikaner allerdings von der früheren Liebesbeziehung zwischen seiner Frau und dem Ungarn erfahren. Da er den laschen Umgang der Russen mit Kriegsgefangenen kennt, verhindert er Koltays Verhaftung durch die Russen.

Koltay stellt sich ihnen freiwillig, weil ihm inzwischen das Essen in der amerikanischen Botschaft nicht mehr schmeckt und er lieber zurück nach Sibirien möchte.

Doch der amerikanische Botschafter ist auch nicht zu unterschätzen. Durch gute Verbindungen zu den Russen setzt er Koltays Begnadigung durch. Der Ungar wird in seine Heimat abgeschoben und kommt dort an, als zwei seiner Freunde heiraten. Wieder werden ungemein traurige Lieder gesungen und vergeigt, aber Koltay erwischt die Ehe schließlich auch.

Wegen großer Arbeitsüberlastung hat der Ami-Botschafter, der inzwischen nach Ungarn versetzt wurde, Viktoria auf eine

Weltreise geschickt. Als sie nach Budapest zurückkommt, will sie wieder in der Botschaft mit ihm leben, aber er hat längst eine diplomatische Intrige vorbereitet.

Raffiniert sorgt er für eine weitere Begegnung zwischen Viktoria und Koltay, und diesmal funktioniert sein Plan: Die beiden sind endlich soweit, daß sie ihre frühere Liebesbeziehung nachträglich legalisieren wollen, und er ist sie endlich los.

Kurztext für sehr Nervöse: In der Hoffnung, daß er bei einem Umzug nicht nur einen Teil seines Hausrats los wird, sondern auch seine Ehefrau, läßt sich ein US-Diplomat in verschiedene Städte versetzen, bis sein Plan gelingt. (Drei Eheschließungen.)

Tip für Pausengespräche: Bewunderung der souveränen Eleganz, mit der hier ein Diplomat nicht nur seine Eheschwierigkeiten beseitigt, sondern gleichzeitig eine sichtlich unerwünschte Ausländerin in ihre Heimat zurückführt. Unser Innenminister könnte was davon lernen!

Besondere Hits: «Meine Mama war aus Yokohama», «Reich mir zum Abschied noch einmal die Hände», «Mausi, süß warst du heute nacht». (Den Urgroßvater fragen; kann der mit Sicherheit noch immer singen!)

Der Vogelhändler

Operette in drei Akten von Carl Zeller mit Text von Moritz West und Ludwig Held, in der wir endlich jene Christel von der Post kennenlernen, die nichts mehr haßt als ihre Verwechslung mit der Förster-Christl.

Diese Christel liebt einen gewissen Adam, der so viel von Vögeln versteht, daß er sich in der Voliere des Kurfürsten nur noch damit beschäftigen möchte. Als der Kurfürst seinen Besuch zum Zwecke der Jagd von Wildschweinen sowie der

Begutachtung von Ehrenjungfrauen ankündigt, gerät der Jägermeister in erhebliche Schwierigkeiten.

Sämtliche Wildschweine sind von den praktischen Rheinpfälzern längst gewildert, und mit den Jungfrauen verhält es sich ähnlich. Um den Kurfürsten nicht zu enttäuschen, soll wenigstens ein zahmes Hausschwein für die Jagd beschafft werden. Der Jägermeister bekommt dafür von den Bauern Geld. Als der Kurfürst die Hatz dann plötzlich absagt, will der Jägermeister das Geld den Bauern nicht wieder zurückgeben, und ein unechter Kurfürst muß her.

Im Hinblick auf die operettennotorische Kurzsichtigkeit ist das Problem schnell gelöst. Der Neffe des Jägermeisters verkleidet sich als Kurfürst und nimmt unter anderem gnädiglich eine Bittschrift entgegen, in der Christel um den Ornithologenjob für ihren Adam bittet. Der unechte Kurfürst verspricht die Erfüllung dieser Bitte, aber Christel hat offenbar noch zu wenig Kenntnis von Adams Eigensinn erlangen können.

In der sehr begründeten Annahme, er verdanke die Beamtenstelle dem Umstand, daß der Kurfürst Christel als Ehrenjungfrau getestet und für gut befunden habe, lehnt er den Job ab und läßt sich von der als Bauernmädchen verkleideten Kurfürstin, die vermutlich die Ehrenjungmänner testet, eine Rose schenken.

Um ein Haar kommt es nach diesen Mißverständnissen bei Christel und Adam zu einer der grundsätzlich immer zu begrüßenden Trennungen, aber die Liebenden können sich ihre Liebe nicht durch Entsagung erhalten.

Bei der Ehe zwischen der Briefträgerin und dem Neffen des Jägermeisters treten die bei der Post üblichen Verzögerungen und Schlampereien auf. Das gibt Adam die Gelegenheit, die Bezüge eines Tierwärters mit denen einer Postbeamtin zu vergleichen, und er heiratet Christel endlich doch.

Kurztext für sehr Nervöse: Heirat zwischen Amateur-Ornithologen und Briefträgerin droht infolge sehr begründeter Vermutungen schon vor der Hochzeit zu scheitern, doch es kommt trotzdem zur Hochzeit. (Zwei Eheschließungen.)

Tip für Pausengespräche: Vergleich der Zustände bei der Deutschen Post mit jenen in einer Vögelvoliere.

Besondere Hits: «Schenkt man sich Rosen in Tirol», «Ich bin die Christel von der Post», «Wie mein Ahnerl zwanzig Jahr» und viele andere. Die volkstümliche Musik Zellers ist offenbar, zumindest in Deutschland und Österreich, vor dem alles zernagenden Zahn der Zeit einigermaßen geschützt.

Wiener Blut

Operette in drei Akten von Johann Strauß mit Text von Victor Léon und Leo Stein. Einmal mehr wird die Ehe als Form geordneten Zusammenlebens der Geschlechter in Frage gestellt.

Graf Balduin von Zedlau ist mit der Gräfin Gabriele von Zedlau verheiratet und hat deshalb mit ihr nicht mehr viel im Sinn. Balduin hält seine Geliebte Franziska in jeder Hinsicht lieber aus, und weil der Adel im alten Österreich viel Zeit hat, bekommt er es mit einer dritten Frau zu tun, die Pepi heißt und die er bisher lediglich aus der Ferne gesehen hat.

Um ihr näherzukommen, diktiert der adelige Analphabet seinem Diener Josef einen Brief an Pepi, ahnt aber nicht, daß sie mit Josef verlobt ist.

Bei dem verabredeten Treffen Balduins mit der Schönen tauchen unerwartet der gemäß Adelshierarchie höherrangige Fürst und die Gräfin Gaby, Balduins Geliebte sowie sein Diener auf. Es kommt zum operettenüblichen sexuellen Roulette, und danach verstehen es die adeligen Eheleute, geschickt den Eindruck zu erwecken, daß sie künftig nicht mehr fremdgehen wollen. Auch Josef versöhnt sich wieder mit seiner Pepi. Darauf hat der Fürst nur gewartet! Am Schluß kniet er vor Balduins Franziska und küßt ihr vorerst nur die Hand – aber wir wissen natürlich, wohin das führen wird.

Kurztext für sehr Nervöse: Des Schreibens nicht kundiger Graf überschätzt seine Intelligenz und versagt auch als Mann, da er nicht einmal eine Ehefrau und nur zwei Geliebte auseinanderzuhalten vermag. (Kein Wunder, daß Österreich die Schlacht bei Königgrätz verloren hat!)

Tip für Pausengespräche: Der Fortschritt und seine Vorteile. Dank Telefon, Telefax und schnellerer Verkehrsmittel kann ein Mann heute bis zu sechs geliebte Frauen bewältigen – sofern diese nicht über seine naturgemäß begrenzte körperliche Leistungsfähigkeit klagen.

Besondere Hits: Raffinierte Walzer, darunter die gefürchtete Titelmelodie «Wiener Blut, eigner Saft, voller Kraft, voller Glut», deren Text das Volk schon damals kreativ zu verbessern verstand.

Der Zigeunerbaron

Operette in drei Akten von Johann Strauß mit Text von Ignaz Schnitzer, die uns nach Österreich-Ungarn führt, wo Mitte des 18. Jahrhunderts ähnliche Verhältnisse bestanden wie Ende des 20. Jahrhunderts in Deutschland. Wie viele Bürger der DDR mußte der wohlhabende Großgrundbesitzer Barinkay aus seiner Heimat flüchten, und eine Roma-Familie hat seinen Besitz ähnlich okkupiert wie verdiente Ossis, die ihre Datschen auf den Grundstücken von Flüchtlingen errichteten.

Wie nach der Wiedervereinigung kehrt in dieser tragischen Operette der Sohn des rechtmäßigen Besitzers in die Heimat

zurück, und der Schweinezüchter Zsupán soll das Grundstück wieder räumen. Das will er natürlich nicht, aber Zsupán hat wenigstens Arsena, eine schöne Tochter, um die ihn viele Ossis in dieser Situation beneiden würden.

Wie zu erwarten, ist der Grundstückseigentümer von ihr begeistert, aber diese junge Frau kann nicht genug bekommen. Sie erwartet von einem künftigen Ehemann nicht nur einfach Grundbesitz, sondern er muß zusätzlich unbedingt adelig sein.

Da muß der junge Erbe leider passen. Prompt wird er abgewiesen, doch geistesgegenwärtig schnappt sich daraufhin eine junge Roma namens Saffi den Mann, der nach Klärung der Eigentumsverhältnisse ein Großgrundbesitzer sein wird.

Nicht nur das! Klug wie viele Flüchtlinge sind, hat der Vater des unerwünschten Heimkehrers auch noch einen riesigen Schatz auf seinem Grundstück vergraben, und als der reiche Peter dann nach kurzer kriegsbedingter Abwesenheit auch noch einen echten Adelstitel vorzeigen kann, bereut Arsena, daß sie dem Grafen Peter einen Korb gegeben hat.

Aber darf ein echter Graf die zweifellos zur Halbwelt gehörende Tochter eines Schweinezüchters heiraten? Viele deutsche Theaterbesucher sind entsetzt, wenn dies auf der Bühne geschieht, aber das Libretto stellt ihren Seelenfrieden schnell wieder her: Saffi ist in Wahrheit weder Zsupáns Tochter noch eine Roma, sondern die Tochter des letzten türkischen Paschas.

Kurztext für sehr Nervöse: Höchst verworrene Eigentumsverhältnisse an größerem Grundbesitz werden durch Liebesbeziehungen schnell geordnet. (Zwei Eheschließungen – Arsena muß zur Strafe für ihren Hochmut einen armen Beamtensohn heiraten.)

Tip für Pausengespräche: Erörterung der Umstände, die nach dem Zusammenbruch der DDR einer Neuordnung der dort entstandenen Eigentumsverhältnisse nach dem Modell dieser Operette entgegenstanden.

Besondere Hits: «Wer uns getraut?» sowie «Borstenvieh und Schweinespeck». – Schon Johann Strauß war der Ansicht, daß dieses Werk eigentlich auf die Opernbühne gehöre, weil es, schon wegen seiner Tragik, einfach keine richtige Operette sei. Aber was ist schon eine richtige Operette?

Dritter Teil

Die fetzige Welt des Musicals

«Ich konnte es mir nicht einmal leisten, selbst in Starlight zu investieren.»

(Andrew Lloyd Webber, Komponist)

«Die wichtigste Aufgabe des Komponisten ist – und wird es auch immer sein – Musik zu schreiben, die die Herzen seiner Zuhörer zu seiner Zeit erreicht und bewegt.»
(Randall Thompson)

Keine Angst vor dem Musiktheater für unsere Zeit!

Obgleich das Musical – die jüngere, besser durchgestylte anglo-amerikanische Schwester der inzwischen mehrfach gelifteten Operette – als Teil der populären Unterhaltung eigentlich völlig unproblematisch sein sollte, ist das keineswegs der Fall.

Zugegeben: Für das Musical «Grease» wurden in der vergangenen Spielzeit in Deutschland, Österreich und der Schweiz etwa fünfmal soviel Eintrittskarten verkauft wie für die «Zauberflöte». Sogar an der beliebtesten aller Operetten, der «Fledermaus», waren eine Million Menschen weniger interessiert als an besagtem Musical.

Aber gerade die Liebhaber der Oper und die treuen Freunde der Operette schrecken vor dieser Form musikalischer Unterhaltung vielfach noch zurück. Das hat seine Gründe.

Bei Opern und Operetten ist der Besucher vor Überraschungen vergleichsweise sicher. Auch wenn profilierungssüchtige Regisseure immer wieder versuchen, den Kenner zu verwirren – ihr Bestreben, sich in die Rolle des Urhebers zu schleichen, findet in Partitur und Libretto irgendwo seine Grenzen.

Bei Opern wird das Publikum, sofern es sich nicht in solche von zeitgenössischen Komponisten verirrt, immer mit klassischer (= *meist deprimierender*) Musik konfrontiert, zu der SängerInnen und Chöre singen sowie mindestens eine Person auf der Bühne stirbt. Bei Operetten kann der Zuschauer immer davon ausgehen, daß auf der Bühne getanzt wird und mindestens ein Liebespaar heiratet. Die vielfach süßliche Musik der Wiener Operetten gefährdet höchstens den musikalischen Diabetiker.

Bei der Aufführung eines Musicals ist dagegen nahezu alles möglich und wenig ausgeschlossen.

Ein Musical kann heiter und beschwingt stimmen wie «Hello, Dolly» oder so traurig wie «Oliver!». Die Musik kann die Qualität einer durchkomponierten Oper erreichen wie in «Chess» oder eingängige Popmusik zu einer lockeren Collage verbinden wie «Grease». Tänzerinnen können in Lumpen gehüllt sein wie in «Les Misérables» oder im sehr knappen Kostüm von Showgirls die Sinne erfreuen wie in «Gambler». «Oh, Calcutta» präsentiert dem Publikum sogar das gesamte Ensemble nackt.

In manchem Musical wird sowohl geheiratet als auch gestorben. Der Besucher weiß folglich ohne Kenntnis der Handlung auf der Bühne nicht einmal, ob er traurig ist oder eher heiter gestimmt. Und die Aufführungsorte mancher Musicals schaffen zusätzliche Unsicherheit!

Im Gegensatz zum Opernhaus, wo auf guten Plätzen immerhin Teile von gesungenen oder gesprochenen Texten verstanden werden können, ist das in hastig errichteten, kommerziellen Musical-Arenen mit tausend oder zweitausend Plätzen dank ihrer Architektur nicht immer ohne weiteres möglich.

Die Bühnentechnik solcher Aufführungshallen gestattet eindrucksvolle Licht- und Lasershows. Die Ausstattung und der Großauftrieb an Darstellern überfluten das Auge mit optischen Reizen, jedoch schiebt sich meist die Tontechnik zwischen SängerInnen und das Publikum, was zu einem verblüffenden Erlebnis führt: Der Besucher einer Musicalaufführung erlebt sie live – und hört die Musik dabei gleichzeitig wie zu Hause aus Lautsprechern.

Die klassischen amerikanischen Musicals gelingen auch auf den Guckkastenbühnen unserer Stadttheater oft ganz vorzüglich. Ein spektakuläres neues Rock-Musical überfordert dagegen deren Orchester und Darsteller. Es wird dort meist zu einer Operette mit schlecht gespielter Popmusik.

Der Autor des «Einzig wahren Opernführers» kann kommerzielle Musicalaufführungen in Palästen mit mehr als tausend Plätzen leider nur mit Ohrenstöpseln besuchen. Er hat es versäumt, seine Trommelfelle von frühester Kindheit an durch laute Musik aus dem Walkman zu trainieren. Das ändert nichts an den Tatsachen.

Was immer gegen das Musical einzuwenden ist – es ist die von Millionen bevorzugte Form des musikalischen Spektakels in unserer Zeit. Seine Besucher benötigen genauso Verständnishilfen wie die Liebhaber von Oper und Operette, ja sie sind vielfach sogar noch mehr darauf angewiesen: Auf den preiswerteren Plätzen einer Musicalhalle hören sie zwar die Musik aus den Lautsprechern, doch sie sehen nur aus weiter Entfernung, was auf der Bühne geschieht.

Anatevka – Fiddler on the Roof

(Fiddler on se ruf)

Das Musical von Jerry Bock mit Dialogen von Joseph Stein nach der Erzählung «Tevje, der Milchmann» von Sholem Alechem sowie mit Gesangstexten von Sheldon Harnick erzählt in zwei Akten die Geschichte der Familie eines russischen Milchmannes jüdischen Glaubens, der mit fünf Töchtern gestraft ist.

Die älteste Tochter, Zeitel, soll eigentlich einen reichen Witwer heiraten. Der kluge Tevje ermöglicht aber eine Liebesehe mit dem armen Schneider Mottel, der nach der zu erwartenden Revolution nicht enteignet werden kann.

Die zweite Tochter, Hodel, liebt einen Revolutionär und folgt ihm in die Verbannung nach Sibirien.

Chava schließlich, die jüngste Tochter Tevjes, heiratet einen Russen mit Taufschein. Trotz Tevjes Lebenserfahrung und Weisheit hat er kein Verständnis für ihre Abkehr vom Familienglauben und verzeiht ihr das nicht. Doch bald steht die Familie vor schwierigeren Problemen.

Rassistische Ausschreitungen erfassen auch das Dorf Anatevka in der Ukraine. Menschen jüdischen Glaubens werden ausgewiesen. Die beiden verheirateten Töchter ziehen mit ihren Männern nach Polen, wo sie in den Holocaust der Nazis geraten dürften, was das Musical aber nicht zeigt.

Tevje, seine Frau und die beiden jüngsten Töchter riskieren das einzig Wahre: Sie emigrieren in die USA.

Kurztext für sehr Nervöse: Lebendig gewordenes Gemälde von Marc Chagall mit eingängig folkloristischer Musik. (Zweieinhalb Eheschließungen.)

Tip für Pausengespräche: Betroffenes Schweigen! Rassismus ist und bleibt eine Sonderform menschlicher Dummheit.

Besondere Schlager: Jede Menge! «Tradition», «Wenn ich einmal reich wär», «Ist es Liebe?» und natürlich «Anatevka».

Annie Get Your Gun

(Änni get jor gan)

Musical in zwei Akten von Irving Berlin mit Dialogen von Dorothy und Herbert Fields, denen Berlin so viel zutraute, daß er die Texte für die Songs lieber selbst schrieb.

Frank Butler (ein Sohn Rhett Butlers aus «Vom Winde verweht»?) tingelt mit der Wildwest-Show des Büffelschlächters Buffalo Bill Ende des 19. Jh. durch die USA. In einem verschlafenen Kaff bei Cincinnatti stößt die Truppe auf eine gewisse Annie Oakley – ein Landei, das ärmlich von Foodstamps lebt, aber wie Frank dauernd in der Gegend herumballert. Kein Wunder bei den laxen Waffengesetzen der USA!

Natürlich läßt Buffalo Bill ein solches Talent nicht in der Provinz verkommen. Annie wird als Quotenfrau von der Truppe angeheuert. Frank verliebt sich in sie, aber leider steht beider Liebe ein Hindernis im Wege: Annie trifft häufiger ins Schwarze als Frank, und derlei löst nun mal bei vielen Machos schwere Erektionsstörungen aus.

Als Annie sogar den Siouxhäuptling Sitting Bull (= Sitzendes Rindvieh) so beeindruckt, daß der sich auch der Truppe anschließt, hat Frank die Nase voll und wechselt zu einem Konkurrenzunternehmen. Das verhilft ihm wieder zu seiner Potenz, aber nicht lange.

Beide Wildwest-Shows fusionieren so ähnlich wie Siemens und Nixdorf. Frank sieht sich wieder mit der Cowgirl-Emanze konfrontiert, die inzwischen sogar noch besser mit der Knarre umgehen kann, und prompt erleidet er einen Rückfall. Aber dann kommt es zu einem Wettschießen zwischen Annie und Frank, das Annie verliert. Endlich sind Franks Macho-Ehre und seine sexuelle Potenz richtig wiederhergestellt, und er muß Annie heiraten. (Die plötzlich verblüffend schlechten Leistungen Annies werden in Inszenierungen unterschiedlich begründet: Bei manchen Regisseuren schießt Annie absichtlich daneben, weil ihr die Ehe wichtiger ist als ein dämliches Wettschießen. Bei anderen Regisseuren verstellt Sitting Bull heimlich das Visier von Annies Flinte, weil er auch was gegen schießwütige Frauen hat.)

Kurztext für sehr Nervöse: Schwacher Macho traut sich erst ins Bett einer starken Frau, nachdem sie selbst Schwäche vorgetäuscht hat. (Eine Eheschließung.)

Tip für Pausengespräche: Für Gebildete: Erörterung des Wortspiels im Titel des Musicals; eine Flinte wird im Ami-Englisch meist «rifle» genannt. «Gun» heißt zwar auch Gewehr, steht aber im Slang vielfach für das männliche Sexualorgan. Für alle anderen: Erörterung der Zukunftschancen dieser Ehe. Nach der Heirat wird Annie wieder voll ins Schwarze treffen – danach ist die Scheidung wohl nur noch eine Frage der Zeit.

Besondere Schlager: «There's No Business Like Show Business», «Alles, was du kannst, das kann ich viel besser», «Man sagt, verliebt sein, das wäre wundervoll».

Beauty and the Beast

(Bjuti end se biest)

Musical von Alan Menken, Buch Linda Woolverton, nach dem gleichnamigen Disney-Zeichentrickfilm, Songtexte von Howard Ashman und Tim Rice.

Maurice – ein Franzose, der überflüssige Maschinen erfindet – hat mit Belle eine Tochter, die sich gleichfalls ungewöhnlich verhält. Sie liest nicht nur Bücher, sondern weist die Liebeserklärungen des attraktiven Gaston zurück, da er sich nur für Fußball interessiert.

Bei einem Spazierritt verirrt sich der alte Erfinder in ein Schloß, dessen Besitzer (wie die meisten Hauseigentümer) in ein häßliches Ungeheuer verwandelt wurde. Seine Dienstboten wurden bei dieser Gelegenheit zu nützlichen Gebrauchsgegenständen wie Kerzenleuchter, Kaffeekanne und Standuhr.

Das Ungeheuer sperrt den Erfinder ein. Es ist jedoch bereit, ihn im Austausch gegen seine schöne Tochter freizulassen. Belle ist klug genug, sich auf dieses Angebot einzulassen. In der irrigen Vorstellung, Frauen, die in den Armen von Ungeheuern liegen, wären versessen auf ihre Befreiung, rückt Gaston mit anderen Bauerntölpeln an. Das Ungeheuer besiegt ihn im Kampf, nimmt ihn jedoch nicht ernst und läßt ihn frei.

Für diese Dummheit wird es sofort bestraft. Der Bauernlümmel ersticht es hinterrücks. Doch das erweist sich diesmal ausnahmsweise als vorteilhaft: Belle begreift, was sie an ihrem Monster hat. Sie küßt es endlich mit Gefühl – und es verwandelt sich in einen bildschönen Prinzen. Der Bauernjunge stürzt von einem Turm des Schlosses in den Tod. Ob das Paar danach wirklich glücklich wird, wie das Textbuch behauptet, erscheint allerdings zweifelhaft. (Entertainment für Musicalhäuser; für Stadttheater nur bedingt geeignet!)

Kurztext für Nervöse: Attraktive Masochistin begibt sich in die Gewalt eines Ungeheuers, das sich durch ihre Liebe in einen normal langweiligen Prinzen verwandelt. (Ein Toter.)

Tip für Pausengespräche: Die Neigung attraktiver armer Frauen, sich in wohlhabende Ungeheuer zu verlieben.

Besondere Hits: Fehlanzeige!

Hinweis: Die französische Verfilmung des alten Märchenstoffes mit Jean Marais als Ungeheuer und Prinz ist noch immer unübertroffen.

The Black Rider
(se bläck reider)

Musical mit Musik von Tom Waits und Texten von William S. Burroughs, das Motive aus der deutschen Oper «Der Freischütz» (vgl. S. 42) für unsere Zeit neu aufbereitet.

Kurztext für Nervöse: Schlechtem Schützen gelingt es, den amerikanischsten aller Träume zu verwirklichen – eine Kugel, die immer trifft. (Eine Tote.)

Tip für Pausengespräche: Das unveräußerliche Recht auch geistig verwirrter Amerikaner, mit einer Kanone durch die Gegend zu laufen.

Besondere Hits: Die Songs sind auf die unvergleichlich knarrende Alkoholikerstimme des Komponisten zugeschnitten: sie überzeugen nur, wenn er sie singt. (CD: Island Records 74321168222)

Cabaret
(Ka-ba-ree)

Musical in zwei Akten von John Kander, dessen Textbuch Joe Masteroff aus dem Schauspiel «I am a Camera» von John Van Druten zusammenköchelte, der seine Zutaten wiederum den autobiographischen «Berlin Stories» von Christopher Isherwood entnommen hatte.

Die Handlung ist, dank der Verfilmung mit Liza Minnelli in der Rolle der Sally Bowles, weithin bekannt: Cliff, ein Amerikaner, kommt Anfang 1930 zwecks Recherchen für einen Roman nach Berlin. In Deutschland ist gerade mal wieder eine Wirtschaftskrise angesagt, und in Berlin geht es drunter und drüber. Hütchenspieler belästigen am Kurfürstendamm die Spaziergänger. Polen belagern das Kaufhaus des Westens, und wie immer, wenn es den Deutschen nicht so gutgeht, spült die Not den Abschaum aus allen Löchern. Nazis verbreiten Terror. Im «Kit-Kat», einem leicht angeschmuddelten Nachtklub, ist anfangs wenig davon zu merken.

Cliff erteilt Englischunterricht und verliebt sich im Nachtklub in die Sängerin Sally Bowles, die zu ihm in die Pension zieht. Herr Schultz, ein reicher Gemüsehändler, verlobt sich mit Cliffs Pensionswirtin Schneider, aber es kommt nicht zur Heirat. Da Schultz als Jude keine staatlich geprüften Großeltern vorweisen kann, löst die Schneider aus Angst die Verlobung. Als die Nazis das Kabarett demolieren, nur weil ihnen dessen Programm nicht gefällt, begreift diese Frau, was auf Deutschland zukommt.

Cliff verdient ein bißchen Geld mit einem Devisenschmuggel für den Obernazi Ludwig, dann schlägt auch für ihn das Schicksal grausam zu. Sally ist von ihm (von Cliff, nicht vom Schicksal!) schwanger und plädiert für die Fristenlösung, doch davon will Cliff nichts wissen. Die Beziehung der beiden gerät in eine Schieflage.

Als Cliff von ausländerfeindlichen Dummköpfen zusammengeschlagen wird, um die sich die Polizei nicht im geringsten kümmert, hat er die Nase voll von Deutschland. Sally verkauft ihren Pelzmantel, um die Schwangerschaftsunterbrechung zu bezahlen, und bekommt dafür von Cliff eine Ohrfeige. Sehr zu Recht! Wenig später beweist sie endgültig, wie blöd sie ist.

Obwohl Cliff sie, trotz der Abtreibung, mit in die USA nehmen will, bevorzugt Sally eine «Karriere als Künstlerin», die, wie wir vermuten müssen, in der Rolle einer Berliner Trümmerfrau enden dürfte. Das zeigt das Musical aber nicht mehr.

Kurztext für sehr Nervöse: Recherchierender Amerikaner verliebt sich in verantwortungslose Nachtklubsängerin, die sich für Abtreibung und Deutschland entscheidet anstatt für Kinder und Amerika. (Eheschließungen: Keine, sofern der Regisseur die Pensionswirtin nicht den Nazi Ludwig heiraten läßt.)

Tip für Pausengespräche: Vergleich der Verhältnisse in Berlin kurz vor der Machtergreifung Hitlers mit den gegenwärtigen Zuständen; das «Kit-Kat» ist bereits wieder eröffnet!

Besondere Schlager: Da die meisten Lieder nur im Kontext der Handlung verständlich sind, hat sich nur Sallys Song «Life is a Cabaret» dauerhaft durchgesetzt, in dem sie ihre fragwürdige Lebensauffassung verkündet.

Camelot

(Kämelot; etwa wie die Zigarettenmarke Camel)

Musical in zwei Akten von Frederick Loewe, Dialoge und Songtexte von Alan Lerner.

Schon zu Beginn der Tragödie heiratet König Arthur die Prinzessin Guenevere, und das kann nicht gutgehen. Arthur ist ziemlich weltfremden Idealen vom Rittertum verpflichtet, und Guenevere langweilt sich alsbald außerordentlich.

Prompt verliebt sie sich in den französischen Ritter Lancelot, den die gescheiten Freunde Arthurs mit Hilfe eines Turniers aus der Welt schaffen wollen, was mißlingt. Nach seinen altmodischen Auffassungen von Gastfreundschaft muß Arthur den Lancelot danach als Freund aufnehmen.

Wie zu erwarten, wird Gueneveres Liebe dem Lancelot bald zuviel, und er bittet um seinen Abschied, weil er sich lieber auf dem Schlachtfeld bewähren will als im Bett. Als er zurückkommt, hofft er, daß ihn Guenevere inzwischen vergessen hat, aber das ist nicht der Fall.

König Arthur tut zwar nur so, als wisse er nicht, was der französische Ritter im Schlafgemach der Guenevere mit seiner Lanze anstellt, aber sein Sohn Mordred will dem Vater die

Augen öffnen. Er sorgt dafür, daß die Ehebrecher erwischt werden.

Lancelot kann flüchten. Guenevere soll auf dem Scheiterhaufen verbrannt werden, wird aber von Lancelot befreit, der sie in ein Kloster in Frankreich bringt. Dort soll sie Nonne werden, damit er endlich Ruhe vor ihr hat, aber das funktioniert nur bedingt. Nach seinen merkwürdigen Vorstellungen von Ehre muß König Arthur (wegen der Entführung Guenveres) jetzt Frankreich angreifen, und am Vorabend der Schlacht befürchtet er, wohl nicht ohne Grund, daß ihn der kühne Lancelot in den Himmel aller Gralsritter schicken wird.

Doch zu Arthurs Erleichterung bittet ein unreifer Knabe darum, von ihm noch schnell zum Ritter befördert zu werden. Das macht der König mit Vergnügen, und der frisch ernannte Ritter wird wohl dafür sorgen, daß die unpraktischen Ritterideale noch eine Weile in Großbritannien praktiziert werden.

Kurztext für sehr Nervöse: Sinnliche Ehefrau eines Königs verführt einen jungen französischen Ritter, was zu erheblichen Problemen führt, weil sich der König unpraktischen Moralvorstellungen verpflichtet fühlt. (Eheschließungen: eine – wie meist, eine unglückliche.)

Tip für Pausengespräche: Stilles Gedenken an John F. Kennedy, der von «Camelot» so begeistert war, daß er zwischen Marilyn Monroe und seiner Ehefrau Jackie ähnlich hin und her pendelte wie Guenevere zwischen Arthur und Lancelot.

Besondere Schlager: «Camelot», «Follow me» – aber nur in den USA.

Cats
(Käts)

Musical in einem Akt von Andrew Lloyd Webber, in dem auf einem Londoner Katzenball schnurrende Mäusefresser höchst unterschiedlichen Charakters die alljährlich fällige Reinkarnation in den einzig wahren Katzenhimmel zelebrieren. Wie vielfach wurde auch hier Literatur für die Handlung eines Musicals ausgeschlachtet, aber die im Original sehr schönen Katzengedichte T. S. Elliots geben für eine zusammenhängende Story naturgemäß wenig her.

Deshalb bleibt das Musical genau betrachtet eine Revue, und zwar eine höchst erfolgreiche.

«Cats» ist das am längsten in Londons Westend aufgeführte Musical. (Entertainment für Musicalhäuser; für Stadttheater nur bedingt geeignet!)

Kurztext für sehr Nervöse: Heruntergekommene Straßenkatze wird vom Katzenältesten für die Reinkarnation auserwählt und bekommt auf diese Weise die Chance, im nächsten Leben besser auf sich aufzupassen. (Keine Eheschließung: Immerhin etwas!)

Tip für Pausengespräche: Entfallen mangels Pause.

Besondere Schlager: Ähnlich durchgesetzt wie Songs aus «Hair» oder «Evita» hat sich aus «Cats» hierzulande bestenfalls der Song «Memory», was nicht verwundert. Die deutschen Schlagersänger liefern genug Katzenmusik.

CAT

Chess

(Scheß)

Musical von Benny Andersson und Bjoern Ulvaeus, Libretto und Songtexte von Tim Rice. Das durchkomponierte Werk ohne gesprochene Dialoge weist eine derart hohe musikalische Qualität auf, daß es bereits bei der Premiere das Publikum überforderte. Deshalb hier nur:

Kurztext für Nervöse: Amerikanischer Schachweltmeister verliert Titel und Geliebte an russischen Herausforderer, der in die USA flüchtet, wo ihn die verdiente Strafe erreicht: Rußland erteilt seiner Ehefrau die Ausreisegenehmigung. (Entertainment für Musicalhäuser; für Stadttheater nicht geeignet!)

Tip für Pausengespräche: Die Neigung der Russen zum Schachspiel sowie der Zusammenbruch der Sowjetunion.

Besondere Hits: Die Arie «Pity the Child» ist so großartig, daß allein sie den Kauf eines Tonträgers rechtfertigt. (RCA PL 70500/RCA VICTOR 7700.)

Chicago

«Musical Vaudeville» von John Kander, Buch von Fred Ebb sowie Bob Fosse, Songtexte von Fred Ebb nach einem Theaterstück von Maurine Dallas Watkins, das hier nicht mehr bekommt, als es verdient:

Kurztext: Attraktive Mörderin ihres Geliebten wird dank der Bemühungen eines fähigen Anwalts freigesprochen und nutzt ihre Popularität für eine Karriere im Showgeschäft. (Ein Toter.)

Tip für Pausengespräche: Lob des amerikanischen Rechtssystems, bei dem Geschworene entscheiden, welche der beiden Seiten die besseren Anwälte bezahlen kann.

Besondere Hits: «All that Jazz», «Cell Block Tango» sowie «Chicago After Midnight».

A Chorus Line
(Ä Korus Lein)

Musical in einem Akt von Marvin Hamlisch mit Text von mehreren Autoren, das die Karrierehoffnungen von Tänzerinnen und Tänzern mit der unerbittlichen Realität des Showgeschäftes zu vergleichen vorgibt, letztere aber schönt: Nur einer von vier Tänzern des Musicals ist homosexuell, was kein Kenner der Szene glauben dürfte. Nahezu sämtliche Dialoge sind von eingängiger Jazz-, Rock- und Popmusik überlagert, und deshalb gewöhnlich kaum zu verstehen. Die Tanzeinlagen und das Finale machen eine Aufführung *mit wirklich guten TänzerInnen und SängerInnen* dennoch sehenswert.

Kurztext für sehr Nervöse: Der Kampf um ein Engagement im Showbusineß vermittelt (angeblich) einen Blick hinter die Kulissen einer Broadway-Produktion, in der keiner heiratet.

Tip für Pausengespräche: Entfallen mangels Pause.

Besondere Schlager: «I hope I get it».

Evita

Musical (Rockoper) in zwei Akten von Andrew Lloyd Webber und Tim Rice.

Ein Student, der gerade ein Insektenvertilgungsmittel erfunden hat (also *nicht* Che Guevara!), erfährt in einem Kino, daß Eva Perón, die weibliche Führerfigur Argentiniens, an Krebs gestorben ist.

Aus der Perspektive dieses Studenten und von seinen ironischen Kommentaren begleitet, erzählt das Stück den unaufhaltsamen Aufstieg einer karriereorientierten Fünfzehnjährigen aus der Provinz, die sich zielstrebig durch Musiker-, Fotografen- sowie Produzentenbetten schläft, bis sie in den Armen des machthungrigen Offiziers Juan Perón zur Ruhe kommt. Dank Evitas erotischer Ausstrahlung gewinnt Perón die Präsidentschaftswahl.

Da kurz nach dem Zweiten Weltkrieg die Nazizeit in Europa noch nicht vergessen ist, beurteilen die Europäer den Faschismus Peróns skeptisch. Deshalb wird Evita von Perón auf einen Werbefeldzug nach Europa mitgenommen, wo sie die Herzen der hungernden Bevölkerung erobert: Sie bringt jede Menge Rindfleisch mit.

In Argentinien sehen sich die Peróns allerdings mit immer mehr Widerstand konfrontiert. Von den superreichen Landbesitzern werden sie ebenso geschnitten wie vom Militär. Bewundernswert willensstark, wie Frauen aus den untersten Gesellschaftsschichten oft sind, kandidiert Evita jetzt für das Amt des Vizepräsidenten. Doch sie erkrankt an Krebs, was ihren weiteren Aufstieg verhindert. In einer ergreifenden Rede erklärt sie ihren Verzicht auf die Kandidatur und singt noch einmal «Don't cry for me, Argentina», aber das Volk weint trotzdem bei ihrer Beisetzung. (Entertainment für Musicalhäuser; für Stadttheater nur bedingt geeignet!)

Kurztext für sehr Nervöse: Arme, jedoch höchst intelligente Landarbeitertochter erschläft sich die Position der Ehefrau eines Offiziers, der dank ihrer Lebenserfahrung Präsident Argentiniens wird. Dann stirbt sie. Mit Madonna verfilmtes Melodrama, deren Stimme zusätzlich zu Tränen rührt. (Eine Eheschließung, eine Tote.)

Tip für Pausengespräche: Verurteilung der in der Politik höchst mangelhaft verwirklichten Gleichberechtigung der Frau. Wieso erreichen sie (Ausnahmen wie Margaret Thatcher,

Indira Gandhi sowie Benazir Bhuto bestätigen die Regel) so selten höchste Staatsämter? – Wir fordern: Verona Feldbusch muß endlich ins Bundeskanzleramt!

Besondere Schlager: Jede Menge. Obwohl der zweite Welterfolg aus der Music-Tuning-Factory Webber / Rice nicht ganz so erfolgreich war wie deren «Jesus Christ Superstar», infizierte ihr «Don't cry for me, Argentina» unseren gesamten Planeten. Viele Rundfunkanstalten sind noch immer nicht davon genesen.

Funny Girl
(Pfanni Görl)

Musical Comedy in zwei Akten von Jule Styne mit Texten von Bob Merrill und Isobel Lennart, welche die Lebensgeschichte des Broadway-Stars Fanny Brice, geborene Borach aufbereitet. Da die Autoren drei Jahre lang an dem ursprünglich für einen Kinofilm bestimmten Buch immer wieder ändern mußten, wurde es (wie jedes Drehbuch) mit jeder Änderung ein kleines bißchen schlechter.

Bei Beginn der Handlung sitzt Fanny vor dem Spiegel. Ihr Mann ist mal wieder wegen eines kleinen Betrugsdeliktes im Gefängnis. Da seine Entlassung zu befürchten ist, denkt Fanny über ihr bisheriges Leben nach, um eine Zwischenbilanz zu ziehen.

Diese sieht nicht gerade gut aus. Sie erinnert sich an ihre Mutter, die dem ungelenken Teenager rät, nicht Tänzerin zu werden, sondern zu heiraten.

Der Tänzer Eddie Ryan gibt ihr völlig uneigennützig Gesangs- und Tanzunterricht, denkt dabei aber (vermutlich homosexuell?) nur an ihre Karriere. Nick Arnstein allerdings ist an ihr nicht nur als Künstlerin interessiert. Beide kommen sich näher, und schließlich heiraten sie, was sich (wie meist) als Fehler erweist.

Nick betreibt zwielichtige Geschäfte. Fanny versucht, ihm zu einem eigenen Spielcasino zu verhelfen, aber dieser Plan funktioniert nicht. Daraufhin begeht Nick eine Unterschlagung. Er wird verhaftet und zu einer Gefängnisstrafe verurteilt.

Spätestens jetzt können die Zuschauer Wetten abschließen. Wird Fanny diesen Gewohnheitsverbrecher nach der Entlassung weiter ihr Leben verpfuschen lassen? Bange Zweifel, doch dann bringt das Finale ihre befreiende Entscheidung: Sie wird sich von diesem Wiederholungstäter endlich trennen und nur noch für die Kunst leben. Beziehungsweise für das, was Regisseure am Broadway unter solcher verstehen.

Kurztext für sehr Nervöse: Etwas zähe Aufarbeitung einer Künstlerinnenbiographie, die als Kinofilm eindeutig besser gelang als auf den meisten Bühnen. (Eine Eheschließung, eine Ehescheidung.)

Tip für Pausengespräche: Erörterung der Vorzüge eines ruhigen Abends im eigenen trauten Heim.

Besondere Schlager: «People», «Don't rain on my parade».

Gaudi

Musical von Eric Woolfson, das auf Dialoge nahezu gänzlich verzichtet und statt dessen auf Musik, Songs und Tanz setzt.

Am Anfang erhält der Schriftsteller Don Parker in Barcelona den «Gaudi-Literaturpreis». Parkers Agent Mark Winner will die Popularität des Autors kommerziell nutzen und ihn für ein Filmprojekt gewinnen. Parker versteht sich als Dichter der Innerlichkeit und lehnt ab.

Winners PR-Beraterin Isabella soll seinen Widerstand brechen, bricht ihm und Winner aber nur das Herz; Parkers Agent ist mit der Schönen liiert. Ob aus dem Filmprojekt etwas wird, bleibt offen. Am Ende ringt Parker noch immer mit sich selbst über die schwierige Entscheidung zwischen Liebe und Kunst, die für einen weniger weltfremden Autor wirklich kein Problem wäre.

Durch das ganze Musical geistert ein unglücklicher Mann: der großartige katalanische Architekt Antoni Gaudi, der sich am Schluß von einer Straßenbahn überrollen läßt. Vermutlich weil sein Name für ein Musical herhalten mußte, das kaum etwas mit ihm zu tun hat. (Entertainment für Musicalhäuser; für Stadttheater nur bedingt geeignet!)

Kurztext für sehr Nervöse: Musical mit einer Handlung, die ähnlich unvollendet wirkt wie Antoni Gaudis Kirche «La Sagrada Familia». (Eheschließungen: keine. Jedoch ein Toter.)

Tip für Pausengespräche: Diskussion der Frage, ob beeindruckende optische Effekte eine schwache und verworrene Handlung transparenter machen können.

Besondere Schlager: «Puppet Master», «Money Talks».

Gambler

(Gämb-ler)

Musical von Eric Woolfson, das – wie sein «Gaudi» – eine bestenfalls angedeutete Handlung zum Vorwand für eine Revue mit eindrucksvollen Showelementen nimmt, die von langbeinigen und gut ausgeleuchteten Showgirls über die Bühne gebracht werden. Entertainment für Musicalhäuser; für Stadttheater nur bedingt geeignet! Deshalb hier nur:

Kurztext für sehr Nervöse: Revue mit Motiven aus Puschkins Erzählung «Pique Dame», die schon Peter Tschaikowski für eine Oper mißbrauchte. Vgl. S. 77. (Keine Eheschließung, jedoch ein Selbstmord.)

Tip für Pausengespräche: Der Geschäftssinn des Schotten Eric Woolfson, der nach dem Erfolg seiner Popalben («Alan Parsons Project»!) viele Melodien aus denselben für Tänzer und Sänger aufwärmte. Gekonntes Recycling.

Besondere Schlager: Keine.

Gigi
(Dschi-dschi)

Musical in zwei Akten von Frederick Loewe und Alan Lerner, mit dem man am Broadway nach dem Erfolg des gleichnamigen Films mit Leslie Caron, Louis Jourdan und Maurice Chevalier ein zweites Mal einen Roman der Colette ausbeutete, was beim Publikum zuerst nicht sonderlich gut ankam, obwohl die Handlung nicht uninteressant ist.

Gigi, die Titelfigur, lebt um 1901 in Paris. Ihre lebenskluge Großmutter weiß, wie es um die Intelligenz ihrer Enkeltochter bestellt ist, und bemüht sich aufopfernd, ihr jene Kenntnisse zu vermitteln, die wenigstens zum Erwerb des Lebensunterhalts als Kurtisane (= franz. für Callgirl ohne Telefon) befähigen.

Ein wohlhabender Playboy, bei dem Gigi als solche eingestellt werden könnte, ist alsbald gefunden. Er ist an ihr interessiert, aber sie vermasselt alles. Anstatt beim Notar jenen Vertrag zu unterzeichnen, der Gigis Honorar regeln soll, besteht sie auf einer Heirat, obgleich ihr der Playboy das gleichförmige Leben an der Seite eines Beamten und Mutter von zahlreichen nörgelnden Kindern sehr realistisch, d. h. abschreckend zu schildern vermag.

Als sie dennoch die Rolle der angemessen mit eleganter

Kleidung, Hüten und, vor allem, Schuhen mit sehr hohem Absatz ausgestatteten ständigen Begleiterin ablehnt, kommt es zur Trennung, aber nicht für lange.

Gaston, so der Name des Playboys, ist von der Naivität Gigis dermaßen gerührt, daß er sich zum äußersten Schritt überwindet, zu dem solche Männer fähig sind. Er unterdrückt seinen gesunden Selbsterhaltungstrieb und macht Gigi einen Heiratsantrag, den sie schnell akzeptiert.

Kurztext für sehr Nervöse: Naive Pariser Vorstadtschönheit verspielt Chance der Existenz als Luxuskurtisane und entscheidet sich statt dessen für die Rolle der Ehefrau, Hausfrau und, vermutlich, Mutter. (Eine Eheschließung, die einen Mann wie Gaston keinesfalls hindern dürfte, seine Neigung zu häufig wechselnden Partnerinnen auch nach der Heirat auszuleben.)

Tip für Pausengespräche: Nachdenkliche Diskussion der höchst zweifelhaften Folgen der «Frauenemanzipation». Gigi hatte immerhin noch die Wahl zwischen zwei Rollen. Heute sollen Frauen sowohl Hausfrau und Mutter sein als auch die Kurtisane ihres Ehemannes und am besten auch noch Geld verdienen. Und das halten manche auch noch für einen Fortschritt.

Besondere Schlager: Fehlanzeige.

Grease
(Gries)

Rock-'n'-Roll-Musical von Jim Jacobs und Warren Casey, in dem sich bei einem Klassentreffen 1979 ehemalige Absolventen einer amerikanischen High School wiedertreffen und an ihre unbeschwerte Jugendzeit erinnern. Eine schöne heile Welt, in der die Farbe des Lippenstiftes bzw. einer Lederjacke sowie die Menge der Pomade in den Haaren (= engl. grease; Fett) noch wichtiger sind als die Zensuren. (Entertainment für Musicalhäuser; für Stadttheater nur bedingt geeignet!)

Kurztext für sehr Nervöse: Nostalgische Feier des Lebensgefühls junger Menschen Ende der fünfziger Jahre. (Mehrere Eheschließungen.)

Tip für Pausengespräche: Jene (hoffentlich) einfallsreiche Regie mit rasantem Szenenwechsel, die den Besuch dieses mehrfach verfilmten Musicals auch in Deutschland zu einem Vergnügen machen kann.

Besondere Schlager: «Mooning», «You're The One That I want» sowie der Titelsong «Grease».

Hair
(Här)

Rock-Musical in zwei Akten mit Musik von Galt MacDermott und Texten von Gerome Ragni und James Rado. Die Handlung folgt möglicherweise den Gesetzen der Chaostheorie. Es ist aber wahrscheinlicher, daß die Textautoren bei ihren Recherchen so viel bewußtseinsverändernde Rauschdrogen konsumierten, daß sie bei der Arbeit einen *flash back* erlitten.

Wenn sich der Vorhang des Theaters öffnet, signalisieren Blumen, Räucherwerk, umweltfreundliche Kerzen aus Bienenwachs sowie Kleidung von der Caritas, daß wir uns im Hippie-Milieu befinden. Junge Amerikaner warten auf den Beginn des «Zeitalters des Wassermannes», der auf englisch Aquarius (*Äkwärius)* heißt. Danach schildern ein Engländer, ein weißer Amerikaner, ein Farbiger sowie ein Tierfreund in Songs ihre Herkunft und Triebstruktur.

Als eine besorgte Mutter vorsichtig an die Möglichkeit erinnert, ein bißchen zu arbeiten, protestieren die Kids verärgert

gegen Luftverschmutzung, die High School und – vor allem und sehr zu Recht – gegen den Vietnamkrieg.

Jeannie, eine vergleichsweise klar denkende Studentin, macht sich höchst berechtigte Sorgen um ihre Zukunft, denn sie ist schwanger. Der Erzeuger ist von der Uni geflogen und soll auch noch in den Krieg. Um dagegen zu protestieren, zieht er sich (je nach Aufführungsort mehr oder weniger) nackt aus und fordert die junge Mutter auf, mit seinem Freund zu schlafen, weil der am nächsten Tag die Uniform anziehen soll. Bei dieser Gelegenheit erklärt ihr besagter Freund, daß er von einem anderen Planeten stamme. Durch jede Menge Rauschdrogen verwirrt, erklärt sich Jeannie bereit, ihm auf diesen Planeten zu folgen, aber es kommt nicht dazu.

Beim Finale ziehen die jungen Männer nach Vietnam, und wir wissen inzwischen, was sie dort gemacht haben: weitergeraucht. Jedenfalls solange sie es noch konnten. (Entertainment für Musicalhäuser; für Stadttheater nur bedingt geeignet!)

Kurztext für sehr Nervöse: Junge Amerikaner proben mit Hilfe von Rauschdrogen und Räucherwerk den Aufstand gegen die nur aufs Geld fixierte Bürgerwelt der Elterngeneration, erreichen dabei aber nicht viel, weil sie nur singen, tanzen und vor allem diskutieren. (Keine Ehe, kein Toter.)

Tip für Pausengespräche: Reminiszenzen an die Zeit, als der Bankdirektor, die Mutter von inzwischen erwachsenen Kindern sowie der Autor noch selber am Joint zogen.

Besondere Schlager: «Aquarius», «I Got Life», «Hair», «Good Morning, Starshine», «Let the sunshine in».

Hello, Dolly!

Musikalische Komödie in zwei Akten, in der mit Hilfe der Musik und Songtexte von Jerry Herman sowie Dialogen von Michael Steward ein sehr schönes Theaterstück von Thornton Wilder für die Musiktheaterbühne zugerichtet wurde.

Dolly Meyer, eine so kräftige Matrone, daß diese Rolle manchmal von einem Mann gespielt werden muß, ist verwitwet, mit Energie geladen und überglücklich, weil sie einmal mehr ein Verbrechen begehen kann. Sie ist als Heiratsvermittlerin gefürchtet, und ein gewisser Horace Vandergelder ist verwirrt genug, ihre Hilfe bei der Beschaffung einer geeigneten Ehefrau in Anspruch zu nehmen.

Dolly prüft in der Kleinstadt Yonkers die wirtschaftlichen Verhältnisse des neuen Klienten. Er erweist sich als so wohlhabend, daß sie ihn zur Ehe mit ihr verführen will. Das erfordert einige Mühe.

Zu Dollys Kummer sollen zwei Angestellte Horace' sowie seine Nichte auf ihn achten und ihn vor Fehltritten bewahren, zumal bereits eine andere heiratswütige Frau ein Auge auf ihn geworfen hat. Aber war so was für eine heiratswütige Frau je ein Hindernis?

Geschickt führt Dolly die andere Frau mit einem der Angestellten Horace' zusammen, läßt den Bewacher gleichfalls in die Hände einer Frau fallen und interessiert Horace' Nichte derart für das Nachtleben New Yorks, daß auch sie zu wenig Zeit hat, ihn zu beaufsichtigen.

In einem New Yorker Restaurant wird Horace (wohl nach zu viel Alkoholgenuß) so verwirrt, daß er, wie von Dolly geplant, im Gefängnis landet, wo sie ihn (zur Strafverschärfung?) auch noch besucht. Niederträchtig wie alle Heiratsvermittlerinnen sind, schildert sie ihm das (meist sehr glückliche und freie!) Leben des Unverheirateten in den abstoßendsten Farben, und der durch die Gefängnisverpflegung geschwächte Mann wird jetzt ihre Beute. (Mindestens drei Eheschließungen. Ein sehr trauriges Stück!)

Kurztext für sehr Nervöse: Listige Heiratsvermittlerin sichert sich (wie jeder Makler oder Gebrauchtwagenhändler) das interessanteste Objekt für den eigenen Gebrauch. (Eine Eheschließung.)

Tip für Pausengespräche: Erörterung der mit **jeder** Ehe, besonders einer durch Vermittlung Dritter geschlossenen, nun einmal immer verbundenen Gefahren.

Besondere Schlager: «Hello, Dolly!», «So long, Dearie».

Hinweis für deutsche Darsteller: «Deary» (*dieri*) heißt Teuerster, «Dairy» *(däri)* dagegen Molkerei. Auf richtige Aussprache achten!

Heimweh nach St. Pauli

Musical von Lothar Olias mit Dialogen von Gustav Kampendonk sowie Songtexten von fünf Autoren (darunter Fritz Grasshoff), mit dem Deutsche bewiesen, daß sie auch mit der leichten Muse klarkommen können, wenn man sie denn läßt.

Ähnlich wie später die beiden deutschen Raubtierdompteure Siegfried und Roy hat es auch der deutsche Seemann Hein Steinemann geschafft, in Las Vegas auftreten zu können. Er soll unter dem amerikanischen Namen Jimmy Jones als Schlagersänger die Gäste in Spielkasinos locken. In einem Fernsehstudio begegnet Hein der attraktiven Deutschen Evelyn, was er unbeschadet übersteht.

Als dann aber auch noch der deutsche Schiffsoffizier Robert Hartau nach Las Vegas kommt, obwohl das nachweislich keine Hafenstadt ist, erkennt er in Jimmy Jones seinen alten Freund Hein. Beide treffen sich, und bei Hein bricht ein Zustand aus, den jeder Auslandsdeutsche fürchtet: Heimweh infolge des zu langen Verzichts auf Eisbein mit Sauerkraut sowie Weizenbier.

Jetzt will Hein nur noch so schnell wie möglich in die kalte Heimat zurück. Sparsam, als ob er nicht nur Sänger wäre, sondern auch Fernsehproduzent, will sich Hein die Überfahrt als Seemann verdienen. Dabei lernt er die Tochter eines Hamburger Kneipenwirts kennen und geht dann nach der Ankunft in Hamburg sofort auf den Fischmarkt, um seine Eltern zu suchen. Im Hinblick auf den Zustand der Meere haben diese inzwischen den Handel mit durch Kadmium vergifteten Fisch aufgegeben und verkaufen jetzt durch Pflanzenschutzmittel vergiftete Blumen. Klugerweise verschweigt Hein seinen Eltern, daß er sich in Amerika auf den windigen Beruf eines Sängers eingelassen hat.

Aber auch als diese Tatsache bekannt wird – wohl weil die gleichfalls nach Hamburg gereisten Manager ihren Goldjungen nicht verlieren möchten –, irritiert das die infolge der klaren Seeluft linear denkenden Hamburger nicht im geringsten. Hein soll die Tochter des Kneipenwirts heiraten und in Deutschlands ungemütlichem Norden bleiben, aber diese Frau ist höchst einsichtig. Nach der Heirat will sie sich ihre

Ehe so lange wie möglich erhalten und läßt ihren Gatten schnell wieder auf einem Schiff anheuern.

Kurztext für sehr Nervöse: Deutscher Seemann kann infolge einer Traumkarriere als Schlagersänger in Las Vegas auftreten, aber das Schicksal spürt ihn selbst dort auf. (Eine Eheschließung, nach der er sofort aus Hamburg flüchtet. Nicht nur vor dem dort üblichen schlechten Wetter.)

Tip für Pausengespräche: Nostalgische Erinnerung an die Zeit vor Entwicklung des Passagierflugzeugs. Kritik an manchen Folgen des sachlich-kühlen Denkens und Handelns der Hamburger. Ein Münchner Seemann wäre vermutlich in Las Vegas hängengeblieben. Es hätte ihn dort in einer der «Wedding Chapels» erwischt, was eindeutig als bessere Lösung erscheint: In Las Vegas geschlossene Ehen sind in Deutschland nicht ohne weiteres gültig.

Besondere Schlager: «Junge, komm bald wieder», «Heimweh nach St. Pauli», «Das gibt's nur auf der Reeperbahn bei Nacht», und zwar **unbedingt** von Freddy Quinn gesungen. Dieses Musical ist und bleibt *sein* Erfolg.

Joseph And The Amazing Technicolor Dreamcoat

(etwa: Josef änd si ämäsing teknikolor driimcout)

Musical von Andrew Lloyd Webber, Buch und Songtexte von Tim Rice nach der biblischen Geschichte von Joseph und seinen Brüdern.

Kurztext für sehr Nervöse: Junger Israeli wird von seinen Brüdern als Sklave nach Ägypten verkauft und macht am Hofe des Pharaos Karriere, da er – im Gegensatz zu den meisten Börsenspekulanten – davon ausgeht, daß auf fette Jahre gewöhnlich magere folgen. (Entertainment für Musicalhäuser; für Stadttheater nur bedingt geeignet!)

Tip für Pausengespräche: Die Aktienkurse, was denn sonst?

Besondere Hits: Fehlanzeige.

Hinweis: Das Werk entwickelte sich zu seiner heutigen Länge aus einem ursprünglich fünfzehnminütigen Kindermusical.

Jesus Christ Superstar

(Dschises Kraist Superstar)

Rockoper des vor nichts zurückschreckenden, inzwischen zerstrittenen Erfolgsteams Andrew Lloyd Webber und Tim Rice in einem Akt; Religionsunterricht für Schwerhörige. (Entertainment für Musicalhäuser; für Stadttheater nur bedingt geeignet!)

Kurztext für sehr Nervöse: Vertonung der letzten sieben Tage des Lebens von Jesus Christus, bekannt geworden durch die Anthologie «Das Neue Testament». (Ein Toter.)

Tip für Pausengespräche: Erörterung der Folgen eines Versuchs, Ähnliches mit dem Koran zu veranstalten.

Besondere Schlager: «Jesus Christ Superstar», «I don't know how to love him».

The King And I

(Se King end Ei)

Musical in zwei Akten von Richard Rodgers, Dialoge und Songtexte von Oscar Hammerstein nach einem Roman von Margaret Landon.

Das Stück vermittelt einen Blick auf die Zustände in Thailand, wo es im Jahre 1860 schon fast so drunter und drüber ging wie heute.

Anne, eine sehr britische Lehrerin, reist zusammen mit ihrem Sohn nach Bangkok, wo sie die knapp siebzig Kinder des Königs von Thailand erziehen soll. Von Anfang an merkt die Lehrerin, was das thailändische «Mai pen rai» bedeutet: Alles hat Zeit! Anna bekommt nicht die ihr versprochene Dienstwohnung, und ihre britische Erziehung macht es der Lehrerin schwer, sich mit den vielen Frauen des Königs abzufinden bzw. diese auseinanderzuhalten.

Zu allem Übel hat der König derartige Minderwertigkeitskomplexe, daß sich alle in seiner Nähe nur kriechend bewegen dürfen, um ihn nicht an körperlicher Größe zu überragen. Die Langeweile am Hofe wird zwar durch einen Ball kurzfristig unterbrochen, aber dann versucht eine der Frauen des Königs mit ihrem Geliebten zu fliehen. Das mißlingt, und die beiden Liebenden kommen (ungewöhnlich für ein Musical!) ums Leben.

Danach hat die Engländerin die Nase voll von Thailand und will abreisen, aber dazu kommt es nicht. Der König ist von der aufbauenden Pädagogik der Britin so geschafft, daß er erkrankt. Bevor er stirbt, nimmt er Anna das Versprechen ab, wenigstens seinem Sohn und Nachfolger die abendländische Kultur zu vermitteln. Dies hat offensichtlich funktioniert: Inzwischen hat in Bangkok fast jeder Puff ein Telefon, und in manchen Massagesalons gibt es schon Computer.

Kurztext für sehr Nervöse: Britische Lehrerin scheitert bei dem Versuch, aus dem König von Siam einen Softi zu machen, und hofft, bei des Königs Sohn mehr Erfolg zu haben. (Keine Eheschließung.)

Tip für Pausengespräche: Erörterung der mit Thailandreisen verbundenen Gefahren. Entweder die Zöllner schmuggeln

Heroin ins Touristengepäck, oder der Reisende findet Moskitos bzw. Barfrauen in seinem Bett. Aus gutem Grund ziehen Briten Singapur vor, wo ihnen der Hintern versohlt wird. Sogar auf Staatskosten.

Besondere Schlager: Die Verfilmung mit Yul Brynner, der den König mehr als viertausendmal auf der Bühne spielte, gilt inzwischen als Klassiker. Der «Marsch der siamesischen Kinder» wurde beliebt, aber wohl nur in den USA.

Kiss me, Kate

(Kiss mi, Keet)

Musical in zwei Akten mit (hervorragender) Musik von Cole Porter sowie Texten von Bella und Sam Spewack.

Fred Graham ist sowohl Theaterregisseur einer Aufführung des Shakespeare-Schauspiels «Der Widerspenstigen Zähmung» als auch Darsteller des Petruchio. Lilli, die Exfrau des Regisseurs und Petruchio-Darstellers hat die Rolle der widerspenstigen Käthe übernommen, was für Graham eine doppelt schwierige Aufgabe bedeutet.

Jeder Regisseur weiß, welche Anstrengungen es schon erfordert, eine eigenwillige Hauptdarstellerin auf der Bühne zu führen. Fred bemüht sich zusätzlich, seine Lilli auch noch im Privatleben zu steuern, was ihm aber nach einigen Verwicklungen vorbildlich gelingt.

Kurztext für sehr Nervöse: Theaterregisseur verhindert durch raffinierte repressive Strategien vielversprechende Ansätze der Emanzipation einer Schauspielerin, die anderswo keine Hauptrolle bekommen hat. (Wohl aus gutem Grund! – Eine Zweitehe.)

Tip für Pausengespräche: Untersuchung der Beziehungen zwischen den Geschlechtern, insbesondere ihrer Veränderung

seit den Zeiten Shakespeares. Was ist vom Fortschritt zu halten, wenn ein vierhundert Jahre altes Schauspiel nicht nur noch immer aufgeführt, sondern auch mühelos verstanden wird?

Besondere Schlager: «Wunderbar», «Too Darn Hot», «Brush Up Your Shakespeare». (Die intelligente Dramaturgie sowie die hervorragende Musik Porters machen dieses Musical auch für Gegner des Lauten und Grellen zum Vergnügen.)

Lady, be Good!

(Ledi bi gud)

Musical von George Gershwin mit Gesangstexten von Ira Gershwin und Dialogen von Guy Bolton und Fred Thompson, vor dessen höchst verwirrter und verwickelter Handlung der Autor kapituliert.

Kurztext für sehr Nervöse: Verwechslungs- und Verkleidungsgeschichte, nach dem Chaosprinzip strukturiert. (Drei Eheschließungen.)

Tip für Pausengespräche: Die Dramaturgie dieses Musicals, sofern einer der Besucher eine solche irgendwo aufzuspüren vermag.

Besondere Schlager: «The Man I Love», «The Last Time I Saw Paris». – Nur dank der Musik Gershwins dürfte das Stück überlebt haben, und die ist aus der Stereoanlage ein größerer Genuß.

Linie 1

Musikalische Revue von Birger Heymann mit Dialogen und Songtexten von Volker Ludwig, in welcher eine junge Frau aus den alten Bundesländern den großen Fehler macht, einem Rockmusiker in die inzwischen reanimierte Preußen-Metropole Berlin zu folgen.

Schon am Bahnhof Zoo trifft die junge Schöne auf Drogensüchtige, Hütchenspieler, polnische Straßenräuber sowie russische Mafiosi und stellt erschüttert fest, was nach dem Fall der Mauer aus dem schönen Spree-Athen der Operetten Paul Linckes geworden ist.

Kurztext für sehr Nervöse: Junge Westdeutsche folgt Rocker nach Berlin, wo sich die Menschen (wohl infolge der unerschwinglichen Wohnungsmieten) meist in der U-Bahn aufhalten müssen. (Keine Eheschließungen. Wer heiratet schon auf dem Kreuzberger Kiez, solange es keine staatlichen Ehestandsdarlehen gibt?)

Tip für Pausengespräche: Für Bonner: Verurteilung der teuren Umwandlung der alten Preußen-Metropole zur neuen Bundeshauptstadt. Für Berliner: Große Freude genau darüber.

Besondere Schlager: Fehlanzeige; die gelungene Revue verspricht keine und liefert sie auch nicht.

Little Shop Of Horrors
(Litl Schop of Horrors)

Musical in zwei Akten von Alan Menken mit Dialogen sowie Gesangstexten von Howard Ashman, das den Stoff eines mäßig erfolgreichen Kinofilms für das Musiktheater aufzubereiten versucht.

Ein Blumenverkäufer namens Seymour kauft eine Zierpflanze, die er (vermutlich zu Recht) nach seiner Kollegin Audrey benennt: Auch die Pflanze saugt dem unglücklichen jungen Mann alles Blut aus den Adern.

Schlimmer noch: Je mehr die Pflanze (wie die Liebe Seymours zu Audrey!) wächst, um so fleischfressender wird sie. Sogar einen sehr realistisch als Sadisten vorgeführten Zahnarzt schluckt die verfressene Orchidee.

Im Kinofilm sind Seymour und Audrey am Ende ein glückliches Ehepaar, und die fleischfressende Pflanze ist besiegt, aber im Garten des glücklichen Paares öffnen schon ihre Ableger die gefräßigen Köpfe.

Das Musical vermeidet, jedenfalls in der dem Autor vorliegenden Fassung, diesen tragischen Schluß der Filmfassung und bietet einen fröhlicheren an: Die beiden jungen Menschen heiraten nicht, vielmehr werden sämtliche Hauptfiguren von der Zierpflanze aufgefressen. (Entertainment für Musicalhäuser; für Stadttheater nur bedingt geeignet!)

Kurztext für sehr Nervöse: Fleischfressende Pflanze benimmt sich wie ausgesprochen anspruchsvolle junge Frau. (Eine Eheschließung.)

Tip für Pausengespräche: Vorbereitung einer Petition an den Deutschen Bundestag mit der Forderung nach einem entschieden familienfreundlicheren Steuerrecht. Familienväter bluten aus, während die wohlhabenderen und kräftigeren Junggesellen sich auch noch den Ehefrauen ersterer zuwenden. Daran muß der Gesetzgeber endlich was ändern.

Besondere Schlager: «Suddenly Seymour»; die nicht gerade umwerfende Musik erscheint nur im Zusammenhang der Handlung erträglich.

Mame
(Mäm)

Musical in zwei Akten mit Musik sowie Gesangstexten von Jerry Herman, Dialogen von Robert E. Lee und Jerome Lawrence nach einem Roman von Patrick Dennis.

1926, als Alkohol in den USA so verboten war wie heute (noch) Haschisch, liefert ein Kindermädchen aus der Provinz das zehnjährige Waisenkind Patrick bei seiner Tante in New York ab, wo der Junge künftig leben soll.

Von Anfang an ist Patrick von dieser Tante begeistert. Sie feiert eine Party mit dem Rauschgift Alkohol, spielt sehr laut Trompete und vermittelt ihrem Neffen jene Erziehung, die man jedem Jungen wünschen möchte. Sie erklärt ihm bei einem Besuch im Malersaal einer Kunstschule den Unterschied zwischen Männern und Frauen, nimmt ihn in Nachtklubs mit und besichtigt mit ihm ein Polizeirevier, damit er eine Allergie gegen Verbrechen entwickelt.

Leider hat der Vormund des vielversprechenden Knaben andere Pläne mit ihm. Patrick soll in einem Internat alles vergessen, was er vom richtigen Leben gelernt hat.

Wie derzeit viele Asiaten verarmt Mame in einer Wirtschaftskrise. Sie scheitert in mehreren Berufen, erobert aber die Zuneigung eines wohlhabenden Mannes, da sie über derart kräftige Oberschenkelmuskeln verfügt, daß sie von keinem Reitpferd fällt, was dem Millionär imponiert. Er heiratet sie, kommt aber bald darauf von einer Bergtour nicht zurück. Auch sein Körper wird nicht gefunden. (Wurde er zum Ötzi?)

Währenddessen hat auch Mames ehemaliges Kindermädchen Manhattan von seinen besten Seiten kennengelernt und ist im zweiten Akt sehr schwanger. Inzwischen hat sich Patrick in eine gewisse Gloria verliebt. Man sieht, was ein Internat aus einem vielversprechenden Jungen machen kann: Patrick schämt sich vor Gloria, weil Mame inzwischen ein Heim für ledige werdende Mütter plant, doch die Tante bringt das Leben des jungen Mannes einmal mehr wieder auf die richtige Bahn. Bei einer schrägen Party ekelt sie Gloria samt Familie aus dem Haus und stellt die Weichen für eine aufregendere Ehe Patricks mit einer entschieden sinnlicheren Innenarchitektin.

Im grandiosen Finale des Musicals ist diesen Eheleuten bereits ein Sohn geboren, um den sich Mame ähnlich aufopferungsvoll kümmert wie vor Jahrzehnten um Patrick. Der Junge muß so schnell wie möglich nach Indien, damit er lernt, wie ein Fakir sein Seil zum Stehen bringt.

Kurztext für sehr Nervöse: Bis zur Aufopferung liebevolle Frau bewahrt Waisenkind vor Neurosen und Depressionen, die weniger glückliche Männer mit fünfunddreißig auf die

Couch eines Psychotherapeuten zwingen. (Zwei Eheschließungen.)

Tip für Pausengespräche: Die vernichtenden Auswirkungen von Schule sowie Universität auf das Lebensglück junger Menschen.

Besondere Schlager: In Deutschland schon deshalb nicht, weil diese Komödie mit Musik – wohl auf Betreiben der Schulleiter – äußerst selten aufgeführt wird. Ein Jammer! Die Mame ist eine Traumrolle für jede mittelalte Schauspielerin, die ein bißchen singen und tanzen kann.

Der Mann von La Mancha

Musical von Mitch Leigh mit Texten von Dale Wassermann und Joe Darion nach Cervantes' Roman «Don Quijote».

In diesem Stück wird Miguel de Cervantes von der Inquisition (= *Stasi des Papstes*) in den Kerker geworfen, weil er als Steuereinnehmer in einem Kloster gepfändet hat. Seine ziemlich brutalen Mitgefangenen durchsuchen seine Sachen, finden dabei aber nur ein Manuskript, was sie überrascht. Ist dieser Miguel etwa Mitglied der IG Medien?

Betroffen erklärt er den mißtrauisch gewordenen Verbrechern, daß er keinesfalls ein solches, sondern, ganz im Gegenteil, ein richtiger Dichter ist. Er jobbt neben der Arbeit beim Finanzamt, und ist in der ÖTV, weil er das für anständiger hält.

Um die Knastbrüder zu rühren, erzählt er ihnen seine Lebensgeschichte, die sich im Hinblick auf die umstrittene Wahrheitsliebe von Autoren sehr schnell mit der Story seines Romans vermischt. Er berichtet von seinem Kampf gegen vier Windmühlen (gemeint ist vermutlich das «Literarische Quartett») und schildert mit bewegten Worten seine Begegnung mit einer Hure, die ihm (wohl sehr zu Recht) liebreizender erschien als eine Prinzessin.

Als er den Mördern und Dieben erzählt, wie er (vermutlich von Asylbewerbern aus einem der Maghrebstaaten) überfallen und ausgeraubt wurde, bekommen selbst die abgebrühten Verbrecher Mitleid mit ihm, denn als echte Patrioten sind sie dafür, daß jeder Spanier nur von Inländern überfallen werden darf.

Nachdem er schließlich geschworen hat, niemals, aber auch wirklich niemals fürs Privatfernsehen geschrieben zu haben, geben sie ihm sein Manuskript gerührt zurück und wünschen ihm, daß es ihm gelingen möge, das Inquisitionsgericht ebenso von seiner Geschichte zu überzeugen wie sie. Cervantes glaubt nicht daran. Als Dichter weiß er natürlich, was die Kirche von aufklärerischer Literatur hält: gar nichts. (Entertainment für Musicalhäuser; für Stadttheater nur bedingt geeignet!)

Kurztext für sehr Nervöse: Mit Hilfe von Songs aufgepeppter, gelungener Verschnitt aus einem spanischen Roman und der Lebensgeschichte seines Autors. (Keine Eheschließung, keine Toten.)

Tip für Pausengespräche: Unterhaltung über die Ursachen dafür, daß jedes Kunstwerk in jeder Bearbeitungsstufe etwa dreißig Prozent seiner Qualität verliert.

Besondere Schlager: «The impossible dream». Die anderen Songs überzeugen nur im Zusammenhang mit der interessanten Handlung.

Les Misérables

Musical in zwei Akten von Claude-Michel Schönberg und mit Texten von Alain Boublil nach dem Roman des Autors Victor Hugo.

Das sehr realistische und genau deshalb höchst deprimierende Stück macht schon im Vorspiel deutlich, wie die Wirtschaft funktioniert.

Der Häftling Jean wird aus neunzehnjähriger Strafhaft auf Bewährung entlassen, bestiehlt jenen Bischof, der ihn aus Gefühlsduselei bei sich aufnimmt, und wird dann großkriminell.

Im ersten Akt, acht Jahre später, ist er unter falschem Namen bereits Bürgermeister und Besitzer einer Fabrik, in der er den Arbeitern beweist, daß er Unternehmerrisiko trägt. Eine Arbeiterin namens Fantine, infolge unzureichender Empfängnisverhütung Mutter eines unehelichen Kindes, wird entlassen. Völlig zu Recht!

Sie weist die behutsamen Annäherungsversuche eines Vorarbeiters nicht nur zurück, sondern erklärt sie zu «sexuellen Belästigungen am Arbeitsplatz». Als Prostituierte muß sie solche «SexBelAps» dann allerdings verstärkt erfahren und landet im Krankenhaus. Bevor sie stirbt, verspricht ihr Jean, sich um ihre Tochter zu kümmern: zweifellos ein Fehler unseres Fabrikbesitzers. Und sofort unterläuft ihm der zweite.

Nur weil ein Unschuldiger an seiner Stelle verhaftet wurde, lüftet Jean gegenüber der Polizei seine wahre Identität, ist dann aber wenigstens so gescheit, Fantines uneheliche Tochter Cosette deren Pflegeeltern abzukaufen, um mit ihr in Paris ein neues Leben anzufangen. Leider wird auch daraus nicht viel.

Nicht nur hungernde Arbeiter veranstalten jede Menge Aufruhr, sondern einer der sie wie immer in die Irre führenden

Studenten namens Marius verliebt sich in Cosette, wird aber von einer anderen geliebt.

Anstatt diese Situation zu genießen, verschwendet Marius weiterhin kostbare Lebenszeit für so sinnlose Tätigkeiten wie den Bau von Barrikaden und das Werfen von Pflastersteinen auf bewaffnete Polizeibeamte.

Um seine Pflegetochter, die ihm inzwischen ziemlich lästig wird, an den Mann zu bringen, sucht Jean die Nähe dieser Aufrührer. Auch diesmal gelingt es der Polizei, die Ruhe wiederherzustellen. Jene Frau, die den Studenten Marius unglücklich liebt, kommt bei den Kämpfen um. Marius wird schwer verwundet und von Jean in der Kanalisation versteckt. Leider nicht lange genug!

Als Jean den Studenten wieder aus einem Gully nach oben bringt, erkennt ein Polizist den jetzt schon zum zweitenmal unter falscher Identität lebenden Bewährungsverletzer und will ihn festnehmen. Jean verspricht, sich freiwillig zu stellen, nachdem er den Studenten ins Hospital gebracht hat. Dabei argumentiert der raffinierte Ex-Häftling sowie Unternehmer so geschickt, daß ihn der Polizist laufenläßt, dann aber in die Seine springt, als er die eigene Dummheit erkennt.

Jean liefert den Studenten bei Cosette ab und macht sich schnell aus dem Staub, nachdem Marius wenigstens wieder so weit genesen ist, daß er das Mädchen heiraten kann.

Aber auch diese Hochzeit bringt sofort Ärger: Als Cosettes ehemalige Pflegeeltern dem Studenten erzählen, daß der Vater seiner Frau ein Mörder sei, ist die Ehe zu Marius Kummer schon beurkundet.

Zuschauer, die noch die seelische Kraft aufbringen, den Epilog aufmerksam zu verfolgen, erleben eine letzte rührende Szene: Marius und Cosette haben den inzwischen schwerkranken Jean im Hospital aufgespürt, um die Wahrheit über Cosettes Vater zu erfahren. Jean liegt, dem Tode nahe, im Bett und bringt noch einmal die Kraft zum Sprechen auf: «Nein! Cosette ist keinesfalls die Tochter eines Mörders», flüstert er mit letzter Kraft. «Sie ist ein uneheliches Kind.» Dies hält Marius allerdings für noch schlimmer.

Wenn der Regisseur das Buch halbwegs richtig umsetzt, muß der sterbende Jean danach Geisterbahn fahren: Die Gespenster aller in diesem Musical Gestorbenen ziehen noch einmal an den Augen des Schwerstkranken vorbei, bis dieser sie endgültig genervt schließt. (Entertainment für Musicalhäuser; für Stadttheater nur bedingt geeignet!)

Kurztext für sehr Nervöse: Eigentlich intelligenter Häftling auf Bewährung macht infolge häufiger Blackouts zahlreiche Fehler, aber er vermeidet wenigstens den größten: Er heiratet nicht. (Eine Eheschließung sowie, ungewöhnlich für ein Musical, drei tote Hauptdarsteller und zahlreiche tote Statisten.)

Tip für Pausengespräche: Erregter Streit über die Frage, ob dieses durchkomponierte Werk überhaupt als Musical bezeichnet werden kann oder ob es nicht eher das ist, was die Neutöner der «ernsten» Musik bisher nicht zustande gebracht haben: eine moderne Oper, die auch ein jüngeres Publikum anzusprechen vermag.

Besondere Schlager: Viele der Märsche und Songs behaupteten sich eine Weile in den französischen Charts, setzten sich aber hierzulande nicht durch. Dies spricht keinesfall gegen die Qualität der Musik, sondern eher dafür.

Miss Saigon

Musical in zwei Akten von Claude-Michel Schönberg (Texte und Songs von Alain Boublil), das besonders in Frankreich und den USA ein Erfolg wurde, da dort viele Soldaten den Fehler gemacht hatten, sich über das Maß normaler Geschäftsbeziehungen hinaus mit Vietnamesinnen einzulassen.

Am Anfang des Stückes begeben sich zwei amerikanische Soldaten in einen Klub, wo einheimische Mädchen Englisch lernen wollen. Der klügere der GIs verhält sich korrekt nach Dienstvorschrift, der männliche Held (?) des Stückes dagegen verliebt sich in Miss Saigon, obwohl die frisch vom Reisfeld in den Klub geraten ist und noch nicht mal richtig vietnamesisch spricht.

Ein Einheimischer ist hinter dem Mädchen her, aber aus wirtschaftlichen Gründen zieht es den Ami vor und bringt eine Menge Menschen ins Elend. Zuerst wird ein Rassist umgebracht, der die Liebenden vor ihrem Unglück bewahren will, aber es erwischt sie trotzdem.

Die Amis beginnen ihren sehr ungeordneten Rückzug aus dem Land, wo sie nichts zu suchen hatten. Wenn die Bühnentechnik so gut ist, wie sie dieses Musical erfordert, erleben die Zuschauer jetzt die Landung eines Hubschraubers auf der Bühne. Verzweifelt wollen jene Vietnamesinnen, die inzwischen nur noch Kaugummi essen können, ihre GIs in die USA begleiten, aber sie werden von der Militärpolizei zurückgewiesen. Auch der Lover der Miss Saigon wird ausgeflogen.

In der zweiten Halbzeit des Stückes ist er mit einer Amerikanerin verheiratet. Miss Saigon erwirbt inzwischen in einer der Sexbars Bangkoks den Lebensunterhalt für sich und jenes Kind, das ihr der GI zum Abschied hergestellt hat. Alles könnte gut werden, denn sie verdient, nicht zuletzt dank deutscher Frührentner, genug Geld für den Reis. Auch an Kaugummi herrscht in Bangkok kein Mangel. Wieder einmal aber schlägt das Schicksal unerbittlich zu.

Anstatt seine Vergangenheit einfach zu verdrängen, reist der Ami mit seiner Frau nach Bangkok und nimmt (töricht,

töricht) auch noch Kontakt zu seiner vietnamesischen Ex-Geliebten auf, die sich prompt erschießt, damit ihr Kind (vermutlich als Tellerwäscher) auch den Rassismus der Amerikaner am eigenen Leibe kennenlernen kann. (Entertainment für Musicalhäuser; für Stadttheater nur bedingt geeignet!)

Kurztext für sehr Nervöse: Jene Aktualisierung der Handlung von «Madame Butterfly», die der Autor schon 1985 im «Einzig wahren Opernführer» angeregt hatte. Allerdings hatte er keineswegs vorgeschlagen, auch die entschieden bessere Musik Puccinis durch französische Pret-á-porter-Konfektion zu ersetzen, und lehnt dafür jede Verantwortung ab. (Zwei Eheschließungen, zwei Tote.)

Tip für Pausengespräche: Einmal mehr die Schamlosigkeit, mit der Librettoautoren das abendländische Kulturerbe verhunzen.

Besondere Schlager: «Why God why» sowie «The American Dream», letzterer aber möglichst live. Am besten gelang er wohl in Chicago, wo der Interpret auf der Bühne einen Straßenkreuzer zu schwängern versuchte.

My Fair Lady

(Mei fähr Ledi)

Musical in zwei Akten von Frederick Loewe mit Dialogen und Songtexten von Alan Jay Lerner nach George Bernard Shaws Schauspiel «Pygmalion».

Professor Henry Higgins ist sowohl durch seinen Beruf (Sprachwissenschaftler!) als auch seine Lebensweise (unverheiratet!) im doppelten Sinn als überdurchschnittlich intelligent ausgewiesen. Als er mit seinem Berufskollegen nichtsahnend über einen Wochenmarkt spaziert, hören beide das Blumenmädchen Eliza ihre Kunden derartig unflätig beschimpfen, wie man das höchstens bei einer Hamburger Fischverkäuferin akzeptieren kann.

Der Professor nimmt diesen Vorfall zum Anlaß, dem Kollegen seine Theorie zu schildern, nach der die Sprache einen Menschen stärker prägt als seine Herkunft. Er behauptet leichtfertig, sogar aus der ordinären Blumenverkäuferin eine vornehme englische Lady machen zu können. Dieses Gespräch bekommt Eliza mit, und sie läßt sich die Chance nicht entgehen.

Unter dem Vorwand, Sprachunterricht nehmen zu wollen, sucht sie die Nähe des Professors. Ihr Vater, ein realistisch denkender Müllkutscher, deutet das ganz richtig als Unzucht, wird aber von Higgins durch Wirtschaftshilfe ruhiggestellt.

Bei einem sehr vornehmen Pferderennen in Ascot soll Eliza beweisen, daß sie inzwischen Queens-English sprechen und sogar mit Messer und Gabel essen kann. Leider fällt sie völlig aus der Rolle. Obgleich sich trotzdem ein britischer Aristokrat in die Frau verliebt und Higgins sie diesem überlassen könnte, setzt der eigensinnige Sprachkundler den Unterricht fort und erzielt zumindest einen begrenzten Erfolg: Bei einem Diplomatenball ist die Musik so laut, daß keiner Elizas Slang hören kann, und alle halten sie für eine vornehme Lady.

Jetzt sieht sich Professor Higgins endlich am Ziel, und er möchte wieder in Ruhe seiner wissenschaftlichen Arbeit nachgehen. Zu seinem Entsetzen muß er jedoch feststellen, daß er die hinter *jeder* Begegnung mit einer attraktiven Frau lauernden Gefahren gewaltig unterschätzt hat. Während er, harmlos und nichtsahnend, wie wir Männer nun einmal sind, nur an richtige Konjunktive und das im Englischen besonders tückische *past tense* dachte, hat ihn Eliza in ein Abhängigkeitsverhältnis manövriert. Was bleiben einem Mann in dieser Situation noch für andere Möglichkeiten? Natürlich wird auch Higgins heiraten müssen.

Kurztext für sehr Nervöse: Hochintelligente junge Marktfrau angelt sich unter einem Vorwand gelehrten, aber weltfremden Hochschulprofessor. In Bernard Shaws «Pygmalion» ist sie klüger! (Eine Eheschließung.)

Tip für Pausengespräche: Am besten über abwesende Ehepaare aus dem Bekanntenkreis, bei denen eine kluge Frau Ähnliches auf vergleichbare Weise erreichte.

Besondere Schlager: Jede Menge! «Es grünt so grün», «Wart's nur ab», «Ich bin gewöhnt an ihr Gesicht», «With A Little Bit Of Luck» usw. – Wen kümmert's schon, wenn der Textautor dagegen war, aus seinem Stück ein Musical zu machen? Es ist und bleibt ein Hit.

Oklahoma!

Musical in zwei Akten von Richard Rodgers (Dialoge und Gesangstexte von Oscar Hammerstein II.), das uns am Leben und vor allem an den Paarungsritualen amerikanischer Farmer teilnehmen läßt.

Der Kuhjunge Curly und die Klein-Rancherin Laurey sind ineinander verliebt, und für normale junge Leute wäre damit alles klar. Nicht so für Amis aus dem Mittleren Westen!

Nichts erschiene natürlicher, als daß der Kuhhirte seine Angebetete per Kutsche mit auf ein Rodeo nehmen will, aber um ihn eifersüchtig zu machen, lehnt Laurey seine Einladung ab.

Gekränkt lädt Curly daraufhin Laureys Tante Eller in die Kutsche und fährt zu dem Rodeo, wo er fast durchdreht.

Um ihn noch eifersüchtiger zu machen, hat sich Laurey von Curlys Rivalen Jud auf das Fest begleiten lassen, wo (ein alter US-Brauch!) nicht nur Rinder versteigert werden, sondern auch Frauen. Jud opfert seine letzten fünfzig Dollar, aber

Curly verkauft sein Pferd samt Sattel sowie seine Pistole und ersteigert den Tanz mit Laurey.

Vertraut mit den Bräuchen in Oklahoma, wie es Laureys Tante naturgemäß ist, fordert sie sofort den Cowboy zum Tanz auf. Jud macht aber trotzdem Randale, verliert seinen Job auf der Ranch und schwört finster Rache. Laurey sinkt ängstlich an Curlys starke Brust, und eigentlich könnten sich jetzt schon die Synkopen zum Happy-End steigern. Doch die Vorgänge auf dem Rodeo verwickeln sich erneut: Ali Hakim, ein persischer Teppichhändler, der mit einem Touristenvisum in der Tasche wie selbstverständlich auf dem Rodeo rumläuft, spielt sich immer mehr in den Vordergrund.

Sensible Zuschauer beginnen schon zu befürchten, er sei ein Terrorist und würde eine Bombe werfen, aber diesbezügliche Ängste zerstreut er schnell. Er ist nur auf der Suche nach einem Land-Ei, das ihm zur Green Card verhilft. Und nachdem Laurey endlich Curlys Heiratsantrag angenommen hat, findet auch der Perser eine Kuhhirtin, die weder das Buch «Nicht ohne meine Tochter» gelesen noch den gleichnamigen Film gesehen hat. Sie heiratet ihn.

Pünktlich zur Aufnahme Oklahomas als Bundesstaat in die USA finden sämtliche Hochzeiten statt, und damit die Bewohner der alten Bundesstaaten keinen falschen Eindruck von den neuen Mitbürgern bekommen, wird ihnen noch demonstriert, wie man mit unbequemen Störern des Friedens umgeht. Als Jud die glückliche Braut Laurey nach der Hochzeit küssen will, fällt er zufällig in sein eigenes Messer und stirbt dabei versehentlich. Der Richter muß das jedenfalls glauben, weil alle Spuren des Tathergangs von unerfahrenen Sheriffs beseitigt worden sind. Die haben dem Toten sogar die Hände abgewaschen, obwohl Fingerabdrücke nur am Messer zu finden sein dürften.

Kurztext für sehr Nervöse: Ausführliche Darstellung der Folklore sowie Balzrituale der weißen bäuerlichen Bevölkerung Oklahomas zu Beginn des 20. Jahrhunderts. (Zwei Eheschließungen sowie ein Toter.)

Tip für Pausengespräche: Optimismus bezüglich der Zukunft des wiedervereinigten Deutschland – die USA haben schließlich den Beitritt unterentwickelter neuer Bundesstaaten auch verkraftet.

Besondere Schlager: Die ausgezeichnete Musik hat dieses Musical vorm Zahn der Zeit geschützt. In Deutschland setzten sich allerdings nur «Oh, What a Beautiful Morning» sowie «Oklahoma!» als selbständige Erfolgsmelodien durch.

Oliver!

Musical in zwei Akten, für das Lionel Bart sowohl die Musik als auch Dialoge und Gesangstexte schrieb, wobei er den Roman «Oliver Twist» von Charles Dickens ausschlachtete.

Um es mal ganz unmißverständlich zu sagen: Wenn die Klassiker der Weltliteratur derlei gewollt hätten, hätten sie ihre Romane nicht drucken lassen, sondern dem Publikum vorgesungen und vorgetanzt!

Diesmal haben wir es mit dem Waisenkind Oliver zu tun. Der bedauernswerte Junge wächst in einer Anstalt auf, in der ähnliche Zustände herrschen wie in deutschen Altersheimen. Es gibt wenig zu essen, und als Oliver um einen Nachschlag bittet, bekommt er gleich mehrere – er wird verprügelt. Obwohl bekanntlich gerade viele Engländer darauf so scharf sind, daß sie dafür bezahlen, protestiert Oliver gegen die Domina des Waisenhauses und wird deswegen an einen Bestattungsunternehmer verkauft.

An die Möglichkeiten heutiger Tansplantationsmedizin ist 1850 natürlich noch nicht zu denken. Deshalb wird der Junge nicht als Ersatzteillager für reiche Nierenkranke genutzt, sondern soll nur schwer arbeiten und mit Hilfe seines stets traurigen Gesichts Kunden für den Sargtischler werben.

Aber auch ein armes britisches Waisenkind erlebt mal eine glückliche Stunde: Oliver flieht nach London und findet eine gute Lehrstelle bei einem Hehler, der wirksame Sozialhilfe leistet. Er bildet Kinder zu Taschendieben aus. Ungeschickt wie jeder Lehrling anfangs ist, wird Oliver erwischt und vor Gericht gestellt, aber freigesprochen, weil man ihm nichts nachweisen kann.

Danach hat er schon wieder Glück. Der bei dem Diebstahl erleichterte Mr. Brownlow bekommt Mitleid mit ihm und nimmt ihn bei sich auf, was natürlich den Hehler verärgert. Wie jeder Meister seines Faches befürchtet er, Oliver könnte seine bei der Ausbildung zum Dieb erworbenen Kenntnisse der Konkurrenz verraten. Deshalb wird der Junge im Auftrag des Hehlers entführt und soll wieder für ihn arbeiten.

Dies vermasselt eine junge Prostituierte. Sie hat erfahren, daß Brownlow (welch ein Zufall) Olivers Großonkel ist. Wohl in der Hoffnung, dafür Finderlohn zu erhalten, will sie Brownlow den Jungen wieder zuführen, läßt sich aber dabei erwischen. Ihr Freund, der um seinen guten Ruf in der Unterwelt fürchtet, bringt sie kurzerhand um. Oliver wird sicherheitshalber in der Behausung des Hehlers eingesperrt, aber ein Hund, der (im Gegensatz zu den Menschen) nicht nur an sich und seine Interessen denkt, führt die Polizei zu Olivers Gefängnis. Von dieser wird er befreit und wieder seinem Großonkel übergeben, der das Kind gewiß auch ausbeuten wird.

Kurztext für sehr Nervöse: Unaufhaltsamer Aufstieg eines britischen Waisenjungen, der feststellen muß, daß es nach einem Aufenthalt in einem Kinder- bzw. Altersheim nur besser werden kann. (Keine Eheschließung.)

Tip für Pausengespräche: Vergleich der sozialen Verhältnisse im London des Jahres 1850 mit denen in Deutschland nach dem «Umbau» des Sozialstaates.

Besondere Schlager: In Deutschland keine.

The Phantom Of The Opera

(Se fäntom of si opera)

Musical in zwei Akten von Andrew Lloyd Webber, Texte von Charles Hart und Richard Stilgoe nach dem gleichnamigen Roman von Gaston Leroux.

Wie das gesamte Musical ist schon dessen Anfang genial. Er spielt im Jahre 1905. Offensichtlich sparten die Politiker damals an den Kulturetats ähnlich wie derzeit.

In der Pariser Oper müssen nämlich Bühnenbilder und Ausstattungsgegenstände versteigert werden, um wenigstens die Tabletten gegen Halsschmerzen kaufen zu können, die für Opernsänger lebenswichtig sind. Als bei dieser Gelegenheit auch ein Kandelaber – also ein besonders großer Armleuchter – versteigert werden soll, fliegt der plötzlich hoch zur Decke, wo er hing, als das Opernhaus noch nicht pleite war.

In einer Rückblende wird einmal mehr jene tragische Geschichte aufbereitet, die sich ein begnadeter Trivialautor ausgedacht hat.

Die Hauptfigur dieser Story ist ein Phantom, d. h. ein Gespenstern ähnliches Wesen, deren Existenz von den meisten Naturwissenschaftlern bestritten wird. Parapsychologen bestreiten dagegen die Zuständigkeit der Naturwissenschaft für Phantome sowie Gespenster. Musicalbesucher haben ihre Eintrittskarte bezahlt und folglich Rechtsanspruch auf ihr Phantom.

Wenn es die Bühne erstmals betritt, erschrickt der Besucher

meist, denn das Phantom trägt eine Maske, welche eine Hälfte seines Gesichts verdeckt, weil sie gräßlich entstellt ist.

Vermutlich ist bei einer kosmetischen Operation im Gesicht eines eitlen Tenors etwas schiefgelaufen. Jetzt versteckt er sich im Opernhaus zwischen altem Gerümpel und komponiert eine moderne Oper, die selbstverständlich keiner der auf das klassische Musikerbe fixierten Opernchefs aufführen will. Schon gar nicht mit jener Sängerin Christine, die ihre großartige Stimme sträflich vernachlässigt, weil sie ein junger Sänger namens Raoul derart verwirrt, daß sie ihn zu heiraten beabsichtigt.

Das Phantom möchte diese begabte Sängerin vor der Ehe bewahren sowie der Kunst erhalten. In dieser Absicht entführt er Christine und verleiht seiner Forderung nach Uraufführung seines Werkes mit Hilfe einiger kleiner Streiche, z. B. der Ermordung eines Opernsängers, etwas Nachdruck.

In der Dunkelheit ihres Verlieses findet die Sängerin, schon mangels anderer Möglichkeiten, das Phantom sehr sympathisch. Bei Zärtlichkeiten verrutscht zwar seine Maske, doch derlei hat eine Frau noch nie gestört, wenn die Hauptrolle in einer Opern-, Theater-, Film-, Fernseh- oder Musicalproduktion davon abhing.

Zärtlich erwidert Christine die heißen Küsse ihres Mentors.

Das Phantom verspricht sogar, auch Raoul aus der Welt zu schaffen, damit er nicht an der Trennung von der Sängerin zerbricht, aber zu einem glücklichen Ende kommt es dennoch nicht.

«Der Fluch, der mich zwingt, im Blut zu waten, versagt mir auch die Lust des Fleisches», haucht das Phantom verschämt. Enttäuscht erkennt Christine, daß ihr Zorro impotent ist. Viagra ist noch nicht erfunden, und notgedrungen wendet sie sich wieder ihrem Raoul zu.

«Jeden Tag, jede Nacht, sogar jeden Morgen» verspricht

Raoul mit ihr künftig zu teilen. Christine wird sehr schnell bereuen, nicht beim Phantom geblieben zu sein: Was ihr Raoul verzückt verspricht, hält kein Mensch aus. Selbst eine Sängerin nicht. (Entertainment für Musicalhäuser; für Stadttheater nur bedingt geeignet!)

Kurztext für sehr Nervöse: Verwirrte junge Sängerin entscheidet sich gegen die Kunst und für Ehe sowie Mutterschaft. (Eine Eheschließung, ein Toter.)

Tip für Pausengespräche: Bewunderung der Bühnentechniker, die gerade bei diesem Musical beweisen, was sie leisten können, wenn sie bekommen, was wirksames Musiktheater vor allem benötigt: Geld, Geld und nochmals Geld.

Besondere Schlager: Die raffiniert eingesetzte dröhnende Orgel macht die Musik insgesamt interessant und häufig sehr laut. Die Titelmelodie «The Phantom Of The Opera» ist ein Ohrwurm, den der Rundfunk noch immer regelmäßig aus dem Gehäuse holt.

The Rocky Horror Show

(Se Rokki Horror Schou)

Rock-Musical in elf Szenen von Richard O'Brien, das schon deshalb die ganz große Ausnahme des Unterhaltungsmusiktheaters ist, weil sich die einander Liebenden nicht erst im Finale finden, sondern schon zu Beginn des Stückes.

Nach einer Art Prolog, bei dem sich einige der Darsteller als Platzanweiser zwischen den Zuschauern bewegen, erklärt ein Erzähler die Vorgeschichte: Janet und Brad haben den Fehler gemacht, sich zu verloben und wollten ihren früheren Lehrer besuchen, vielleicht damit er ihnen erklärt, wie sie noch mit Anstand aus der Sache herauskommen.

Auf der Fahrt zu diesem Lehrer gab ihr altes Auto den Geist

1000000000000
BESUCHER

auf. Nach einem Pannenhelfer oder wenigstens einem Telefon suchend, eilten Janet und Brad durch die Nacht – und verirren sich spätestens jetzt auf die Bühne. Der Erzähler verschwindet möglichst unauffällig, und die Handlung des Musicals fängt richtig an.

Das junge Pärchen klopft an die Tür eines alten Schlosses, in dem der wie eine Rasierklinge nach beiden Seiten scharfe bisexuelle Außerirdische Frank und sein Team damit beschäftigt sind, in einem Laboratorium endlich einen jungen Mann herzustellen, der Frank trotz dessen etwas schwieriger Triebstruktur volle Erfüllung seiner Sehnsüchte zu verschaffen vermag.

Weil Frank schon aus Prinzip bekleidete junge Leute nur ungern in seiner Nähe hat, werden Brad und Janet mehr oder weniger vollständig von ihren Klamotten befreit. Dann beginnt die Herstellung von Franks Traummann, die gelingt. Zwar ist dieser Rocky ziemlich einfältig, aber sein Körper wirkt wie ein Schwarzenegger-Verschnitt.

Frank ist glücklich, doch wie bei den meisten Liebesbeziehungen gerät bald alles außer Kontrolle. Frustriert verführt Frank erst Brad, dann Janet. Aus Verzweiflung und Scham wegen ihres Seitensprungs läßt sich Janet auch noch mit Rocky ein, dem der Erstkontakt mit ihr auch noch den Rest seines schwachen Verstandes raubt.

Irgendwann trifft auch noch jener Lehrer im Schloß ein, den die Verlobten besuchen wollten. Frank schafft es, sowohl diesen als auch Janet und Brad mit Hilfe moderner Technik plus Chemie (vermutlich Curare oder Dormicum) völlig zu lähmen, aber dann ereignet sich eine Meuterei unter Franks Begleiterinnen und Begleitern. In einer Nachtklub-Nummer kann Frank nochmals seine Beine in Netzstrümpfen schwenken, danach übernimmt Riff-Raff – ein lustfeindlicher, außerirdischer Faschist – das Kommando.

Mit einer Laserwaffe neutralisiert er Frank und dessen letzte

Getreue und transportiert das Schloß samt den noch verbliebenen Außerirdischen auf deren Heimatplaneten zurück. Janet, Brad und der Lehrer stehen ziemlich ratlos in der Landschaft. Wie sie mit ihren Erfahrungen klarkommen, werden irgendwann jene Therapeuten herauszufinden versuchen, in deren Hände sie sich wohl begeben werden.

Kurztext für sehr Nervöse: Gut angepaßtes junges Paar wird durch alternative voreheliche Erfahrungen in seiner Sexualität verunsichert. (Ein Toter.)

Tip für Pausengespräche: Erörterung der Frage, ob Frank, Brad, Janet und Rocky wenigstens mit Hilfe von irdischen Kondomen die Risiken ihrer Kontakte reduzieren konnten. (Ist AIDS etwa ein von Aliens in ihren UFOs eingeschlepptes Programm zur Lösung irdischer Probleme?)

Besondere Schlager: «Time Warp». Die ziemlich simplen Melodien und Songs überzeugen bestenfalls in der gelungenen Kinofilmversion des Musicals. «The Rocky Horror Picture Show» gilt als Kultfilm, während dessen Aufführung Fans im Kino mit Wasserpistolen für Regen sorgen, Wunderkerzen entzünden sowie Reis in die Gegend werfen.

Hinweis: Der Reis sollte vorher von der Verpackung befreit werden. Nicht das ganze Paket werfen! Verletzungsgefahr!

Show Boat
(Schou Bout)

Musical in zwei Akten von Jerome Kern mit Dialogen und Gesangstexten von Oscar Hammerstein II. nach einem Roman von Edna Ferber, das uns in die glückliche Zeit vor Erfindung des Fernsehens zurückversetzt.

Da weder Vorabendserien noch Pornos kostenlos in alle Wohnungen ausgestrahlt werden, freuen sich die Amerikaner schlichten Gemüts über Wandertheater, die auf dem Mississippi nicht mit Bühnenwagen unterwegs waren, sondern mit Theaterschiffen. Im Hinblick auf die Besucherzahlen (= *Vorläufer der Einschaltquoten*) spielten sie allerdings weder Shakespeare noch Molière, sondern führten *Burlesken* auf, bei denen mehr oder weniger schlechte Musik zu hören und möglichst leicht gekleidete Damen zu besichtigen waren.

Auf dem Show Boat «Cotton Blossom» ist ein Kapitän namens Andy der Unternehmer. Der Superstar ist die Mulattin Julie, der das Kunststück gelungen ist, den weißen Schauspieler Steve Barker zu heiraten. Als der Operettenkahn in Natchez anlegt, gibt es Schwierigkeiten, weil Mississippi (auch heute noch!) eine Hochburg besonders engstirniger Rassisten ist.

Der Umstand, daß Mischehen zwischen afrikanischen und weißen Amerikanern verboten sind, zwingt Julie und Steve zur Flucht. Dieser Ausfall der Hauptdarsteller ist wie meist kein Problem. Magnolia, die Tochter des Schiffseigners, springt für Julie ein, und ein wandernder Glücksspieler übernimmt die Rolle Steves. Alles könnte gut enden, verliebte sich Magnolia nicht in den Glücksspieler, der die Liebesszenen auf dem Schauboot so realistisch spielt, daß Magnolia schwanger wird und die beiden heiraten.

Wie immer wird ihr Leben danach traurig, aber dieses Stück, ungewöhnlich für Unterhaltung, zeigt dem Zuschauer wenigstens mal, was nach der Heirat geschieht. In Chicago beginnt der Ehemann und Vater wieder zu zocken, und damit Frau und Kind das nicht mit ansehen müssen, verläßt er sie. Da eine Meldepflicht in den Vereinigten Staaten nicht besteht, hat Magnolia keine Chancen, Unterhalt für sich und das Kind einzuklagen.

Um nicht zu verhungern, bewirbt sie sich in einem Nachtlokal, wo inzwischen auch die Farbige Julie auftritt und noch mehr Fleisch zeigen muß. Ihr Weißer hat sie längst verlassen und sich eine andere Frau gesucht, mit der er weniger Ärger bei den Rassisten hat.

Als Julie erfährt, daß Magnolia inzwischen ein Kind hat, überläßt sie der Mutter den Job. Sie wird ein paar Jahre bei burlesker Musik von grölenden Alkoholikern ihre Kleidung nach und nach ausziehen, und danach irgendwo putzen ... Nein, Entschuldigung! Weil ein Musical einen solchen Schluß nicht verträgt, ändert Hammerstein, typisch für seinen Umgang mit dem auszubeutenden Roman, das Ende der Geschichte: Der Glücksspieler hört zu spielen auf und kommt dreizehn Jahre später reumütig zu Frau und Kind zurück.

Und wenn sie nicht gestorben sind, schippern sie noch heute auf dem Mississippi von Stadt zu Stadt und bitten überall um Lebensmittelgutscheine. Die Altersrente in Amerika ist nämlich auch nicht das, was sie (noch) in Deutschland ist.

Kurztext für sehr Nervöse: Rassismus bringt eine Mulattin ebenso ins Unglück wie das Glücksspiel eine Weiße, aber die Weiße hat letztlich noch mehr Pech: Ihr Ehemann kommt zurück.

Tip für Pausengespräche: Entsetzen über die Erkenntnis, wie wenig sich – genau betrachtet – seit 1927 in den USA geändert hat. Selbst die Show Boats kreuzen noch zwischen New Orleans und St. Louis.

Besondere Schlager: «Ol' Man River», «Only Make Believe».

The Sound Of Music

(Se Saund of Mjusik)

Musical in zwei Akten von Richard Rodgers mit Songtexten von Oscar Hammerstein II. und Dialogen mehrerer Bearbeiter der Autobiografie von Maria Trapp, wobei zusätzlich Wolfgang Liebeneiners Kinofilm «Die Trapp-Familie» ausgeschlachtet wurde.

Am Anfang ist der Musiktheaterbesucher ziemlich erschrokken, und manche gucken unauffällig ins Programm, um sich zu versichern, daß sie im Theater sind und nicht im Kloster. Nonnen flitzen über die Bühne und singen Gregorianik, doch alsbald lehnt sich der Besucher zufrieden in seinen Sessel zurück.

Maria, eine junge Nonne, ist abends noch nicht ins Kloster zurückgekommen. Als sie sich dann, vor Energie und Lebensfreude nahezu berstend, zu den anderen Nonnen gesellt, zieht die Oberin daraus den einzig richtigen Schluß. Das Mädel ist noch nicht verbittert genug fürs Klosterleben, und es bekommt eine Strafe aufgebrummt, die ziemlich hart erscheint: Maria soll sich um die sieben (!) Kinder eines verwitweten österreichischen U-Boot-Kapitäns namens Baron von Trapp kümmern, die der Vater schon weitgehend kaputtgemacht hat, weil er sie im Kasernenhofstil erzieht. Zusätzlich hat er sich bereits mit der schwerreichen Elsa Schraeder verlobt, mit der er wohl weitere sieben Kinder in die Welt zu setzen plant. Als die junge Nonne von dieser Verlobung erfährt, packt sie ihre Sachen und verläßt konsequent Trapps Schloß.

Dann allerdings gerät auch die geordnete Welt der Alpenländler aus ihren Fugen. Die deutschen Nazis planen, Österreich in ihr Großdeutsches Reich einzugliedern.

Elsa Schraeder ist (wie viele Österreicher) sehr dafür, aber der Baron von Trapp ist dagegen. Da bei derart unterschiedlichen politischen Ansichten naturgemäß höchstens an drei weitere Kinder zu denken ist, geht die Verlobung in die Brüche.

Sofort muß sich Maria wieder um die vorhandenen Kinder kümmern, und sie heiratet den adeligen Kapitän, nachdem ihr die sehr verständnisvolle Klosterchefin klargemacht hat, daß auch eine Ehe Buße bedeuten kann.

Da die Kinder des Barons inzwischen sehr schön singen können, treten sie bei einem Open-Air-Konzert auf. Alles erscheint in bester Ordnung, aber dann marschieren die Nazis in Österreich ein. Die meisten Österreicher jubeln zwar mit Hakenkreuzfahnen in den Händen, aber Baron Trapp hat sehr begründete Befürchtungen. Im Hinblick darauf, daß österreichische U-Boot-Kapitäne etwa so selten sind wie weißhäutige Zulus, dürften die Nazis daran interessiert sein, ihn samt seiner sieben Kinder für Propagandazwecke einzusetzen und in einem U-Boot mit Reichskriegsflagge im Wörthersee tauchen zu lassen. In der Tat bekommt Kapitän Trapp den Befehl, in Bremerhaven ein U-Boot zu übernehmen, aber da wird uns der Baron und Kapitän noch sympathischer. Er flieht samt Maria und seinen sieben Kindern nach Amerika, wo die Eheleute ihre Familie in harter Arbeit zu einem Vorläufer der Fischer-Chöre auszubauen verstehen.

Kurztext für sehr Nervöse: Novizin dient dem Herrn nicht im Kloster, sondern in der Ehe, was zwangsläufig zu Kriegsdienstverweigerung und politischem Asyl in den USA führen muß. (Nur eine Eheschließung, aber was für eine!)

Tip für Pausengespräche: Die Erfolge der österreichischen Marine, insbesondere der U-Boot-Flotte Austrias. Dabei Prüfung der Vermutung, daß jenes U-Boot, das Kapitän Trapp nicht übernahm, Lothar-Günther Buchheim übergeben wurde. In diesem Falle verdankte die Welt der Maria Trapp nicht nur dieses Musical, sondern auch Buchheims Roman «Das Boot», der auch schon verfilmt, aber leider noch nicht zum Musical verarbeitet wurde. (Man soll nie die Nonnen unterschätzen!)

Besondere Schlager: «The Sound Of Music», «My Favourite Things», «So Long, Farewell».

Starlight Express
(Star-leid Ikspress)

Musical bzw. Rockoper bzw. sehr laute Eisenbahn-Symphonie in zwei Akten von Andrew Lloyd Webber mit Gesangstexten von Richard Stilgoe nach einem älteren englischen Kinderbuch. Bei diesem Werk müssen die Darsteller nicht nur Töne produzieren, sondern dabei auf High-Tech-Rollschuhen herumrasen, weil sie Lokomotiven darzustellen haben. Doch was tun schlechtbezahlte Bühnenkünstler nicht alles, um wenigstens hin und wieder ihre Wohnungsmiete bezahlen zu können!

In diesem Stück geht es um Eisenbahn-Triebwagen, die zur Ehre der bekannten Schwarzfahrer-Gottheit Starlight bei einer Wettfahrt herausfinden wollen, wer den leistungsfähigsten Antrieb hat. Diesel-, Dampf- und Elektroloks, Schlafwagen, Raucher- und Nichtraucherwagen, sogar doppelstöckige Schlafwagen keuchen, rasen, krauchen und schleichen, aber immer unter sehr starker Geräuschentwicklung, durch jenes Theater, das für dieses Spektakel immer neu gebaut werden muß, weil selbst Bayreuths Festspielhaus für derlei zu klein (und vor allem zu fein) ist.

Selbstverständlich bekommt auch hier – nach einigen Verwicklungen – der alte Dampflokomotivenlüstling Rusty den schüchternen jungen weiblichen Eisenbahnwaggon Pearl ins Gleisbett. Vermutlich ist das Produkt dieser Zusammenkupplung der ICE. (Entertainment für Musicalhäuser; für Stadttheater nur bedingt geeignet!)

Kurztext für sehr Nervöse: Schienenfahrzeuge verschiedener Typen mit unterschiedlicher Psycho- sowie Triebstruktur benehmen sich bei Wettbewerb und Liebe so dämlich wie Menschen.

Tip für Pausengespräche: Jene irreversiblen Schädigungen des sehr empfindlichen menschlichen Ohres, die durch Lärm über etwa 20 Dezibel unweigerlich entstehen.

Besondere Schlager: Keine! Bei allem Respekt vor Rollschuhkünsten und leistungsfähigen Scheinwerfern sowie Lasern und vor allem Lautsprechern – Kitsch bleibt Kitsch und Mist bleibt Mist.

Sunset Boulevard
(Sanset Bullewar)

Musical von Andrew Lloyd Webber mit Texten von Don Black sowie Christopher Hampton unter Verwendung des Drehbuchs des gleichnamigen Billy-Wilder-Films.

Auf der Flucht vor dem Finanzamt, das ihm seinen Gebrauchtwagen pfänden will, verläuft sich ein Drehbuchautor namens Joe Gillis in die Villa der Filmschauspielerin Norma Desmond. Die früher berühmte Frau weigert sich, zur Kenntnis zu nehmen, daß sie mit Erfindung des Tonfilms für die Studiobosse in Hollywood zur Unperson geworden ist.

Nur ihr Entdecker, der Regisseur Max von Mayerling, ist ihr treu geblieben und dient ihr jetzt als Butler so zuverlässig wie zuvor als Ehemann.

In der irrigen Annahme, Drehbuchautoren hätten in der Branche auch nur die geringste Macht, beauftragt die noch immer reiche Schauspielerin ihren Besucher, ein Drehbuch zu bearbeiten, das sie selbst für ihre Rückkehr auf die Leinwand geschrieben hat.

Als Profi weiß Joe, daß von Schauspielerinnen verfaßte Drehbücher selten etwas taugen, doch da ihn die Norma in ihrer Villa wohnen läßt und gut füttert, geht er ans Werk.

Schlimmer noch! Er wird zum Geliebten der alten Dame, was ihn in Schwierigkeiten bringt, als er sich in seine junge

Kollegin Betty Schaefer verliebt. Betty will ihn nicht mit der Alten teilen. Diese will ihn nicht freigeben, doch sie löst schließlich wenigstens für ihn sein Problem, indem sie ihn erschießt. (Entertainment für Musicalhäuser; für Stadttheater nur bedingt geeignet!)

Kurztext für sehr Nervöse: Vom Finanzamt verfolgter Drehbuchautor läßt sich von altgewordener Ex-Filmdiva aushalten, hält jedoch keine Pistolenschüsse aus. (Ein Toter.)

Tip für Pausengespräche: Die unbedingte Erfordernis, beizeiten für den Lebensabend vorzusorgen. Er beginnt – in vielen Berufen – inzwischen mit dem 45. Geburtstag.

Besondere Schlager: Keine.

West Side Story

(West seit Stori)

Musical in zwei Akten von Leonard Bernstein mit einem Libretto von Arthur Laurents und Songtexten von Stephen Sondheim, das Shakespeares «Romeo und Julia» – nein, diesmal nicht verhunzt, sondern dank Bernsteins genialer Musik für unsere Zeit neu deutet.

Anstelle der verfeindeten italienischen Familien der Vorlage hassen sich im Musical zwei Straßenbanden bis aufs Blut. Wie bei Shakespeare ignorieren zwei einander leidenschaftlich Liebende die Zugehörigkeit des anderen zum gegnerischen Clan und kommen deshalb ums Leben.

Kurztext für sehr Nervöse: Maria, eine reinkarnierte Julia, begegnet dem als Tony wiedergeborenen Romeo, doch diesmal trennt die Liebenden nicht die Feindschaft zwischen ihren jeweiligen Elternhäusern, sondern der Haß zwischen Ostküsten-Amis und Puertoricanern. (Keine Eheschließung; dennoch drei Tote.)

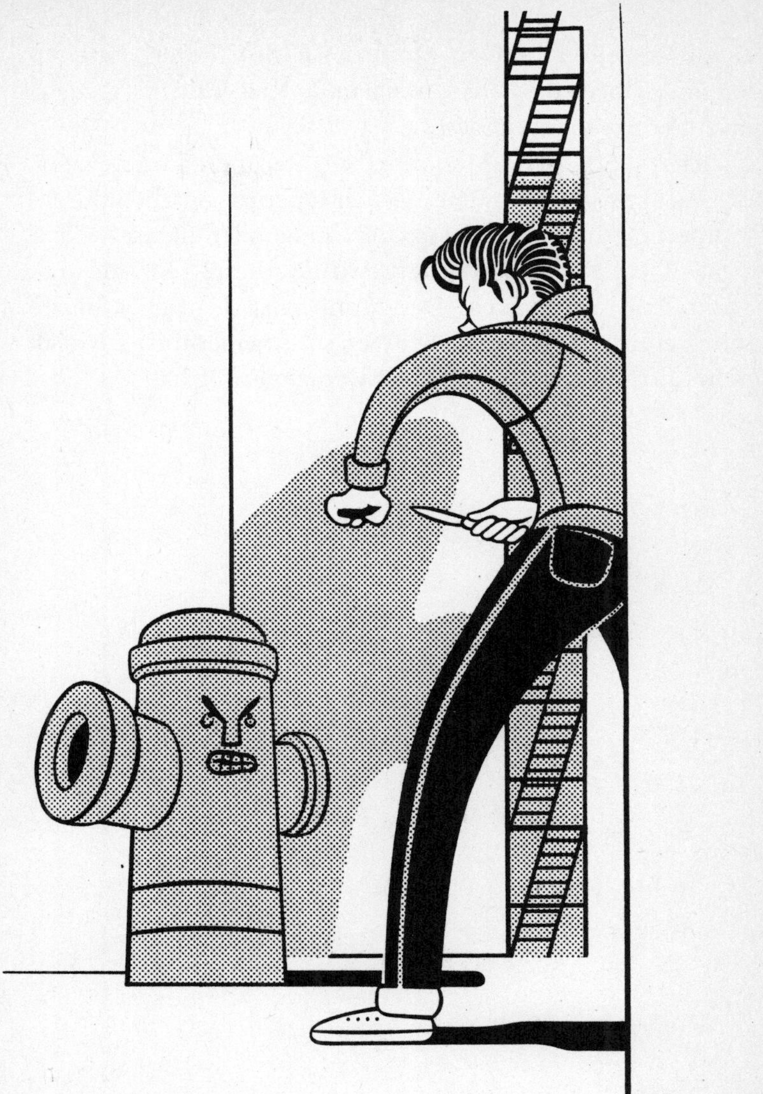

Tip für Pausengespräche: Betroffenes Schweigen. Selbstverständlich würde in Deutschland die Beziehung zwischen einem Asylbewerber aus Ghana und einer jungen Frau aus Bayern völlig anders enden.

Besondere Schlager: «Maria», «Tonight» und «Somewhere». Die Musik ist – wie in den meisten Opern – gänzlich durchkomponiert und von derart hervorragender Qualität, daß sogar Liebhaber klassischer Musik dieses Meisterwerk schmollend akzeptieren. Der Komponist dagegen schätzte unbegreiflicherweise seine Beiträge zur sogenannten E-Musik mehr und ärgerte sich, weil diese weniger Erfolg hatten.

Ein notwendiges Nachwort: Die Kunst, im Opernhaus nicht unangenehm aufzufallen

Was die Handlung der gängigen Repertoireopern, Operetten und Musicals betrifft, ist der glückliche Besitzer dieses Werkes nunmehr den meisten seiner Leidensgenossen weit überlegen. Im Gegensatz zu ihnen ist er nicht auf bloße Vermutungen hinsichtlich eines möglicherweise vorhandenen Inhalts eines musikdramatischen Werkes angewiesen, sondern er weiß genau Bescheid.

Dennoch wäre es nicht unbedingt klug, dieses überlegene Wissen zu deutlich erkennen zu lassen. Dies wäre etwa so taktlos wie die Unhöflichkeit, einem Blinden gegenüber von der Schönheit eines Sonnenuntergangs am Meer zu schwärmen.

Die meisten Besucher des Musiktheaters haben, was die Handlung der dort aufgeführten Werke betrifft, längst das Handtuch geworfen. Sie lächeln hochmütig darüber, um zu behaupten, sie interessierten sich bei Opern, Operetten und Musicals «nur für die Musik». Dabei muß es sich um eine Schutzbehauptung handeln!

Wer «nur die Musik» einer Oper (oder Operette?) *genießen*, d. h. in hervorragender Qualität hören will, kann das in Opernhäusern auf diesem Planeten nur in bestenfalls acht Städten, zu denen Bayreuth gehört. Musicals überzeugen den Kenner nach wie vor nur, wenn sie in englischer Sprache dargeboten werden – am besten in London oder New York.

Es ist deshalb davon auszugehen, daß die meisten Menschen nur ins Opernhaus gehen, um in festlicher Kleidung ihrem Alltag zu entfliehen, um von anderen gesehen zu werden oder um Kollegen und Geschäftsfreunden wahrheitsgemäß berichten zu können, daß sie im Opernhaus waren. In den zahlreichen Fällen geschieht all das auf Wunsch der Ehefrau.

Diesen Sachverhalt muß jeder Opernbesucher bei seinem Vorhaben berücksichtigen, wenn der Opernabend nicht trotz genauer Kenntnis der Handlung mißglücken soll.

Was um die Oper herum geschieht, ist viel wichtiger als das aufgeführte Werk. Deshalb bedarf ein Abend im Opernhaus oder in einer Musicalhalle gründlicher Vorbereitung.

Eintrittskarten erwirbt man am besten im Vorverkauf, und zwar spätestens vier Wochen vor der Aufführung. Die Chance, noch eine halbe Stunde vorher eine Karte an der Abendkasse zu bekommen, besteht nur dann, wenn es sich um eine moderne Oper handelt, die der Intendant auf den Spielplan gesetzt hat, um zu zeigen, daß er sein Publikum verachtet.

Karten für das Festspielhaus in Bayreuth kann man nicht einfach an der Kasse kaufen. Sie werden auf Antrag gelegentlich zugeteilt. Zur Zeit wartet man etwa sieben Jahre darauf.

Grundsätzlich gilt für Opernhäuser, daß sich die besten Plätze in den vorderen Reihen befinden. Das gilt auch für die Ränge (= *erste bzw. zweite Etage des Zuschauerraums*).

In Musicalhallen sind die vorderen Plätze meistens nicht die besten. Die große Bühne für Massenszenen läßt sich aus einigem Abstand besser überblicken. Wer einmal ein Musical von einem Platz aus erlebte, der durch einen Pfeiler von der Bühne abgeschirmt war, kauft eine Eintrittskarte erst, nachdem man ihm anhand eines Plans des Zuschauerraums erklärt hat, wo man ihn sitzen lassen könnte.

Den Abend, an dem das Publikum zum erstenmal mit einer neuen Inszenierung konfrontiert wird, nennt man Premiere. Er ist meist besonders festlich. Wer wichtig ist bzw. sich dafür hält, hat an diesem Premierenabend die größten Chancen, von anderen Opernbesuchern gesehen zu werden, die gleichfalls wichtig sind bzw. sich dafür halten.

In den meisten Städten ist es noch immer üblich, sich für einen Opernabend zu verkleiden, sofern man nicht unangenehm auffallen will. Dabei empfiehlt sich der Smoking höchstens bei Premieren, wohingegen eine weiße Jacke auch bei der Premiere einer Operette affig wirken kann. Im Hinblick darauf, daß in den meisten Opern viele Tote zu beklagen sind, ist ein dunkler Anzug meist die beste Wahl. Frauen seien nur daran erinnert, daß es zweckmäßig ist, eingemottete Abendkleidung drei Nächte auf dem Balkon übernachten zu lassen, damit der Geruch nach Mottenpulver verfliegt.

Wenn die Anfahrt zur Oper im eigenen PKW erfolgt, ist es sinnvoll, mindestens eine halbe Stunde für die Parkplatzsuche einzukalkulieren. Die Tiefgaragen der Opernhäuser sind vielfach überfüllt.

Hat man das Opernhaus betreten, wird man im Winter seinen Mantel loswerden wollen. Inzwischen wurden die Garderobenfrauen vielfach durch abschließbare Schränke ersetzt. Für diese Schränke benötigt man meistens Münzen, aber sie ermöglichen es auch, jederzeit das Opernhaus zu verlassen. Das kann von Vorteil sein!

Bevor die Ouvertüre gespielt wird, hört man in den meisten Häusern eine Klingel oder einen Gong. Das ist eine Aufforderung, seinen Platz im Zuschauerraum einzunehmen sowie sein Handy auszuschalten.

Während der Aufführung gibt es manchmal «Szenenapplaus» nach einer besonders lauten Arie. Dann kann und sollte man auch applaudieren (= *mit den Händen klatschen*), aber es ist immer ein Risiko, beim Applaus der erste zu sein. Wenn jemand auf der Bühne einen Bösewicht tötet, wird nicht applaudiert!

In den Pausen (wenn man Glück hat, gibt es mehrere) kann man die Toiletten aufsuchen, sich im Foyer (= *Wandelhalle*) sehen lassen oder in einer Kantine etwas trinken bzw. essen. Das ist nur ratsam, wenn man eine noch neue Geliebte oder einen Geschäftsfreund bewirten möchte. Die Preise für einen Imbiß oder ein Getränk sind in Opernhäusern gewöhnlich überhöht.

Wo immer Opern so beschaffen sind, daß sie Themen für Pausengespräche liefern, wurde darauf hingewiesen.

Darüber hinaus ist es kein Fehler, in der Pause auch Sachkenntnis in Fragen musikalischer Qualität vorzutäuschen. Das geschieht am einfachsten durch die Verbindung von Namen der Opernfiguren mit Eigenschaftswörtern.

Mit «Die Leonore ist brillant!» bzw. «Der Osmin ist ausgesprochen überzeugend!» liegt man bei «Fidelio» bzw. der «Entführung aus dem Serail» immer richtig, denn niemand kann das Gegenteil beweisen. Man muß sich dabei aber völlig sicher sein, in welcher Oper man sich gerade befindet und welche Figuren darin vorkommen.

Völlig umstritten ist noch immer die Frage, ob ein Opernglas (= *schwacher Feldstecher*) die Leiden des Opernbesuchers steigert oder verringert.

Opernglasanhänger erklären, mit Hilfe dieses Instruments könnten sie besser die Schminke der Sänger und die gelangweilten Gesichter anderer Besucher und den Damen in die tiefen Ausschnitte ihrer Kleider sehen. Zusätzlich könnten sie prüfen, ob im Malersaal ordentliche Arbeit geleistet wurde.

Opernglasgegner führen dagegen an, die Gesichter der meisten Sänger seien auch ohne Opernglas abschreckend, Langeweile empfänden sie selber, in den meisten tiefen Ausschnitten sei nicht viel los und die Kulissen interessierten sie nicht.

Die Wahrheit dürfte irgendwo in der Mitte zwischen diesen beiden Auffassungen sitzen.

Ein letzter Hinweis für Gespräche nach dem Abend im Opernhaus: Wer anderen stolz von seinem Abenteuer berichten möchte, um dezent anzudeuten, daß er zu den gebildeten, feinsinnigen, geistvollen und musikalischen Menschen gehört, sollte nie den Fehler machen, etwa zu sagen: «Wir haben gestern eine Oper gesehen ... Also die ‹Tosca› war einfach hinreißend!» *Hinreißend* ist nie falsch, aber zwischen allen Gebildeten besteht die stillschweigende Übereinkunft, daß man eine Oper auch im Opernhaus immer *hört* und niemals *sieht*. Jeder weiß zwar aus schmerzlicher Erfahrung, daß es in Wirklichkeit leider anders ist, doch man kann das ertragen: Opern haben mit der Wirklichkeit nicht viel zu tun.

Spezialtip für große Musicalarenen

Der Hinweis auf Lärm aus Lautsprechern ist kein Witz! Eine kleine Packung Ohropax aus der Apotheke ist eine gute Versicherung gegen Gehörschäden.

Da die Anzahl der Sanitärräume nicht überall der Größe des Zuschauerraumes entspricht, bilden sich in einigen Häusern während der Pause vor Waschräumen – besonders denen der

Frauen – riesige Warteschlangen. Es erscheint deshalb ratsam, solche Einrichtungen vor der Pause aufzusuchen.

In vielen Musicaltheatern im Londoner Westend und einigen an New Yorks Broadway gibt es keine Garderoben. Es ist ratsam, sich diesbezüglich kundig zu machen, denn es ist kein Vergnügen, im Winter mit einem schweren Mantel auf den Knien und einem Regenschirm in der Hand im Theater zu sitzen.

Inhalt

Erster Teil: Das unvergängliche Reich der Oper 5

Zweiter Teil: Das weinselige Fürstentum der Operette 131

WUNDERLICH TASCHENBUCH

TV-Romane. Jeden Monat neu als Wunderlich Taschenbuch.

Wir wünschen gute Unterhaltung!

5042/1